산림정책과 산림문화 역사성 규명을 위한

국역 유산기

國譯 遊山記

산림정책과 산림문화 역사성 규명을 위한

국역 유산기

國譯 遊山記

초판인쇄 2013년 12월 27일
초판발행 2013년 12월 27일

편저자 국립수목원
펴낸이 채종준
기 획 지성영
편 집 한지은
디자인 윤지은
마케팅 송대호

펴낸곳 한국학술정보(주)
주 소 경기도 파주시 문발동 파주출판문화정보산업단지 513-5
전 화 031-908-3181(대표)
팩 스 031-908-3189
홈페이지 http://ebook.kstudy.com
E-mail 출판사업부 publish@kstudy.com
등 록 제일산-115호(2000. 6. 19)

ISBN 978-89-268-5406-8 93910

산림정책과 산림문화 역사성 규명을 위한

국역 유산기

國譯 遊山記

우리나라는 국토의 64%가 산으로 이루어져 전국에 걸쳐 명산과 문화 유적들이 두루 산재해 있습니다. 특히 경북지방은 지리적으로 우리나라의 등줄기를 이루는 태백·소백산맥과 고산준령이 병풍처럼 이어져 자연경관이 수려하며 역사적으로 많은 훌륭한 인물을 배출한 고장입니다.

이번에 발간한 경북의 유산기는 경북지역 산림역사자료의 유형별 분류 및 활용에 관한 연구의 일환으로 경상북도산림과학박물관에서 조사한 총 170편의 조선시대 선비들이 남긴 글 중 23편을 발췌, 번역한 귀중한 자료입니다.

유산기는 말 그대로 산수 간을 노닌 일을 기록한 것입니다. 이를 통해 우리 선조들의 유교문화와 산림문화의 오묘한 만남을 발견할 수 있습니다. 산수유기를 통해 주체의 관찰과 행위를 알 수 있으며, 자연 앞에 인간의 왜소함을 돌아보는 겸허를 배웁니다. 솜씨 좋은 사진을 보듯 펼쳐지는 경관이며, 꼼꼼하고 치밀한 선인들의 기록정신, 봉우리의 유래와 산비탈의 모습과 능선의 굴곡이 눈앞에서 펼쳐집니다.

이처럼 아름다운 경북의 명산 유산기를 한 권의 책으로 담아 봅니다. 아무쪼록 등산 가방 하나 둘러메고 경북의 산야를 찾는 이들에게 우리 전통산림문화를 이해하는 길잡이가 될 수 있기를 기대합니다. 아울러 이 책의 발간을 통해 창조적 산림휴양문화의 복원과 조선시대 생활사, 사회사, 지성사, 문화사의 소중한 기초연구자료로 활용되었으면 하는 작은 바람도 있습니다. 마지막으로 이 책이 나오기까지 고생하신 모든 분들께 진심으로 감사의 인사를 올립니다.

2013년 12월
국립수목원장 신준환

목차

1

성산기

城山記

권호문

권호문(權好文): 생몰은 1532(중종 27)~1587년(선조 20)이다. 조선 중기의 문인 · 학자이다. 권호문의 본관은 안동, 자는 장중(章仲), 호는 송암(松巖)이다. 1561년(명종 16) 진사시(進士試)에 합격하였으나, 연이어 부모를 여의자 3년씩 여막(廬幕)을 지키며 관계(官界)에의 진출을 단념하고, 청성산(靑城山) 기슭에 무민재(無悶齋)를 짓고 유유히 살았다. 만년에 덕망이 더욱 높아져 찾아오는 문인들이 많았으며, 집경전참봉(集慶殿參奉) · 내시교관(內侍敎官) 등에 임명되었으나 모두 사퇴하였다. 유성룡(柳成龍) · 김성일(金誠一) 등에게 학행(學行)으로 높이 평가를 받았으며, 시가(詩歌)에도 관심을 가져 경기체가(景幾體歌)를 본뜬 「독락팔곡(獨樂八曲)」과 시조 「한거십팔곡(閑居十八曲)」을 지었다. 죽은 뒤, 그의 문인들이 안동에 송암서원(松巖書院)을 세워 제향하였다. 문집에 『송암집(松巖集)』이 있다.

해제 解題

「성산기城山記」는 권호문權好文: 1532~1587이 청성산에 자신의 정자를 지으며 산의 연혁과 지형 산세 등을 서술한 기록이다. 필자가 산을 성이라고 명명한 이유에 의문을 가지고, 동국여지승람에도 영가는 예부터 산수의 고향이며 청량산과 여산이 아름답다고 소개하였으나 자신이 여행한 바에 의하면 청량산은 가파르며 여산은 깊고 그윽하지만 청성산은 두 가지를 겸하고 있음을 밝히고 한 해에 두 번이나 이 산에 올라 경치를 조망하고 비로소 은거할 정자를 지어 청성정사青城精舍라 명명하고 경치가 아름답고 빼어난 곳에 명칭을 붙여 사십영四十詠의 시를 읊어서 특별한 곳을 노래하니 적송봉赤松峯, 대학봉對鶴峯, 상진암上眞巖, 적홍암赤虹巖, 목단암牧丹巖, 계수대桂樹臺, 취소대吹簫臺, 죽천대竹泉臺, 구하대驅下臺, 세이천洗耳川, 한송단寒松壇 등이며, 성이라고 명명한 뜻은 공부에 방해됨을 성을 쌓아 막는다는 뜻이라고 기록하고 있다.

국역 國譯

산의 이름을 '성산城山'이라 부른 것이 처음에 어떤 연유 때문이었는지 알 수 없다. 어떤 이는 사방을 둘러싼 산의 옹위 때문에 '성산'이라 한다고 하며, 어떤 이는 옛날에 난리를 피해 성을 쌓았기 때문에 '성산'이라 한다고 말한다. 나는 어느 말이 옳은지 가려낼 수 없다.

허공에 솟은 푸르른 산이 강 위로 나는 듯한 형상은 마치 거대한 자라가 몸을 떨치고 바다에서 나와 앙앙히 머리를 들고 서 있는 것 같다. 그 높이를 우러러보면 몇 길이나 될는지 알 수 없고 아래로 그 깊이를 굽어보아도 그와 같다. 강물이 용처럼 굽이치며 구불구불 흘러가고 비옥한 전야가 평지에 자리 잡고 끝없이 펼쳐져 있으니, 그 진기한 구경과 빼어난 감상을 붓으로 형용할 수 없다. 옛사람이 이르길, "산을 오르고 물가에 임해 아름다운 풍경을 찾는 자는 반드시 널찍한 전야와 고요한 물가를 우선으로 한다"고 했는데, 진실로 이런 곳이구나.

일찍이 『여지지輿地志』를 고찰해보니, 영가永嘉*는 예로부터 산수의 고향이라고 일컬어졌다. 낙동강 물가를 따라 논해본다면, 청량산淸凉山과 노산盧山이 이 산과 더불어 병칭되니, 다른 곳은 들은 것이 없다. 그러나 청량산은 단지 삐죽 솟아 있고 노산은 깊을 뿐이다. 어찌 이 산이 두 산의 기상을 겸하고 있으며 또한 넓게 트여 있고 멀리까지 볼 수 있는 빼어난 형상을 가진 것과 같으리오.

시인과 은자가 깃들어 살며 고결함을 지킨 것은 마땅하다고 하겠지만, 쓸쓸히 백 년 동안 그 명성이 알려지지 않은 것은 삼가 괴이히 여긴다. 단지 폐사廢寺의 창시가 있었지만, 그것이 어느 시대인가를 밝히기 어렵다. 다행히 상공相公 권예權輗**가 선산의 근처에 보호하고 지키는 곳을 새롭게 중수했는데 맑고 깨끗하여 기거할 만했기 때문에, 상공이 때때로 이곳에서 노닐었다. 출입하며 안부를 묻고 방문하는 자들이 반드시 많았을 터인데, 모두 안목을 가진 이가

---

* 영가(永嘉): 경북 안동시의 옛 이름이다.
** 권예(權輗): 생몰은 1495~1549년이다. 조선 중종 때의 문신으로, 자는 경신(景信), 호는 마애(磨厓)이다. 본관은 안동(安東)으로, 권철경(權哲經)의 아들이다. 문장을 잘 지어 1516년 문과에 급제하여 예문관검열에 임명되었다. 1519년 기묘사화가 일어나자 예문관대교로 조광조(趙光祖) 일파의 탄압을 반대하는 데 앞장섰다. 1522년 홍문관부수찬을 역임하고, 1526년 사헌부지평에 기용되어 적극적으로 간쟁활동에 나섰다. 이어서 홍문관교리·사간원사간·홍문관직제학 등 삼사의 요직을 역임하고, 1529년 강원도어사가 되어 민정을 순찰하고 탐관으로 지목되고 있던 평해군수 최수진(崔秀珍)을 파직시켰다. 이어서 내직으로 옮겨 승정원동부승지를 거치고, 이듬해에는 대사간으로서 당상관에 올랐다. 이때 홍문관의 운영이 대신들에 의하여 좌우됨을 보고, 홍문관은 공론(公論)의 발원지임을 들어 그 직무의 공정성을 강조했다. 한편 김안로(金安老)와 손을 잡고 복성군옥사(福城君獄死)를 일으켜 심정(沈貞)·성세창(成世昌) 등을 탄핵, 파직시키고 사사(賜死)하였다. 그 뒤 홍문관부제학·대사헌 등 언관을 역임하고 공조참판·호조참판·병조참판을 거쳐 경상도관찰사로 나갔다가, 다시 내직으로 옮겨 형조판서·대사헌·이조판서·우참찬에 이르렀다. 그러나 1537년 김안로가 사사되고, 그 일파가 축출되면서 심언광(沈彦光)·심언경(沈彦慶)과 함께 파직되어 안동에서 10여 년 은거하다가 별세했다. 저술로 『마애집』이 있다.

없었다. 비로소 신재愼齋 주세붕周世鵬이 하룻밤 묵을 기회를 얻은 연후에, 이 산이 고아한 시구로 그려져 신선이 사는 곳으로 비유되었다. 그러나 상공이 별세한 뒤로부터 나무를 하거나 가축을 키우는 이들이 침입하고 방탕하고 미친 자들이 노닐었다. 산이 대와 나무에 의해 손상되고 절이 풍우로 인해 파손된 지가 20여 년이었다.

나는 어릴 적부터 책상자를 가지고서 오르내렸는데, 1년에 2~3차례였다. 이 산을 사랑하기를 서시西施를 사랑하는 정도일 뿐만이 아니었다. 오랫동안 헤어져 있으면 줄곧 꿈속의 영혼으로 찾아들었고 와서 찾으면 항상 얼굴을 마주했으니, 마음속에서 진실로 잠시도 떨어진 적이 없었다. 매양 후미진 푸른 벼랑에다 초가집을 지어 뜬세상의 반평생을 보낼 곳으로 삼고 싶은 지가 여러 해 되었다. 그러나 과거 준비에 몰두하느라 오래도록 몸을 빼낼 수 없었다.

근래에 문득 깨달아 틈을 내어 산사에 머물면서 세속의 빈천부귀에 대한 생각과 온갖 근심들을 완전히 제거하고 자연에 은거하고자 하는 뜻을 결의했다. 이것은 내가 홀로 선을 추구하며 스스로를 기르려는 까닭이다. 그리고 이 산에 주인이 없는 것을 싫어하여 감암嵌巖의 아래이자 냉천冷泉의 곁인 곳에 집터를 잡고 가을이 오기를 기약했다.

정사精舍가 완성되자 서적을 보관하고 뜻을 즐거이 가졌으며, '청성정사靑城精舍'라고 이름을 지었다. 인하여 찾아다니며 유람하는 가운데 절경을 만나면 반드시 이름을 붙이곤 했는데, 혹 예전 이름을 그대로 쓰기도 하고 혹 속칭을 채택하기도 하며 혹 조금 바꾸기도 하고 혹 크게 고치기도 했다. 모두 음풍농월하기에 좋은 곳으로 아름다운 곳이 더욱 아름답게 되기를 바랐기 때문이다.

말이 난무한 것을 헤아리지 않고 마른 붓대를 한번 휘둘러 나누어 읊조리니, 곧 40수의 절구가 되었다. 멀리서 취한 것은 범범한 듯하고 가까이서 취한 것은 적확하지 않아 풍경을 묘사하고 핍진하게 그려내는 데에 부끄럽지만, 흘어놓고 멀리서 바라보면 아득히 두 눈 아래에 있고 거두어들여 가까이 살펴보면 마음속에 흡족했다. 흩어놓고 거두어들이는 사이에 원근의 사물 모습이 각기 그 진상을 드러냈다.

때때로 송대松臺과 풍암風巖의 위에 두건을 젖혀 올리고 앉았거나, 아침햇살과 저녁노을 속에 눈을 들고 있노라면, 이른바 '사십제四十題'의 풍경이 아름다움을 다투고 사랑스러움을 드러내는 듯했다. 앞에 보이는 풍경 가운데 가장 빼어난 것은 '갈라산葛蘿山의 이내에 어리는 햇살[葛蘿嵐光]'이다. 그다음이 '둔주산遁住山의 산 그림자가 맑은 물결 속에 거꾸로 드리워져 있는 것[遁住山影倒落澄波裏]'이다. 약산藥山의 월출과 해산海山의 일출도 한두 번째에 꼽힌다. 구불구불 뻗어 내린 것이 와룡산臥龍山이며, 험준하게 솟은 것이 호골산虎骨山이다. 앙앙곡泱泱谷과 수침촌水沈村이 인접해 있어 연기가 피어나고 닭이 운다. 사탄斜灘의 물고기와 작현鵲峴의 백성이 택할 곳을 알아 살아간다. 덕담德潭에서 목욕하고 원포圓浦에서 물고기를 잡으며 각기 그 즐거움을 얻는다. 망곡평網谷坪에는 황금빛 벼가 물결치고 성산연星散淵에는 흰 달빛이 비추인다. 이화탄梨花灘의 빠른 물살과 옹암甕巖의 기이함은 그 사이에 끼어서 논하기에 부족할 듯하다.

새벽녘 올라가 기대는 곳은 수명루水明樓이며, 오전이나 오후에 하인을 부르는 곳은 시노재詩奴齋이다. 궤석에 기대는 곳은 인지당仁智堂이며, 마음껏 읊조리고 노래하는 곳은 운와헌雲臥軒이다. 계수정桂樹亭과 한송단寒松壇은 청아한 날씨에 산보를 하면 훌훌 세상을 떠나고 싶은 뜻이 일어나고, 세이천洗耳泉과 수어대數魚臺는 졸고 난 후에 산책을 하면 세밀히 사물을 관찰하는 흥취가 생긴다. 흉금을 씻고 찬바람을 쐬이는 곳은 취소대吹簫臺이며, 허공에 의지해 신선을 맞이하는 곳은 상진암上眞巖이다. 구름방아[雲碓], 대숲길[竹逕], 고기잡이 불빛[漁火], 초동의 노래[樵唱], 약초밭[藥圃] 등은 대학봉對鶴峯의 산허리와 적송봉赤松峯의 앞에서 언제나 노니는 사람의 이목을 즐겁게 해주는 것들이다. 물결 위의 한가로운 갈매기, 앞 들판의 방목된 소, 나루 머리에 지나가는 배 등도 한가로운 생활 속의 청아한 구경거리이다.

이름을 붙인 것들이 어떤 것은 타당하지만 어떤 것은 그렇지 못하다. 생각하건대 이 산을 찾아와 유람하는 이들에게 비웃음을 당할 수밖에 없을 테지만, 아름다운 곳이 처처에 이름도 없이 있는 것이 안타까웠다. 그래서 선경仙境을 더럽혔다는 책망을 두려워하지 않고 취하여 이름을 붙였다. 애오라지 다시 적절한 뜻을 붙여 헌軒은 연어鳶魚라 하고 재齋는 약허若虛라 하여 돈독히 하고 싶다.

아, 주자朱子가 말씀하길 "산을 감상하고 물을 완상하는 것도 마음을 놓아버리는 것[放心]이다"라고 했다. 공자孔子는 말씀하길 "인자仁者는 산을 좋아하고 지자智者는 물을 좋아한다"라고 말했다. 산수는 인자와 지자가 마땅히 좋아하는 바로서 마음을 놓아버리는 데에 이르지 않은 것은 어찌해야 그럴 수 있는가. 만약 놓아버린 마음을 수습하고 성정性情을 기르며 공자와 안자顔子가 즐거워한 것은 무슨 일인가를 매번 찾을 수 있다면, '물이 이와 같구나! 밤낮으로 그치지 않는다'는 것을 완상하는 가운데 터득함이 있을 것이며, 산의 가장 높은 곳이 주위 산들과 연결되어 솟아 있는 것을 감상하는 가운데 확실히 앎이 있을 것이다.

도도히 흐르는 것이 어찌 도도히 흐를 뿐이며, 우뚝이 높은 것이 어찌 우뚝이 높은 것일 뿐이겠는가. 도도히 흐르고 우뚝이 높은 것이 자연스레 내 가슴 속에 이해되리라. 그 밖의 온갖 물상들도 어찌 이치 밖의 허탕한 데로 달아날 수 있으랴. 이와 같다면 산속에서 살아가는 즐거움이 그 즐거워할 바를 즐거워하는 것이니, 누가 다시 이름을 붙였다는 것을 알겠는가. 보는 이들이 모두 일단의 오묘한 뜻이 있을 것이로다. 나는 평소 생활 속에서 그 오묘한 뜻을 잃고 싶지 않았다. 그래서 산의 이름을 돌아보며 뜻을 생각하려는 것이다.

아, 성산이라 일컬은 것은 참으로 공부에 있어서 사악한 뜻을 막는 방도와 관련된 것이다. 산이 성처럼 둘러싸고 있는 것을 본다면, 내 한 몸을 지키고 보호하여 바깥 사물이 침입할 수 없도록 해야 한다는 것을 알게 되리라. 산에서 옛날에 쌓은 성첩城堞을 본다면, 내 한 마음이 견실하여 무너져서는 안 된다는 것을 깨우치게 되리라. 그렇다면 산은 성城으로써 이름 삼은 것이 마땅하며, 나는 뜻[意]으로써 성城을 삼는 것이 마땅하다. 성城이 성城이 아니니, 산이 성城이며, 뜻이 또한 성城이다.

장차 봉우리들로 성곽을 삼고 사슴들로 군졸을 삼으며 나무를 꺾어 병기를 만들고 장대를 걸어 깃발로 삼아 그곳에서 조용히 거처하면서 마음속의 천군天君을 편안히 받들어 티끌 하나 일지 않게 하고 온몸이 명을 따르게 한다면, 어찌 다시 속된 세상에서 나를 침탈하던 적들이 감히 구름 관문 안을 훔쳐볼 수 있으랴. 그렇다면 성산의 가운데 성의誠意의 사람이 거처하니, 어지 상호 부합하는 것이 아니랴. 이런 까닭으로 기뻐하며 쓰노라.

원문 原文

山以城爲名. 不知始何緣也. 或謂環四山之擁. 故曰城. 或謂古者避亂而築城. 故曰城. 余未辨其孰是也. 大抵半空浮翠. 飛□江上. 如巨鰲奮身出海. 昂昂然擧頭而立也. 仰止其高. 則丈無數焉. 下臨其深. 則如之. 江流龍曲而重回. 沃野掌平而延袤. 其瑰觀雅賞. 不可以收拾一筆底矣. 古人云. 窮山水登臨之美者. 必之乎寬閒之野. 寂寞之濱. 信乎是也. 嘗考輿地志. 永嘉. 古稱山水鄕也. 循洛涯而論之. 以淸凉與廬山. 與此

山幷稱. 餘無聞焉. 然清凉則徒峭爽. 廬山則徒幽邃. 豈若玆山兼兩山之氣像. 而又有豁閜遐矚之勝狀也. 宜乎騷人隱者之栖息高尙. 而竊怪寥寥百載. 未聞其名也. 只有廢寺創始. 則難明其何代. 而幸緣權相公軾以其先塋之近. 重新護守. 瀟灑可居. 相公時遊於斯. 出入候訪者必多. 而皆無具眼. 始得周侯愼齋之一宿. 然後山入高吟. 以比仙區. 而自相公之逝. 樵牧者侵焉. 放狂者遊焉. 山殘竹木. 寺破風雨者. 餘二十年. 余自垂髫. 攜笈陟降. 一歲再三. 愛此山不啻愛西施. 久別則長入夢魂. 來尋則常對面目. 情之所著. 固不可須臾離也. 每欲隈翠壁而結白屋. 以作浮生半世之間者. 若干年矣. 枉墮科臼. 久未抽身. 比歲. 頓覺偸暇山龕. 世間之貧賤富貴. 憂愁萬慮. 除了十分. 決意雲泉. 是我之所獨善而自養者也. 而又嫌是山之無主. 乃卜嵌巖之下. 冷泉之傍. 期以秋來. 精舍成. 藏書而樂志. 題之曰靑城精舍. 因而探覽之中. 有佳絶者. 必名焉. 或因舊號. 或採俚稱. 或小變其諺. 或大改其俗. 皆欲爲吟弄之所好. 而佳境之增美也. 不揆言蕪. 一揮枯管而分詠. 則乃四十絶也. 遠取者似泛. 近取者未的. 雖愧於摹景而逼眞. 散之遠觀. 則浩浩乎雙眼底矣. 收之近察. 則得得乎一心中矣. 散之收之之間. 遠近物態. 各露其眞矣. 有時岸幘於松臺風巖之上. 擡眸乎朝暉暮靄之中. 則所謂四十題之景. 爭妍取憐. 而其當前最勝者曰萬蘿嵐光也. 其次曰遁住山影. 倒落澄波裏也. 藥山之月出. 海山之日輝. 伯仲間也. 蜿蜒者臥龍也. 崎嶇者虎骨也. 谷之泱泱. 村之水沈接隣. 而煙生也. 雞鳴也. 斜灘之魚. 鵲峴之民. 知擇而居之. 德潭之浴. 園浦之漁. 各得其樂. 蓋黃雲於網谷之坪. 印皓月於星散之淵. 梨花之瀨. 甕巖之奇. 似不足介論於其間也. 殘夜高倚者. 水明樓也. 朝晡喚令者. 詩奴齋也. 隱几則仁智堂也. 嘯傲則雲臥軒也. 曰桂樹亭. 曰寒松壇者. 乘晴步屧. 有飄飄遺世之志. 曰洗耳泉. 曰數魚臺者. 睡餘散

藜. 有間間觀物之興. 滌襟御冷者曰吹簫臺也. 憑虛邀仙者曰上眞巖也.
雲碓也. 竹逕也. 漁火也. 樵唱也. 藥圃也. 則對鶴峯腰. 赤松峯前. 長
供遊人耳目之所悅者也. 波上閒鷗. 前郊牧牛. 渡口行舟. 亦燕居之淸賞
也. 其所以名焉者. 或當或否. 想必爲探討此山者之所笑. 但恨佳境在在
之無稱. 故不懼汚仙境之責. 取以爲名. 聊復寄適. 更欲軒鳶魚. 齋若虛
而篤之也. 嗚呼. 朱子曰. 看山玩水. 亦是放心. 孔子曰. 仁者樂山. 智
者樂水. 山水則仁智者之所宜樂. 而不至於放心者. 何以能然也. 苟能收
其放懷. 而頤養性情. 每尋孔顏所樂何. 事則水之如斯. 不舍晝夜者. 玩
之有得. 山之峻極. 結而爲嶂者. 看之有定. 滔滔者豈但滔滔而已. 巍巍
者豈但巍巍而已. 滔滔者巍巍者. 自然理會於吾胸中矣. 自餘萬般物象.
其能逃於理外之虛蕩邪. 夫如是則山居之樂. 樂其所樂. 誰復知題名. 所
覽者咸有一段妙意也哉. 余於尋常之間. 不欲失其妙意. 故顧山之名而思
義焉. 噫. 其城云者. 實有關於功夫上防意之道也. 覽山之環擁如城. 則
知余一身之保衛. 而使外物不得侵焉. 覽山之古築雉堞. 則悟余一心之堅
實勿毀也. 然則山宜以城爲名. 余宜以意爲城. 城非城也. 山其城也. 意
亦城也. 方將以峯巒爲郛郭. 以麋鹿爲軍卒. 折木爲兵. 揭竿爲旗. 靜處
其間. 安奉天君. 一塵不動. 百體聽命. 則何復塵世奪我之寇賊. 敢窺覦
於雲關之內也. 然則城山之中. 誠意之人居之. 豈非兩相合也. 是以喜而
記之.

出전: 權好文, 『松巖集』, 「城山記」

2

동경유록

東京遊錄

이덕홍

이덕홍(李德弘): 생몰은 1541~1596년이다. 조선 중기의 학자로, 자는 굉중(宏仲)이며 호는 간재(艮齋)이다. 본관은 영천(永川)으로, 습독(習讀) 이현우(李賢佑)의 손자이며, 형조참판 이현보(李賢輔)의 종손자이다. 10여 세에 이황(李滉)의 문하에 처음으로 나아가 수학했다. 오로지 학문에 열중하여 스승으로부터 자식처럼 사랑을 받았다. 모든 학문에 뛰어났으나 특히 역학(易學)에 밝았다. 1578년 조정에서 이름난 선비 아홉 사람을 천거할 때 제 4위로 뽑혀 집경전참봉(集慶殿參奉)이 되었으며, 이어 종묘서직장(宗廟署直長) · 세자익위사부수(世子翊衛司副率)를 역임했다. 1592년 임진왜란이 일어나자, 세자를 따라 성천까지 호종했다. 이때 상소문에 구선도(龜船圖)를 첨가하여 바다에는 거북선과 육지에는 거북거(龜車)를 사용할 것을 진언했다. 다음해 봄에 영춘현감으로 부임하여 난리 중에 굶주리는 백성을 구제하는 데 온 힘을 기울였다. 『논어』 · 『중용(中庸)』 · 『심경(心經)』 · 『고문전후집(古文前後集)』 · 『가례(家禮)』 등을 주석했다. 영주의 오계서원(迂溪書院)에 제향되었다. 저술로 『간재집』을 비롯해 『주역질의(周易質疑)』 · 『사서질의(四書質疑)』 · 『계산기선록(溪山記善錄)』 · 『주자서절요강록(朱子書節要講錄)』 등이 있다.

해제解題

「동경유록東京遊錄」은 이덕홍李德弘: 1541~1596의 문집인 『간재선생문집艮齋先生文集』 권 7의 잡저에 수록되어 있다. 신라의 도읍지였던 경주를 유람한 내용을 적은 것이다. 일반적으로 동경은 경주의 옛 명칭이고, 서경은 평양이라 일컫고 있다. 동래에 임무를 부여받고 한번 가려고 하였으나 8개월 동안 가지 못해서 청화절淸和節 재생백哉生魄 후 1일에 선사仙槎 장운거將雲擧와 하남河南 정중립鄭中立과 유람하기로 약속하였으나 장운거는 병 때문에 사양하여 정중립과 떠나기로 하였다.

국역國譯

동경東京*은 신라의 옛 도읍이다. 유풍과 여속餘俗이 반드시 모두 남아 있는 것은 아니지만, 이름난 구역과 운치 있는 곳이 한두 군데가 아니다. 그 가운데 가장 빼어나고 특별히 아름다운 곳은 동해의 모퉁이이며, 동해가 이런 명성을 얻은 까닭은 이견대利見臺와 소봉래小蓬萊가 있기 때문이다. 내가 임명을 받아 동쪽으로 온후,** 즉시 한번 찾아가 살펴보고 싶었지만 가지 못한 것이 그때까

---

*   동경(東京): 경북 경주시의 옛 이름이다.
** 내가 임명을 받아 동쪽으로 온 후: 이덕홍은 1579년 7월 집경전(集慶殿) 참봉(參奉)에 제수되었다. 집경전은 조선 초기 태조 이성계의 어진(御眞)을 봉안하기 위해 경주에 건립하였다. 태조진전(太祖眞殿), 수용전(晬容殿) 등으로 불리다가 1442년 건물을 중수하고 집경전이라 명명했다. 이후 전직(殿直), 시위관(侍衛官), 노비 등을 두고 종묘(宗廟)와 같이 엄격하게 관리하며 태조에게 제사를 지냈다. 임진왜란 때 건물이 훼손되어 어진만 따로 강릉으로 옮겼으나, 1631년 화재로 어진마저 소실되었다. 지금의 경주시 북부동에 있는 집경전 터의 남쪽에 1798년 '집경전구기(集慶殿舊基)'라는 어필이 적힌 비석과 비각이 건립되었는데, 그 후 화재로 인해 비각은 소실되고 현재 비석만 남아 있다.

지 8개월이 되었다. 이해1579 4월 17일병술에 선사仙槎 장운거張雲擧* 및 하남河南 정중립鄭中立**과 유람하기로 약속했는데, 장운거는 병으로 인해 갈 수 없다고 말했다. 나와 정군은 전재殿齋에 담당할 직일直日을 보류하고 횡헌橫軒에서 장운거와 이별한 후, 말고삐를 나란히 해서 길을 나섰다.

계림鷄林을 지났는데, 그곳은 달리 특이한 것이 없었다. 오직 노송이 울창하게 하늘에 닿을 듯 서 있었다. 『삼국사三國史』에 이르길, "금으로 만든 상자가 숲 속 나무 가지에 걸려 있는데, 그 위에서 닭이 울고 있었다. 그래서 '계림'이라고 이름을 지었다"라고 했다.

첨성대瞻星臺를 지났다. 첨성대는 당시 기상을 관측하던 곳이다. 다듬은 돌을 가지런히 쌓았는데, 높이는 수십 길이 될 듯하였다. 몸통은 둥글고 윗부분은 방형으로 되어 있으며, 배는 크고 목은 가늘었다. 허리에 난 구멍을 통해 안으로 들어가니, 중간에서부터 위로 올라간다. 아, 우리나라의 좁은 땅에서 삼국이 대립하여 각자 자기들의 기상氣象을 관찰하고 각기 자기들에게 닥쳐올 일에 대해 대응했으니, 운수가 또한 반드시 그 사이에 있지 않을 수 없었다.

월성月城을 빙 둘러서 동쪽으로 가니, 또한 신라왕의 옛터였다. 그 형세가

---

*   선사(仙槎) 장운거(張雲擧): 월송(月松) 장영(張翎, 1543~?)을 가리키는 듯하다. 운거는 그의 자이다. 본관은 울진(蔚珍)으로, 통훈대부 장한보(張漢輔)의 아들이다. 1576년 문과에 급제했다.

**   하남(河南) 정중립(鄭中立): 정대민(鄭大民, 1551~1598)을 가리키는 듯하다. 조선 중기의 학자로, 자가 중립이다. 본관은 하동(河東)으로, 일두(一蠹) 정여창(鄭汝昌)의 증손이다. 부친은 정언남(鄭彦男)이며, 모친은 김중홍(金重泓)의 딸이다. 어려서부터 학문을 좋아하여 약관 때 사서오경을 비롯하여 제자백가에 통하지 않은 것이 없었다. 우리나라 성리학이 의리론 위주로 변해가는 것을 염려하여 실천 위주의 학문이 되어야 함을 강조했다. 1575년 25세의 나이로 향천(鄕薦)에 의해 동부참봉(東部參奉)에 제수되었다. 이후 영숭전(永崇殿)·문소전(文昭殿)·집경전의 참봉을 거쳐 군자감봉사·직장·주부·감찰·장례원사평 등을 지냈다. 1586년 운봉현감, 1591년 곡성현감, 1594년에는 장수현감을 차례로 역임했다. 한편 1597년 정유재란 때 집에서 노부모를 봉양하고 있었는데, 왜군이 재침하였다는 급보를 듣고 노부모와 가솔을 거느리고 황석산성(黃石山城)으로 피신했다. 그 뒤 왜군의 공격으로 성이 함락되어 양친이 모두 적에게 살해되자 시신을 수습해서 향리로 돌아와 선영 아래에 장사를 지내고 여막을 지어 시묘살이를 했다. 사람들이 잠시 피해 있다가 적이 물러간 뒤에 효도를 다해도 늦지 않다고 권했지만 듣지 않은 채, 죽지 못하고 부모의 시신 옆에 있는 것도 죄가 되는데 자기 몸의 안전을 위해 피신할 수 있느냐고 하면서 울었다. 그러고는 더욱 묘를 지키면서 겨울이 되어도 떠나지 아니했다. 이듬해 왜군이 몰래 숨어들어 왔을 때 살해당했다. 나라에서 그의 효성을 표창하여 정려를 내렸다.

동서로는 단절되어 있으며 남쪽은 문수蚊水가 흐르고 북쪽은 계림이 자리하고 있어 하나의 맥으로 연결되는 언덕이 없었다. 동쪽은 평평한 교외를 위주로 하고 뒤쪽은 성처럼 높으며 앞쪽은 낚싯바늘처럼 굴곡져 있으니, 참으로 납갑법納甲法*에서 말한 '간월형艮月形'이었다. 당시 번화하고 문물이 성대하던 곳이 모조리 산골 아이와 들판 목동이 뛰노는 곳으로 돼버렸으니, 그 흥망성쇠의 이치를 또한 볼 수 있었다. 인하여 근체시 한 편을 지었다. -본집本集에 보인다-**

동쪽으로 길을 돌려 10여 리를 가서 송목정松木亭에서 식사할 정도의 시간을 쉬었다. 저물녘에 불국사佛國寺로 들어갔다. 운무가 가리고 있어 마치 인적이 없는 듯했다. 그런데 돌다리를 건너자마자 바윗가에 연꽃을 심은 못이 있었으며 연못의 북쪽에 나무를 걸쳐놓았다. 폭포가 몇 리를 가로지르며 흘러내려 돌구유에 쏟아져 내렸다. 폭포를 넘어 구름다리로 올라갔는데, 다리는 돌을 다듬어 만든 것으로 무지개처럼 생겼다. 문으로 들어가자 금칠한 누각과 석탑이 있었으며, 오래된 불상은 새로 도색되어 있었다. 천태만상이 정말 기궤했으니, 모두 신라의 유적이다. 내가 정중립에게 "신라왕은 백성의 힘을 무용하고 허무한 곳에 소진했으니, 애석해할 만하구나"라고 말했다.

양산梁山에 사는 김함金緘이 도보로 스승을 쫓아와서 들어와 절을 올렸다. 스승은 견응기堅應箕 어른이다. 내가 견 어른과 함께 유람할 수 없는 것을 안타

---

*　납갑법(納甲法): 한(漢) 나라 경방(京房)과 삼국(三國) 우번(虞翻)이 『주역』의 이치를 해설한 법으로, 팔괘(八卦)를 십간(十干)·오행(五行)·오방(五方)과 서로 배합하는 것이다. 이를테면 건곤(乾坤)의 효(爻)는 갑을(甲乙)·목(木)·동(東)이고 간태(艮兌)는 병정(丙丁)·화(火)·남(南)이며, 감리(坎離)는 무기(戊己)·토(土)·중(中)이고, 진손(震巽)은 경신(庚辛)·금(金)·서(西)이고 건곤(乾坤)은 임계(壬癸)·수(水)·북(北)에 속한다. 후세의 복서가(卜筮家)들이 괘효를 간지와 오행에 분배하는 기초가 되었다.

**　본집(本集)에 보인다: 『간재집』 권 2에 수록된 「월성(月城)」을 말한다. 전문은 다음과 같다. "반월성이 여전히 남아 있으니, 어찌 서리지탄을 가늘 수 있으랴. 오산은 옛 울분 머금었고, 문수는 남은 슬픔 연주하네. 음악은 부질없는 봄새 우는 소리요, 번화한 문물은 저녁의 노을빛뿐이네. 이리저리 방황해도 회포 다하지 않고, 힘써 길 가려 할수록 발걸음 더욱 떨어지지 않네[半月城猶在 那堪歡黍離 鰲山含舊憤 蚊水奏餘悲 音樂空春鳥 繁華只夕暉 彷徨懷不極 行邁更遲遲]."

깝게 생각했으며 또 그가 스승을 쫓아온 뜻을 가상히 여겼으므로, 인하여 여러 순배 함께 술을 마시고 자리를 파했다.

좌경루左景樓에 묵었다. 벽에 현판이 걸려 있었는데, 근래의 이름난 유학자나 시인이 지은 것이 많았다. 그 아래에 각각 등급과 품평이 있었다. 이것은 반드시 미친 아이나 모자라는 사람이 장난친 것이리라. 그중에서 유독 시 한 편이 그런 장난을 면했으니, 곧 김종직金宗直 선생의 작품이었다. 아, 선생의 덕업이 멀리 후세에까지 끼쳐져 비록 미친 아이나 얼빠진 사람의 무리일지라도 오히려 희롱하고 모멸할 수 없었으니, 하물며 당시에 직접 가르침을 받은 자들은 어떠했겠는가. 다시 시 한편을 지었다. -시가 본집에 보인다-*

18일정해. 금방이라도 비가 쏟아질 듯한 날씨였다. 사람들이 말하길 "만약 비가 내린다면 바닷가에 가더라도 일출을 볼 수 없습니다. 우선 뒷날을 기다려 맑게 개였을 때 가는 것만 못할 것입니다"라고 했다. 우리 두 사람은 좋은 일에는 마魔가 많이 낀다고 생각하며, 다른 날에 또 어떠한 일이 잡아끌어 방해할 것인지 알 수 없었으므로 강행해서 동령東嶺을 걸어갔다.

운무가 어둡게 깔리고 장대 같은 소낙비가 앞을 가려 원근을 분간할 수 없었고 다만 발아래 한 줄기 길만 보일 뿐 나아가지도 돌아가지도 못하는 낭패스러운 상황이었다. 정중립이 말하길 "비록 하늘의 해는 볼 수 없겠지만, 은빛 파도가 치고 흰 물결 일어나는 어둑어둑한 저녁 무렵 때 우리 두 사람이 부모님과 이별하고 고국을 떠나가는 심회를 대략이나마 한번 터득할 수 있을 것입

---

*　　시가 본집에 보인다: 『간재집』 권 2에 수록된 「불국사」를 가리킨다. 전문은 다음과 같다. "걸어서 연꽃 위로 걸어 들어가니, 향기로운 바람 내 옷에 스며드네. 폭포는 나무를 가르며 울어대고, 돌다리는 긴 무지개를 띠고 있네. 웅장하고 아름다운 천 칸 건물들, 단청은 참으로 빛나도다. 점필재에 대한 찬탄을 가눌 수 있으랴, 벽에 쓸쓸히 향기로운 시 남겼도다. 내 직접 배우지 못한 것을 안타까이 여기나, 흰머리로 여전히 길을 헤매네. 원대한 기약 아직 이루지 못했는데, 근심스레 망양지탄을 슬퍼하네. 그대로 대하며 세 번 탄식을 하는데, 높은 숲 푸르름 울창하구나[步入蓮花上 香風襲我裳 飛泉剗木咽 石橋帶虹長 壯麗千間屋 丹青十分光 堪嗟佔畢齋 壁上空留芳 恨我未摳衣 白首猶迷方 遠期尙未酬 惕若悲亡羊 對君三歎息 高林鬱蒼蒼]."

니다. 그러니 한 걸음 더 나아가 평소의 바람을 이루는 것만 못하리라 생각합니다"라고 했다. 나도 "그렇습니다"라고 수긍하고서 마침내 말을 타고 길을 갔다. 피리 부는 사람으로 하여금 재주를 보이게 했더니, 이어지는 한 줄기 피리 소리가 높은 하늘에서 학이 우는 듯 맑게 울려 퍼졌다.

정오에 비를 맞으며 요광원要光院에 당도했다. 말에게 여물을 먹였으며, 짐을 내려놓고 어깨를 쉬었다. 골짜기가 깊고 숲이 우거지며 기이한 모양의 바위와 괴상한 형태의 암석이 좌우에 나열해 있었다. 큰비가 계속 내려 앞쪽 시내가 넘치려 했다. 몇 잔의 술을 마시고 그대로 취해 잠이 들어 꿈을 꾸다가 일어나 절구 한 수를 읊었는데, 잊어버려 기록하지 못한다.

시내를 따라 내려가 점점 바닷가 입구에 이르렀다. 평야가 널찍하고 닭 우는 소리와 개 짖는 소리가 서로 들릴 만큼 인가가 밀집해 있었다. 길가에 한 쌍의 탑이 서 있었으니, 신라시대의 감은사感恩寺 터였다. 인하여 바닷가에 투숙했다. 비로소 대양大洋을 바라보니, 연무가 하늘을 뒤덮고 바람에 이는 파도가 산처럼 높으며 하늘과 바다가 맞붙어 있어 형상을 분간할 수 없었다. 동쪽의 산한 줄기가 곧장 해문海門에까지 내닫고 있는데 한쪽 모서리가 우뚝 솟구쳐 끊어져 있었으며, 바위가 깎아지른 듯 서 있으니 높이가 10여 길이나 됨직했다. 그 위에 단청한 누각이 높다랗게 솟아 있는데, 이른바 '이견대利見臺'였다. 돈대가 이 이름을 얻은 까닭은 어찌 신라왕이 『주역』 건괘乾卦 구오효九五爻에서 말한 "나는 용이 하늘에 있으니 대인을 만나보는 것이 이롭다[飛龍在天 利見大人]"는 뜻에서 취한 것이리라. 동헌東軒에 앉아 이리저리 돌아보니, 파도가 하늘에 닿아 아득히 넘실거렸다.

또 남쪽 포구에 바위가 울퉁불퉁한 모양으로 서서 몰아치는 파도와 격렬하게 이는 물결 속에서 우뚝 솟아 있었으니, 이른바 '대왕암大王巖'*이었다. 세

---

* 　　대왕암(大王巖): 현재 일컬어지는 정확한 명칭은 경주 문무대왕릉(文武大王陵)이다.

속의 말에 "용이 이 바위 위에 나타나 신라왕과 만난 일이 있었다. 따라서 그 일로 인해 이름붙인 것이다"라 한다. 서로 더불어 몇 순배 술을 마신 후 자리를 파하고 날이 저물어 침소에 들었다. 율시 한 편을 읊었다. -시가 본집에 보인다-*

다음 날19일, 무자 가랑비가 계속 흩뿌렸고 먹구름은 어제와 같았다. 다시 소봉래小蓬萊로 가는 여정이 막혀 우리 두 사람은 새벽밥을 먹고 도롱이를 덮어쓰고서 감포甘浦를 향해 나갔다. 길 왼쪽에 봉화대가 솟아 있는데 어떤 사람이 그 위에 앉아 있었다. 봉화를 피울 조짐이 끊어진 것을 통해 태평의 기상을 볼 수 있었다.

말 위에서 동북쪽으로 한 편의 푸른 하늘이 개여 있는 것을 비로소 보았다. 정군을 불러 그쪽을 가리켰더니, 정군이 "성의가 돈독했으니, 하늘이 어찌 모르셨겠습니까"라고 말했다. 이윽고 검은 구름이 흩어지면서 햇빛이 그 사이를 뚫고 새어나왔다. 해당화가 환하게 피어 있었고 큰 파도가 잔잔해졌다. 하얀 돌이 반짝거리고 푸른 솔이 우거져 있었다. 날씨가 갠 풍경의 천태만상에 눈을 맞추느라 겨를이 없었다. 다시 정군에게 이르길, 어제 어둡던 때에는 어찌 오늘 이처럼 청명한 햇빛이 있으리라 알았겠습니까. 사람의 마음이 어둡고 가려진 것이 극심할지라도 한번 선의 단서가 일어나 마침내 밝힐 수가 있다면 그 본체가 드러나는 것과 정말 똑같으니, 어찌 이와 같지 않겠습니까. 하지만 공부가 끊어진다면 그 어둡게 하는 것이 또다시 찾아올 것이니, 노선생께서 시를 통해 말씀하신 "홀로 차가운 서재에 앉아 변화를 살펴보니, 겨우 밝아졌다 다

---

*   시가 본집에 보인다: 『간재집』 권 2에 수록된 「이견대」를 가리킨다. 전문은 다음과 같다. "골짜기 넘고 구름 뚫고서 바닷가 도착하니, 높다란 정자 아름다운 물가를 진무하네. 거친 파도 만 리에 펼쳐지니 푸른 유리빛이요, 바람에 이는 물결 천 층에 솟구치니 떠있는 옥설이라. 간곡하게 우는 학은 거울 수면의 티끌이요, 표표히 떠가는 고깃배는 눈동자의 장애물이네. 용이 날고 대인을 만남이 이로운 것이 지금 어디에 있는가, 오직 황량한 돈대가 떨어지는 해 속에 시름겹네[越壑穿雲到海頭 巋然一榭鎭芳洲 鯨波萬里琉璃碧 風浪千層玉雪浮 款款仙禽塵鏡面 颺颺漁艇礙人眸 龍飛利見今何在 惟有荒臺落日愁]."

시 어둡게 되어 어두움 밝히기 어렵네[獨坐寒齋看變化 纔明還晦晦難明]"*
라는 뜻이 매우 두려워할 만합니다. 인하여 절구 한 수를 읊었다. -시가 본집
에 보인다-**

오후 1시경에 우진右鎭에 도착했다. 진장鎭將 정군응鄭君應-시중時仲이 멀리
서 우리가 오는 것을 보고서 헌軒에 자리를 펴고 기다리고 있었다. 서로 안부
인사를 나눈 후, 그와 더불어 몇 순배 술을 마시고 길을 떠났다. 인하여 정군
에게 "남자로서 이 세상에 태어나 세상만사가 해야 할 일이 아닌 것이 없는데,
하물며 무비武備에 있어서랴. 한번 배를 타고 가서 훗날 임무를 맡아 쓰일 자질
이 있는지 시험해보길 청합니다"라고 하고서 마침내 함께 배에 올랐다.

바다 입구로 들어가 몇 리쯤 가서 해척海尺***을 불러 전복[鮑魚]을 구하자 그
사람이 발가벗은 몸으로 물에 뛰어들었다. 그와 나란히 함께 들어가 파도를 차
며 수영을 하면서 들어갔다 나오기를 반복하자 백여 개를 잡을 수 있었다. 회
를 쳐 먹기도 하고 구워 먹기도 했는데, 그 맛이 참으로 좋았다.

정군을 데리고 바닷가를 따라 갔었다. 길가의 바다 보루는 석봉石峯과 가파
른 바위였다. 말에서 내려 시를 읊었다가 소봉래를 향해 달려가니, 해가 이미
기울어져 있었다. 이 섬은 바다 가운데 우뚝 서 있는데, 암벽 밑에서부터 정상
의 흙에 이르기까지 푸른 솔과 늙은 전나무가 얼마나 많은지 그 수를 알지 못
한다. 이날 저녁에 운무가 깨끗이 쓸려가 닦아놓은 거울 같았으며, 그 위에 거

---

*   홀로 차가운 서재에 …… 어두움 밝히기 어렵네: 이황의 『퇴계집』 권 2에 수록된 「답이인중(答李仁仲)」이라
         는 시에서 인용한 시구이다. 전문은 다음과 같다. "언제 골짜기 쌓인 먹구름 개이려나, 시험 삼아 산을 찾아
         가는 나막신 소리 달각달각. 텅 빈 집에 묵묵히 앉아 변화를 살펴보니, 밝았다 다시 어두워져 어두움 밝히
         기 어렵네[何時洞壑積陰淸 可試尋山屐齒聲 默坐虛堂看變化 才明還晦晦難明]."
**   시가 본집에 보인다:『간재집』 권 2에 수록된 「감포에서 날이 갠 것을 기뻐하며, 삼가 돌아가신 스승의 '명'
         자운에 차운하다(甘浦喜日晴 謹次先師明字韻)」라는 시를 가리킨다. 전문은 다음과 같다. "어제 깜깜할 제
         천지가 닫혔더니, 오늘 아침 활짝 개어 하늘이 밝구나. 사람 마음 이를 통해 통하고 막힘을 알겠으니, 한번
         닦는다면 거울처럼 맑을 수 있으리라[昨日晦冥天地閉 今朝軒豁太虛明 人心從此知通塞 一拭猶能鏡面
         淸]."
***   해척(海尺): 바닷가에서 고기잡이를 전업으로 하는 사람을 말한다.

꾸로 잠긴 물그림자가 어른거렸다. 금빛 파도가 아득히 넘실거려 마음과 눈이 환하게 트였으니, 황홀하기가 홍몽鴻濛*을 넘어 우주 밖으로 나간 듯했다. 신선이 산다는 봉래산이나 방장산方丈山이 없다면 그만이거니와, 있다면 이곳이야말로 제일가는 봉우리일 것이다. 그런데 어찌하여 세속에서는 '소小'라고 일컬은 것일까. 우리 세 사람은 취한 몸을 부축해 일어나 노송에게 아뢰고 이름을 썼다. 그리고 회재晦齋 선생**께서 지으신 "땅 모서리 동쪽 궁벽한 곳 푸른 바닷가, 천지 어느 곳에 삼구三丘***가 있을까. 속세는 낮고 좁아 나의 뜻 없으니, 가을바람 몰고서 노나라 뗏목을 띄워 볼까나[地角東窮碧海頭 乾坤何處有三丘 塵寰卑隘吾無意 欲駕秋風泛魯桴]"****라는 시를 읊었다. 인하여 삼가 그 시에 차운했다. -시가 본집에 보인다-*****

잡았던 소매를 놓고 서로 이별하여 장기현長鬐縣으로 향했다. 태수太守 이공한李公僩 -인립仁立이 자리를 열어 정성스레 접대했다. 술이 반쯤 취했을 때, 이

---

* 　홍몽(鴻濛): 우주가 형성되기 이전부터 있어 온 천지의 원기, 혹은 그와 같은 혼돈 상태를 가리키는 말이다.
** 　회재(晦齋) 선생: 이언적(李彦迪, 1491~1553)을 가리킨다. 조선 중기의 학자로, 자는 복고(復古), 호는 회재·자계옹(紫溪翁), 시호는 문원(文元)이다. 본관은 여주(驪州)로, 참군 이수회(李壽會)의 손자이다. 부친은 생원 이번(李蕃)이며, 모친은 경주손씨(慶州孫氏)로 계천군(鷄川君) 손소(孫昭)의 딸이다. 초명은 적(迪)이었으나 중종의 명으로 언(彦)자를 더하였다. 24세에 문과에 급제하여 이조정랑·사헌부장령·밀양부사를 거쳐 1530년 사간이 되었다. 이때 김안로(金安老)의 등용을 반대하다가 관직에서 쫓겨나 경주의 자옥산에 들어가 성리학 연구에 전념했다. 1537년 김안로 일당이 몰락한 뒤에 종부시첨정에 임명되었으며, 홍문관교리·응교·직제학 등을 역임했다. 전주부윤에 나가 선정을 베풀어서 송덕비가 세워졌다. 이때 조정에 「일강십목소(一綱十目疏)」를 올려 정치의 도리를 논했다. 이조·예조·형조의 판서를 거쳐 1545년 좌찬성이 되었다. 당시 윤원형(尹元衡) 등이 선비를 축출하는 을사사화를 일으켰을 때 추관(推官)이 되어 선비들을 심문하는 일을 맡았지만 자신도 관직에서 물러났다. 1547년 윤원형 일당이 조작한 양재역벽서사건(良才驛壁書事件)에 무고하게 연루되어 강계로 유배되었고, 그곳에서 많은 저술을 남겼으나 63세로 별세했다. 저술로 『회재집』을 비롯해 『구인록(求仁錄)』·『대학장구보유(大學章句補遺)』·『중용구경연의(中庸九經衍義)』·『봉선잡의(奉先雜儀)』 등이 있다.
*** 　삼구(三丘): 세 선산(仙山)을 가리킨다. 곧 봉래산(蓬萊山)·방장산(方丈山)·영주산(瀛洲山)이다. 삼신산(三神山)·삼도(三島)·삼호(三壺)·삼산(三山)이라고도 일컫는다.
**** 　회재(晦齋) 선생께서 지으신 이언적의 『회재집』 권 1에 수록된 「소봉대(小峯臺)」라는 시이다.
***** 　시가 본집에 보인다: 『간재집』 권 2에 수록된 「차회재선생소봉래운(次晦齋先生小蓬萊韻)」를 가리킨다. 전문은 다음과 같다. "선생이 노 젓는 데 뜻한 것 애석하니, 돌아와 끝내 단구에 은거하고자 생각했네. 인간만사 참으로 헤아리기 어려우니, 북해의 풍파에 노나라 뗏목을 시험해 볼까나[堪惜先生志棹頭 歸來終擬隱丹丘 人間萬事誠難料 北海風波試魯桴]."

인립이 말하길 "여색을 취할 적에 반드시 못생긴 여자로 한다면, 남들이 빌미로 삼지 않고 마음도 편안합니다"라고 했다. 내가 손을 잡고 칭찬하길 "이것은 장부의 말이로다"라고 응수했다. 서로 더불어 지극히 즐거운 시간을 보냈다. 달이 이미 석 발쯤 솟아올랐을 때, 정중립과 주인은 먼저 취해 중당中堂에 누웠다.

20일기축. 헤어지려 할 때에 태수가 뇌록磊綠*을 전별품으로 주었는데, 쓸데가 없다고 사양했다. 사슴고기 육포를 준 것은 어머니께 드리기 위해 사례하고 받았다. 연일延日을 향해 가다가, 길에서 말에게 여물을 먹였다. 해가 저물 무렵 연일현에 당도했다. 그곳 수령 방사후方射侯가 또한 정성스레 대해주었다. 인하여 태수에게 말하길, "이곳은 문충공文忠公 정선생鄭先生**의 고향입니다. 어찌 유풍流風과 여운餘韻이 남아 있는 곳이 없겠습니까. 경내에 들어오면 늠름한 위풍으로 인해 사람으로 하여금 머리카락이 서고 심장이 서늘하게 하는 듯합니다"라고 했다. 인하여 근체시 한 편을 읊었다. -시가 본집에 보인다-***

21일경인. 성城으로 돌아왔다. 처음부터 끝까지 5~6일을 넘지 않았다. 동해의 빼어난 형상과 선산仙山의 기이한 경치를 모두 찾아가 살펴보고 돌아왔으니, 평생 동안 마음속에 쌓아둔 것을 풀 수 있었다. 아, 비루한 나는 배우지 못해 볼만한 것이 없는데, 참람하게 분수가 아닌 임무를 맡게 되어 지금 여기에 왔고 또 세상 밖의 유람도 할 수 있었으니, 어찌 어리석은 이의 큰 행운이 아니

---

*   뇌록(磊綠): 뇌록(磊綠)이라고도 한다. 뇌록은 목조건물에 벌레가 생기거나 부식, 화재가 일어나는 것을 줄이기 위해 사용하는 녹색 안료이다. 포항시 남구 장기면 뇌성산에 뇌록지가 있다.

**   문충공(文忠公) 정선생(鄭先生): 정몽주(鄭夢周, 1337~1392)를 가리킨다. 고려의 문신이자 학자로, 초명은 몽란(夢蘭) 또는 몽룡(夢龍), 자는 달가(達可), 호는 포은(圃隱), 시호는 문충이다. 본관은 영일(迎日)로, 추밀원지주사(樞密院知奏事) 정습명(鄭襲明)의 후손이며, 정운관(鄭云瓘)의 아들이다. 저술로『포은집』이 있다.

***   시가 본집에 보인다:『간재집』권 2에 수록된「오천에서 정문충공을 생각하다[烏川 憶鄭文忠公]」라는 시를 가리킨다. 전문은 다음과 같다. "해동에 천 년 동안 학문으로 알려진 인물 없더니, 오직 오천에 순임금 본받으신 문충공 계셨네. 광설이 홀로 선 측백 푸르름 바꿀 수 없었고, 질풍이 한 포기 난초 향기 쓸어버리기 어려웠네. 어이 건더라 후세에 충의를 그리워하는 마음. 당시의 임금 향기로운 제사를 올리게 했네. 나그네 말 멈추고 옛 자취 물어보니, 평생의 마음과 일 아침처럼 환하였네[海東千載學無聞 惟有烏川祖舜文 狂雪不渝孤栢節 疾風難掃一蘭薰 那堪後世思忠義 能使時王祀芬芬 客子停驂問古躅 一生心事只朝昕]."

겠는가. 다만 관람하는 일에만 빠져 있느라 평생에 지킬 바를 돌아보지 못했으니, 말단을 일삼고 근본을 버리는 것에 가깝지 않겠는가. 주선생朱先生의 시에, "인하여 평생의 회포를 알 수 있으니, 속된 생각과 뒤섞여 사라지지 않으리라"는 구절이 아마도 이런 것을 말씀하신 것이 아니겠는가. 이에 지나온 것을 기록하고 나의 부족한 부분을 스스로 힘쓸 것을 뜻하노라.

만력萬曆 경진년1580 4월 그믐날 영양永陽 이덕홍李德弘은 기록한다.

원문原文

東京. 乃新羅舊都也. 遺風餘俗. 未必皆存. 而名區韻地. 非一非二. 其最勝而擅麗者. 東海之陬. 而東海之得此名. 以其有利見臺小蓬萊也. 余受任東來. 卽欲一往探討而未就者于今八閱月矣. 是年清和哉生魄後一日丙戌. 與仙槎張雲擧河南鄭中立約遊. 雲擧以病辭. 僕與鄭君. 留聞直于殿齋. 別雲擧於蠶軒. 竝轡而行. 歷鷄林. 林中別無所異. 惟有蒼髥老樹. 薈蔚參天. 三國史曰. 金櫃掛于林梢. 有雞鳴于其上. 故名焉. 過瞻星臺. 臺卽當時觀象之所也. 以熟石疊之. 高可數十丈. 形圓而戴方. 腹大而項細. 由腰穴以入. 自中而上也. 噫. 我東方彈丸之地. 三國鼎峙. 各察其象. 各應其應. 則數亦未必不在於其間也. 繞月城而東. 亦羅王舊墟也. 其爲形勢. 東絶西斷. 南蚊水. 北鷄林. 無一詠所接之原. 東以平郊爲主. 後高如城. 前曲如鉤. 眞納甲法所謂艮月形也. 當時繁華文物之盛. 盡化爲山童野牧之場. 其盈虛消息之理. 亦可見矣. 因得近體一篇. 見本集東轉十餘里. 憩松木亭一餉間. 暮入佛國寺. 雲烟蒙翳. 若無人跡. 然纔過一石橋. 有巖上蓮池. 池北剡木. 飛泉橫流數里. 瀑下於石槽. 踊飛

泉上雲橋. 橋刻石以成. 若雲虹然. 旣入門. 金閣石塔. 古佛新畫. 千態
萬狀. 奇奇怪怪. 皆新羅遺躅也. 僕謂中立曰. 羅王盡民力於無用虛無之
地. 可惜. 梁山人金生緘. 徒步從師. 入拜. 師卽堅丈應箕也. 余旣恨
其不得與堅同遊. 又嘉其從師之志. 因與飲數巡而罷. 宿左景樓. 壁上懸
板. 多近代名儒韻士之所述. 而其下各有科等品題. 此必狂童晚出之所戲.
而其間一詩獨免焉. 乃金先生宗直之作也. 嗚呼. 先生之德業. 遠及於後
世. 雖狂童夸毗之徒. 尚不能戲侮之. 而況於當時親炙之者乎. 又得一篇.
詩見本集十八日丁亥. 天欲雨. 人曰. 天若雨則雖往海邊. 不得見日出.
莫若姑待後日. 以乘霽景也. 吾二人以爲好事多魔. 不知他日更有何等掣肘
邪. 强步東嶺. 雲霧晦冥. 銀竹交橫. 遠近不分. 只見脚下一線路. 進退
狼狽. 中立曰. 天日雖不可見. 銀濤雪浪. 冥冥薄暮. 吾兩人離親去國之
懷. 聊可一攄. 不若更進一步. 以遂素願也. 吾曰. 諾. 遂騎馬而行. 令
篷人試才. 縷縷之聲. 寥亮若鶴唳雲霄也. 亭午. 帶雨抵要光院. 抹馬息
肩. 谷邃林深. 奇巖怪石. 羅列左右. 大雨猶作. 前溪欲漲. 飲酒數椀.
因醉一夢. 而起吟一絕. 忘未記焉. 沿溪而下. 漸至海口. 平蕪寬衍. 鷄
犬相聞. 路傍有雙塔. 乃羅代感恩寺基也. 因投海上. 始望大洋. 烟雲蔽
空. 風濤如山. 天水相接. 不可辨狀. 東山一支. 直走海門. 一角斗斷.
巖石削立. 高可十餘丈. 其上有畫閣. 嵬然屹立. 所謂利見臺也. 臺之
得此名. 豈羅王取易乾封九五所謂飛龍在天. 利見大人之義歟. 坐東軒騁
目. 波濤接天. 浩浩洋洋. 又於南浦. 有巖矗矗而立. 屹然於橫波激浪之
中. 卽所謂大王巖也. 諺曰. 有龍見於此巖上. 與羅王相見焉. 故因名云.
相與飲數巡而罷. 向晦就寢. 詠四韻一篇. 詩見本集翌日戊子. 細雨猶灑.
雲暗如昨. 又將沮小蓬萊之行吾二人蓐食. 荷蓑而出向甘浦. 路左烟臺突
兀. 有一人坐其上. 絶烟火之候. 可見其太平氣象也. 馬上始見東北一片

靑天. 呼鄭君而指之. 鄭君曰. 誠旣篤矣. 天何不知哉. 俄而雲陰解駁.
日光穿漏. 海棠鮮明. 鯤波妥帖. 白石粼粼. 蒼松蔭翳. 霽景千萬. 應接
不暇. 又謂鄭君曰. 昨日昏晦之時. 安知有今日如許淸明之景乎. 正如人心
雖昏蔽之極. 一有善端之發而遂明之. 則其本體之呈露. 豈不如是乎. 然
工夫間斷. 則其昏之者又至矣. 老先生詩所謂獨坐寒齋看變化. 纔明還晦
晦難明者. 其可懼也. 因吟一絶. 詩見本集未初到右鎭. 鎭將鄭君應時
仲. 望見吾等之來. 席軒而待. 相叙寒暄. 與之飮數行. 因語鄭君曰. 男
子生斯世. 世間萬事. 無非分內. 而況於武備乎. 請一行船. 以試他日受
用之資. 遂與登舟. 入海口數里許. 招海尺求鮑魚. 其人赤身投水. 與齊
俱入. 蹴波游泳. 更迭出入. 得百餘箇. 或膾或炙. 其味可悅. 携鄭君遵
海濱而往. 路傍海塢. 石峯巉巖. 下馬吟咏. 馳向小蓬萊. 日已昃矣. 是
島兀立海中. 趺巖首土. 蒼松老檜. 不知其幾. 厥夕. 雲烟淡抹. 鏡面如
拭. 倒影翳翳. 金濤浩瀁. 心眼暢豁. 怳然若超鴻濛出宇宙. 蓬萊方丈.
無則已. 有則此其第一峯也. 何世俗之以小稱之也. 吾三人扶醉而起. 白
老松而書名. 又詠晦齋先生詩曰. 地角東窮碧海頭. 乾坤何處有三丘. 塵
寰卑隘吾無意. 欲駕秋風泛魯桴. 因敬次. 詩見本集分袂相別. 向長鬐縣.
太守李公個仁立. 開筵款款. 酒半. 仁立曰. 取色必醜. 則人不崇而心亦
安. 余執手稱賞曰. 此丈夫之言也. 相與極歡. 月已三竿. 中立與主人.
先醉臥中堂矣. 二十日己丑. 臨別. 太守贐以碙綠. 辭以無用. 餽以鹿脯.
謝以將毋. 向延日. 抹馬於路. 日暮抵縣. 其守方射侯. 亦款遇之. 因謂
太守曰. 此文忠公鄭先生之故里也. 豈無流風餘韻之所存乎. 令人入境.
凜凜若髮竪心爽也. 因詠近體一篇. 詩見本集二十一日庚寅. 還城. 首尾
不滿五六日. 東海之勝狀. 仙丘之異致. 無不款探而歸. 以攄平生之素
蘊. 噫. 如鄙人者. 不學無狀. 盜名當世. 濫受非分之任. 今此之來. 又

作方外之遊. 豈非愚生一大幸乎. 第徒役於觀覽之一事. 而不顧平生之所守. 則不幾於事末而遺本乎. 朱先生詩曰. 因知平生懷. 未與塵慮泯. 其不謂是乎. 因記所歷. 且志吾所短以自勖焉. 萬曆庚辰四月晦. 永陽李德弘錄.

출전 : 李德弘, 『艮齋集』, 「東京遊錄」

3

주왕산록

周王山錄

장현광

장현광(張顯光): 생몰은 1554~1637년이다. 조선 후기의 학자로, 자는 덕회(德晦), 호는 여헌(旅軒), 시호는 문강(文康)이다. 본관은 인동(仁同)으로, 부친은 증이조판서 장열(張烈)이며, 모친은 경산이씨(京山李氏)로 제릉참봉(齊陵參奉) 이팽석(李彭錫)의 딸이다. 14세 때 진사 장순(張峋)에게 배웠고 18세 때 「우주요괄첩(宇宙要括帖)」을 지어 유학자의 면모를 보이기 시작했다. 침식을 잊으며 학문에 정진하여 1576년 재능과 행실이 드러나 조정에 천거되었다. 1591년 겨울 모친의 상중에 전옥서참봉(典獄署參奉)에 임명되었으나 나가지 않았고, 다음해 임진왜란이 일어나자 금오산(金烏山)으로 피란했다. 1594년 예빈시참봉·제릉참봉 등에 임명되었으나 부임하지 않았다. 다음 해 가을 보은현감에 임명되어 부임하였으나 12월 관찰사에게 세 번 사직을 청하였고 이듬해 2월 또 세 번 사직을 청한 뒤 허가를 기다리지 않고 고향으로 돌아갔다가 직무유기 혐의로 의금부에 잡혀갔다. 1597년 여러 차례 그를 조정에 추천하였던 유성룡(柳成龍)을 만났는데, 그의 학식에 감복한 유성룡은 아들을 그 문하에 보내어 배우게 하였다. 1601년 경서교정청낭청(經書校正廳郎廳)에 임명되었고 여러 번 부름을 받았으나 나가지 않았다. 1602년 거창현감·경서언해교정낭청(經書諺解校正郎廳)에 임명되었으나 나가지 않다가 그해 11월 공조좌랑으로 부임하여 『주역』 교정에 참가했고 형조좌랑에 옮겨졌으나 이듬해 2월 돌아왔다. 1603년 용담현령에 임명되었으나 나가지 않았고, 곧 의성현령에 임명되어 부임했으나 몇 달 만에 돌아갔다. 1604년 순천군수, 1605년 합천군수, 1607년 사헌부지평에 임명되었으나 모두 사퇴하고 부임하지 않았다. 55세 때 「주역도설(周易圖說)」을 지었고, 68세 때 「경위설(經緯說)」을 지었다. 1623년 인조반정 후 김장생(金長生)·박지계(朴知戒)와 함께 여러 번 왕의 극진한 부름을 받았고, 사헌부지평·성균관사업 등에 여러 번 제수되었으나 사양하고 나가지 않다가 다음해 사헌부장령으로 부임하여 왕을 알현하였다. 곧이어 사헌부집의·공조참의로 승진되어 경연(經筵)과 서연(書筵)에 참석하도록 부탁받았으나 사양하고 돌아갔다. 이어 이조참의·승정원동부승지·용양위부호군 등에 임명되었으나 모두 사퇴하였다. 1626년 형조참판에 특제되어 마지못하여 사은하였고 계속하여 사헌부대사헌·부호군에, 1628년 이조참판, 1630년 다시 대사헌 등에 임명되었으나 부임하지 않았다. 1636년 12월 병자호란이 일어나자 여러 군현에 통문을 보내어 의병을 일으키게 하고 군량미를 모아 보냈다. 그러나 다음 해 2월 삼전도(三田渡)에서의 항복소식을 듣고 세상을 버릴 생각으로 동해가의 입암산(立嵒山)에 들어간 지 반년 후에 죽었다. 그는 일생을 학문과 교육에 종사하였고 정치에 뜻을 두지 않았으나 당대 산림의 한 사람으로 왕과 대신들에게 도덕정치의 구현을 강조하였고, 인조반정 직후에는 공신들의 횡포를 비판하고 함정수사를 시정하게 하는 등의 영향력을 행사하기도 하였다. 저술로 『여헌집』을 비롯해 『성리설(性理說)』·『역학도설(易學圖說)』·『용사일기(龍蛇日記)』 등이 있다.

해제 解題

「주왕산록周王山錄」은 여헌旅軒 장현광張顯光: 1554~1637이 정유년1597 초여름에
주왕산을 유람하고 기록한 것이다. 여헌은 오래전부터 주왕산이 높지는 않지
만 바위와 계곡이 기이하며 고적이 있다는 말을 듣고 부근에 사는 지우들과
유람하였다. 삼한시대에 한 왕이 주왕산으로 피난을 하게 되어 주왕산이라고
부르게 되었다고 설명하고, 주왕굴 앞으로 폭포가 흐르기 때문에 난리를 피하
여 숨어 있어도 그 속에 굴이 있음을 적들이 알 수 없음을 말하고, 주왕산의
바위 중에 가장 으뜸은 부암附巖인데 사람이 바위에 붙어서 기어 지나가지 않
을 수 없기 때문에 붙여진 이름임을 설명하고 여러 바위들의 기이한 형상들을
낱낱이 설명하였으며, 삼왕오제시대부터의 학문의 연원을 비유하기도 하였다.

국역 國譯

산의 높이가 최고는 아니지만 산의 이름은 널리 알려졌으니, 고적古跡이 있
고 바위와 골짜기가 기이하기 때문이다. 내가 주왕산周王山의 이름을 들은 지
가 오래였으므로 한 번 구경하여 티끌세상의 눈을 상쾌하게 할 것을 생각한
것이 한참이 되었다. 그렇지만 소원을 이루지 못하였는데, 금년1597 여름에 친
구들을 따라 산에서 가까운 지역에 가서 살게 되었다.

하루는 두서너 명의 친구들과 약속하여 오랜 소원을 풀려고 하였는데, 마침
이날 점심 무렵 비가 내려 두루 구경하지 못했다. 사람들에게 들으니, 이 산을
'주왕周王'이라고 이름 한 것은 삼한三韓 시대에 왕호王號를 가지고 있던 자가 이
곳에 피난하여 산 위에 대궐을 세웠는데, 옆에 폭포수가 있고 폭포수 가운데에

는 바위 구멍이 있어 사람이 몸을 숨길 수 있으며 폭포수가 가리고 있기 때문에 외부 사람들은 바위에 구멍이 있는 것을 알지 못하였다. 그리하여 그 왕은 위급한 일이 있으면 이 구멍에 숨어서 피하곤 했다 한다. 나는 해가 저물고 또 비가 내리므로 그 자취를 직접 보지는 못했지만 산이 이름을 얻은 것은 이 때문이었다.

구경하는 자들은 이르길, "이 산은 골짝이 좁고 시냇물이 험하며 암벽이 우뚝이 솟아 있고 고개 위가 평평하고 넓으며 사방의 길이 모두 멀리 막혀 있으니, 어지러운 세상을 당하면 군사를 숨기어 적을 막을 수 있다"라고 했다.

유람을 와서 이 산을 구경하는 사람들은 다만 옛날의 사적 때문이 아니요, 바위가 기이하고 물이 깨끗하여 마치 신선들이 사는 곳인 듯해서이다. 골짝의 이름은 두 개가 있으니, 동쪽은 바로 이른바 주왕이 피난했다는 장소이다. 폭포의 구멍이 아직 변치 않았고 대궐 터가 그대로 남아 있는데 골짝에 들어가 몇 리쯤 가면 지금은 폐사가 된 사찰이 하나 있다.

서쪽은 바위와 골짝이 동쪽에 비하면 더욱 기이한데, 인적이 미치지 않은 바위의 중턱에 이상한 새 한 마리가 이 틈에 둥지를 틀고 있으니, 사람들은 청학靑鶴이라 이른다. 이 새는 매년 봄과 여름에 이곳에서 알을 까 새끼를 치는데, 둥지를 마주한 바위 머리에 작은 암자를 세워 이 새를 바라보지만 암벽이 멀고 둥지가 높아 사람들이 이 새를 볼 수 없었다. 그리하여 평상시에 와서 구경하는 자들은 나팔을 불어 새를 놀라게 해서 날아 나오기를 기다린 뒤에 그 모습을 볼 수 있었는데, 한 무인武人이 둥지에 활을 쏘아 화살이 그 옆에 꽂히자, 이후로는 마침내 학이 더욱 험한 바위로 옮겨가서 사람들이 다시는 보지 못하게 되었다고 한다.

골짜기 5리쯤 되는 곳에 이르면 벼랑이 끊기고 길이 다하는데 길이 다한 곳에 부암附巖이라는 바위가 있다. 바위가 높은 벼랑에 붙어 있기 때문에 부암이라고 이름 한 것이다. 만약 개미처럼 붙고 이처럼 기어서 이 바위에 올라간다면 길을 통할 수 있다. 이 길을 따라 한 고개를 넘어가면 산세가 다소 평평하여 그다지 기이하거나 아름답지 않다. 다만 용추 몇 곳이 있는데, 폭포를 받아 못을 이루고 있으며 매우 높아 가까이 다가갈 수도 없고 너무 깊어 헤아릴 수도 없다. 용추로부터 북쪽으로 7~8리쯤 가면 옛날에 점촌店村이 있었는데, 이름을 광혈廣穴이라 한다. 난리로 인해 마을 사람들이 흩어져 지금은 다만 몇 채의 막사만 남아 있다고 한다. 그런데 모두 내가 직접 가 보지는 못했다.

나는 이번 걸음에 두루 보고 감상하지는 못했지만, 산의 대략은 이미 알게 되었다. 가장 기이한 것은 여러 바위이며, 바위 중에서도 서쪽 골짝에 있는 것이 더욱 기이했다. 이날 눈으로 본 것을 한 번 기록하면, 골짝의 입구로부터 길이 다하는 곳에 이르기까지는 약 5리쯤 되는데 양쪽의 벼랑이 모두 바위이지만 서로 중첩되어 있지 않으며, 아래로 바위 밑으로부터 위로 바위 머리에 이르기까지 몇 길인지 알 수 없으나 다만 한 돌로 처음부터 끝까지 이어져 있다. 중간에 작은 시냇물이 있고 시냇물로부터 오솔길이 있는데 오솔길은 흙을 밟지 않고 돌을 따라 걸어 올라간다. 돌이 시내의 좌우에 널려 있어 혹은 높기도 하고 혹은 낮기도 하며, 혹은 크기도 하고 혹은 작기도 하며, 혹은 세로로 있기도 하고 혹은 가로 비껴 있기도 하며, 혹은 기울기도 하고 혹은 평평하기도 하니, 다리 힘이 건장한 사람이 아니면 반드시 항상 넘어지고 만다.

이 길을 따라 올라가는 자들이 두 벼랑의 암벽을 우러러보면 바위 뿌리가 각기 사람과 겨우 지척지간에 있는데, 바위 모서리가 곧바로 구름이 다니는 하늘 위로 솟아 있어 하늘과 해가 참으로 우물 안에서 보는 것처럼 보인다.

이른바 부암이라는 바위 위에 이르면 좌우의 여러 바위가 눈앞에 펼쳐져 있어 천 가지 모습과 만 가지 형상이 모두 갖춰져 있다. 어떤 것은 네모지고 혹은 둥글며 혹은 쭈그러들고 혹은 삐죽 나왔으며, 또 어떤 것은 좌우가 서로 맞이하여 마치 손을 잡고 읍을 하는 듯한 것이 있었다. 혹은 피차가 서로 높아 누가 더 큰가를 다투는 듯한 것이 있었으며, 부부처럼 배합한 것도 있고 형제처럼 나란히 자리한 것이 있었다. 혹은 원수처럼 서로 등진 것이 있고 친구처럼 서로 가까이한 것이 있었다.

어떤 경우는 한 바위가 우뚝 솟고 나머지 여러 바위는 함께 낮게 있으므로, 높이 있어 우러러 받드는 것은 군주와 스승과 같고 낮아서 압도당하는 것은 신하와 부인과 같았다. 동쪽 벼랑의 바위가 서쪽 벼랑에 이어지지 않고 서쪽 벼랑의 바위가 동쪽 벼랑에 이어지지 아니하여 마치 문을 나누고 진영을 구별하여 진법陣法이 서로 뒤섞이지 않는 듯했다. 혹은 엄연하고 엄숙하여 치우치지 않고 기울지 아니하여 마치 범할 수 없는 대인大人과 정사正士를 연상시키는 것이 있었다. 혹은 기이하고 괴이하여 모양을 형용할 수 없는 것은 마치 이단異端과 사학邪學이 우리 윤리를 거역하는 듯한 것이 있었다.

혹은 투구를 쓰고 갑옷을 입은 장수가 군주에게 절하지 않는 것을 예의로 삼는 듯한 것이 있고, 혹은 맹금류나 곰과 같은 장수가 살벌을 마음으로 삼는 듯한 것이 있으며, 혹은 상고 시대의 성인이 질박한 세상에 태어나 도가 천지와 동일한 성정을 드러내지 않는 듯하고, 혹은 말세에 경박한 사람들이 재주를 믿어 교만하고 방자해서 스스로 자랑하는 듯한 것이 있었다.

혹은 숲과 골짝에서 자유로이 생활하여 그 일을 고상히 하는 자인 듯한 것이 있고, 혹은 바위 구멍으로 도피하여 더러운 세상에 장차 오염될까 두려워하는 듯한 것이 있으며, 혹은 서로 등지어 떨어져 스스로 달리하는 듯한 것이 있고 혹은 의지하고 붙어서 사람들과 부화뇌동附和雷同하는 것과 같은 것이 있으며, 혹은 작은 것이 큰 것을 따르는 것이 있고 혹은 뒤에 있는 것이 앞의 것을 따르는 듯한 것이 있었다. 머리를 숙이고 감추어 마치 시세를 두려워하는 듯한 것이 있고 모서리를 드러내어 마치 세상의 어지러움에 분노하는 듯한 것이 있었다. 이것은 그 대략일 뿐이요, 모든 것을 완전히 다 묘사할 수는 없다.

지금 감히 기이한 형상을 옛날 역사서에서 들은 것에 빗대어 말해본다면, 마치 옛 도를 좋아하고 성인을 사모하는 사람이 세상에 늦게 태어난 것을 슬퍼하고 지극한 덕을 보지 못한 것을 개탄하여 그 도를 상상하고 옛 성인을 그리워한 나머지 붓끝을 가지고 조화를 부려 천고의 성인들을 그려내어 삼황三皇을 배열하고 오제五帝를 나열하되, 첫 번째에는 반고씨盤古氏를 놓고 중간에는 무회씨無懷氏와 갈천씨葛天氏를 놓으며 아래로는 삼대三代의 성왕成王에 이르기까지 그 형상을 갖추어 높이고 숭상하지 않은 것이 없었다. 그 형체는 모사할 수 있으나 그 도는 모사할 수 없으며, 그 몸은 그릴 수 있지만 그 마음은 그리지 못하니, 다만 이름과 지위를 가지고 모의하는 듯했다.

또 두추斗樞*에 번개가 치자 황제헌원씨黃帝軒轅氏가 용상龍床에 납시고, 치우蚩尤의 안개가 걷히자 운사雲師가 나열하는 듯했다. 그리하여 음양을 조화하고 사시四時를 순조롭게 하는 것은 정승의 지위에 있는 풍후風后이며, 만방을 편안히 하고 사해를 깨끗이 하는 것은 장수인 역목力牧이다. 해와 달을 고르게 하여 책력冊曆을 만들어 절기節氣를 손바닥 위에서 움직이는 것은 용성容成이라는 신하가 있으며, 북두칠성의 자루를 가지고 천문을 점치고 인간 세상에 육십갑자六十甲子를 만든 것은 대요大撓라는 사람이 있다.

굽어 살피고 우러러 관찰하여 만 가지 변화를 연구해서 산수算數를 만든 것은 바로 예수隸首이며, 기후를 살피고 수數를 상고하여 알맞은 음을 찾아 율려律呂를 만든 것은 영륜伶倫이다. 의복에 문장文章을 만들어 귀천이 드러나고 배와 수레를 제조해서 만국이 와서 조공하니, 여러 관직이 모두 구비하여 각각 하늘이 내려준 직책을 수행해서 하늘의 직무를 다스리는 기상이 있었다.

---

*   두추(斗樞): 북두칠성의 첫 번째 별이다.

또 당唐과 우虞의 시대에 요堯와 순舜이 등극함에 사악四岳*이 지위에 있고, 팔원八元과 팔개八凱**가 등용되어 한 마루에서 서로 담론을 하며, 여러 제후들이 아름답게 덕이 있는 이에게 양보하여 상서로운 바람을 만들고 상서로운 해가 빛나니, 백관들이 서로 좋은 점을 본받아 모든 공적이 이루어지는 기상이 있었다.

또 주周나라 무왕武王이 목야牧野에 군대를 주둔하여 하늘의 아름다운 명을 기다리고 있는데, 만국의 군대가 모두 모이고 열 명의 훌륭한 신하들***이 일제히 일어나 군대의 대오가 정돈되고 창과 칼이 구름을 깨끗이 씻어냈다. 태공太公은 날쌘 매처럼 뽐내고 굉요閎夭는 훌륭한 계책을 올리는데 무왕이 황금 도끼와 흰 깃발을 가지고 군사들에게 맹세하니, 우방友邦의 여러 군주와 일을 맡은 사도司徒·사마司馬·사공司空·아亞·여旅·사씨師氏 및 천부장千夫長과 백부장百夫長****이 각각 창을 들고 각각 방패를 나란히 하고 각각 세모진 창을 세워 함께 맹세하는 말을 들었다. 그리하여 범과 같고 비휴貔貅와 같으며 곰과 같고 큰 곰과 같이 무용이 당당한 장수들이 일제히 멈추어 힘을 쓰는 듯한 기상이 있었다.

또 주공周公이 총재 자리에 있으면서 예악을 만든 것이 천지의 조화와 같으니, 여러 관직과 온갖 직책을 맡은 자들이 모두 질서를 따라 예악과 문물이 구

---

* 사악(四岳): 고대에 있었던 관명(官名)으로 사방 제후(諸侯)를 총괄하는 임무를 맡았다.
** 팔원(八元)과 팔개(八凱): 팔원은 여덟 명의 인인(仁人)이고 팔개는 여덟 명의 선인(善人)이다.
*** 열 명의 훌륭한 신하들:『서경(書經)』「태서(泰誓)」에 무왕(武王)은 "나는 나라를 다스리는 열 명의 신하가 있다"라고 했으며,『논어(論語)』「태백(泰伯)」에 공자(孔子)는 "이 중에 부인이 한 명 끼어 있으니, 남자는 아홉 명뿐이다"라고 했다. 그 주석에 열 명의 신하는 주공 단(周公旦), 소공 석(召公奭), 태공 망(太公望), 필공(畢公), 영공(榮公), 태전(太顚), 굉요(閎夭), 산의생(散宜生), 남궁괄(南宮适)과 무왕의 어머니인 문모(文母)라 했으며, 일설에는 무왕이 자기 어머니를 신하라고 말할 수 없으니 아마도 무왕의 아내인 읍강(邑姜)일 것이라고 했다.
**** 우방(友邦)의 …… 백부장(百夫長): 이 내용은『서경(書經)』「목서(牧誓)」에 보인다. 아(亞)는 부(副)의 뜻으로 부사도(副司徒)·부사마(副司馬)·부사공(副司空)을 말하며, 여(旅)는 여러 대부(大夫)이고 사씨(師氏)는 성문을 지키는 장수이며, 천부장(千夫長)과 백부장(百夫長)은 천 명을 거느리는 장수와 백 명을 거느리는 장수이다.

비되지 않음이 없었다. 제후들이 조회를 오자 다섯 등급의 작위로 진열하여 옥과 비단이 뜰에 교차하고 종과 북이 당^堂 아래에 모두 매달려 있었다. 치국의 큰 법도를 바야흐로 펼쳐 존비의 지위를 감히 혼란시키지 못하고, 사당에서 향연을 마련해 크고 작은 신하들이 감히 예법을 넘지 못하니, 성대하고 아름다우며 문채가 찬란한 기상이 있는 듯했다.

또 천지의 원기가 니구산尼丘山에 모여 있어 공자孔子가 수수洙水와 사수泗水 가에서 가르침을 베풀자, 영재가 구름떼처럼 모여 3천 명의 제자가 있고 70명의 훌륭한 인재를 이루니, 다섯 가지 과목*을 세워 재주를 다하고 네 가지 가르침**을 가지고 학문을 성취시켰다. 그리하여 혹은 마루에 올라 방에 들어온 자도 있고 혹은 대문과 담장을 바라보기만 하고 들어가지 못한 자도 있었다. 안회顔回는 어리석은 듯하고 증삼曾參은 노둔하며 중유仲由는 용맹하고 증점曾點은 뜻이 높아 각각 그 재주에 따라 성취하니, 재주는 사람에 따라 길고 짧으며 학문은 공력에 따라 높고 낮으나 모두가 성현의 무리였다.

또 맹자孟子가 전국시대에 우뚝이 솟아 수사洙泗의 성학聖學을 계승하여 드높은 태산의 기상을 지니고 호연浩然의 바른 기운을 길러 천지의 사이에 충만했었다. 제齊와 위魏의 군주를 압도하니, 인의仁義의 말이 하늘을 다스릴 수 있고, 장의張儀와 공손연公孫衍의 무리를 첩이나 부인으로 여기니, 도덕의 논의가 땅을 다스릴 수 있었다. 무너지는 파도에 울분을 느껴 큰 제방을 세우며, 우리 도를 보호하여 큰 경계를 지어 황왕皇王의 세대를 출입하고 예의를 종횡하니, 문장의 예봉이 몇 천 길인지 알 수 없으며 화두가 몇 만 층인지 알 수 없었다.

---

*   다섯 가지 과목: 『논어(論語)』「선진(先進)」에 공자(孔子)의 제자들을 각기 뛰어난 바에 따라 네 가지로 분류했는데, "덕행(德行)에는 안연(顔淵)·민자건(閔子騫)·염백우(冉伯牛)·중궁(仲弓)이고, 언어(言語)에는 재아(宰我)·자공(子貢)이며, 정사(政事)에는 염유(冉有)·계로(季路)이고, 문학(文學)에는 자유(子游)·자하(子夏)이다"라고 했다. 후세에는 이것을 '공문사과(孔門四科)'라고 일컬었다. 그런데 장현광은 여기에서 오과(五科)라 했으니, 어디에 근거한 것인지 알 수 없다.

**   네 가지 가르침: 문학·행실·충(忠)·신(信)이다. 『논어(論語)』「술이(述而)」에 "공자는 네 가지로 사람을 가르쳤으니, 문학·행실·충·신이었다[子以四教 文行忠信]"라고 했다.

속류들은 그 의리를 우러러보고는 혼이 달아나고 이단들은 남긴 기풍을 바라보고는 넋이 빠지니, 그 확고함을 흔들 수 없고 그 엄함을 범할 수 없을 듯한 것이 있었다.

또 진秦나라 관문關門이 한번 격파되니 초楚나라의 범처럼 무서운 항우項羽가 교만하고, 때가 오지 않으니 적룡赤龍인 유방劉邦이 잠시 굽혔다. 홍문연鴻門宴에 호걸들이 다투어 달려와 범증范增은 결행을 재촉하는 패옥佩玉을 자주 들어 보이고 항장項莊은 칼춤을 추어 유방을 죽이려 했었다. 장량張良이 급히 나가 위급함을 알리자 번쾌樊噲가 방패를 들고 곧바로 들어오니, 이때를 당하여 사나운 바람이 뒤집히는 듯하고 구름이 어지러이 모이는 듯하며, 범이 움키는 듯하고 용이 버티고 있는 듯했다. 초나라 신하들은 초나라를 위해 도모하고 한나라 신하들은 한나라를 위해 도모하니, 천하의 자웅이 아직 결판나지 않은 듯했다.

또 천하가 한나라로 돌아와 초나라가 망하고 노魯나라가 도륙을 당하니, 전씨田氏의 후손*이 외로운 섬에서 의리를 지켰다. 그를 따르는 자 4백 명은 의사義士가 아닌 자가 없었는데, 천하가 넓지 않은 것이 아니지만 한마음으로 지키는 절개를 바꿀 수 없었다. 이에 의리를 뽐내어 하늘에 맹세하고 함께 죽기로 약속하니, 4백 명이 충절을 지켜 함께 죽어 추상이 늠름하였도다.

또 한나라의 국운이 장차 다하니, 영웅이 힘을 쓸 곳이 없었다. 오나라와 위나라가 바야흐로 강성해지니, 촉나라의 왕업이 외롭고 위태로웠다. 힘은 미약하나 의리는 더욱 굳셌으며, 세력은 부족하나 뜻은 더욱 웅장했었다. 와룡臥龍**

---

* 　전씨(田氏)의 후손: 제(齊) 나라의 전횡(田橫)을 가리킨다. 전국시대 제나라의 왕족으로 초(楚)와 한(漢)이 대치하던 당시 전영(田榮)의 뒤를 이어 제왕(齊王)이 되고 항우(項羽)를 섬겼으나, 항우가 패망하자 화를 두려워하여 5백 명의 부하를 거느리고 서해의 오호도(烏乎島)로 피신했다. 천하를 통일한 유방(劉邦)이 사람을 보내어 "와서 항복하면 제후왕을 봉하고 오지 않으면 섬 전체를 도륙(屠戮)하겠다"고 위협하자, 낙양(洛陽)으로 유방을 찾아가던 중 끝내 굴복하는 것을 싫어하여 자결했다. 이 소식을 전해들은 그의 부하들도 모두 자결하여 충절을 지켰다. 원문의 4백 명은 5백 명의 오기(誤記)인 듯하다.

** 　와룡(臥龍): 제갈량(諸葛亮)을 가리킨다.

은 구름과 빗속에서 비늘을 떨치고 봉추鳳雛*는 아득한 하늘에서 날개를 치며, 관우關羽는 범처럼 뛰어오르고 장비張飛는 곰처럼 분을 토하며, 조운趙雲은 무리 속에서 뛰어났었다. 또한 모두 담력을 키우고 주먹을 떨치니, 끝내 성공과 실패를 가지고 영웅을 논할 수는 없었다. 이때를 당해 촉나라의 한 지방이 어찌 영웅의 소굴이 아니었겠는가.

또 수양성睢陽城이 위급하여 외로운 성이 긴박한 상황이었는데, 장순張巡이 천 길 높이의 절개를 지니고 허원許遠이 구정九鼎의 막중한 의리**를 지켜 애첩을 죽여 먹으면서도 뜻이 흔들리지 않고 참새를 모두 잡아먹고 쥐구멍을 파먹으면서도 기운이 꺾이지 않았다.*** 하란진명賀蘭進明은 공을 시기하여 구원하지 않고 오랑캐의 형세는 약세를 틈타 더욱 압박하니, 남제운南霽雲의 성난 쓸개가 한 말만큼 컸고 뇌만춘雷萬春의 의가 산처럼 높았다.**** 이때를 당하여 수양성 안의 사람들이 모두 분노하고 함께 감격하여 필사의 각오를 간직하고 구차히 살려는 계책이 없었다. 그리하여 한 성으로 온 천하를 막아내어 성이 비록 격파되었으나 충절이 더욱 굳고 죽음이 비록 참혹하였으나 의리가 더욱 높았으니,

---

*　봉추(鳳雛): 봉추는 방통(龐統)의 별명이다. 제갈량과 함께 유비(劉備)의 모사(謀士)였으나 낙봉파(落鳳坡)에서 전사했다.

**　구정(九鼎)의 막중한 의리: 구정은 우왕(禹王)이 구주(九州)의 쇠를 모아 주조했다는 솥으로, 역대에 국가의 왕통(王統)을 상징하는 물건으로 여겨왔다. 이로 인해 후대에는 큰 의리와 충절을 일컫는 말로 쓰이게 되었다.

***　장순(張巡)이 …… 기운이 꺾이지 않았다: 당 현종 때 안녹산(安祿山)의 난이 일어나자, 장순은 수양태수 허원과 함께 성을 지키며 적장 윤자기(尹子琦)와 싸워 몇 번이나 물리쳤다. 그러나 중과부적에 식량마저 떨어진 상태에서, 그의 명성을 시기한 임회절도사(臨淮節度使) 하란진명(賀蘭進明)이 고의로 구원병을 보내지 않아 성이 함락되면서 죽임을 당했다.

****　남제운(南霽雲)의 …… 산처럼 높았다: 남제운은 활을 잘 쏘았으며, 처음에는 주사(舟師)로 있다가 장순의 부하 장수가 되었다. 안녹산이 반란을 일으키자 이를 평정하기 위해 수양성을 사수하던 중 성이 함락되었는데, 적이 투항하라고 위협했다. 이때 장순이 남제운에게 "남팔(南八)아, 남아는 죽음이 있을 뿐으로, 의롭지 못하게 굴복해서는 안 된다"라고 하자, 남제운이 "공께서 절 안아주었으니, 어찌 감히 죽지 않겠습니까"라 하고 함께 순절했다. 뇌만춘은 장순의 편장(偏將)이다. 영호조(令狐潮)가 옹구(雍丘)를 포위했을 때 뇌만춘이 성 위에서 그와 말하는데, 매복해놓은 쇠뇌를 쏘아 화살 6개가 얼굴에 맞았는데도 꿈쩍하지 않았다. 영호조는 그를 나무로 조각한 사람으로 의심하였다가 염탐하여 실제로 뇌만춘인 것을 알고는 깜짝 놀랐다고 한다. 뒤에 성이 함락되어 장순 등과 함께 죽임을 당했다.

어쩌면 그리도 장하였던가.

또 애산崖山*에 해가 지는데 창해滄海에 구름이 깜깜하였다. 군신君臣과 사직 社稷을 외로운 한 배에 싣고 가니, 이때를 당하여 일이 이미 어쩔 수 없는 지경 에 이르렀으나 문천상文天祥, 육수부陸秀夫, 장세걸張世傑 등 여러 신하들은 위태 로움에 대처하는 큰 충절이 확고해 평상시와 다름이 없었다. 조복朝服과 주절 柱節로 강상綱常의 중대함을 한 몸에 맡아 하루의 사직을 보존할 것을 도모하 여 곧바로 하루의 직분을 다했다. 비록 원元나라의 백안伯顔과 장홍범張弘範이 하늘에 넘치는 세력으로 핍박했으나 자신에게 있는 의지는 조금도 변한 적이 없었다. 아! 어쩌면 그리도 늠름했던가.

이는 내가 이 산을 유람할 적에 수많은 바위의 기이한 모양을 보고 우리 인 간의 기상을 만고의 역사에서 인식한 것이니, 비록 인간의 일에 크고 작음이 똑같지 않고 지나간 자취에 길흉이 각기 다르나 널리 취하여 비유함에 어찌 해롭겠는가.

적멸寂滅의 가르침이 서방西方에서 일어나 파리한 중과 늙은 승려가 백 명과 열 명으로 무리를 이루고 있다. 그리하여 육합六合을 먼지나 지푸라기로 여기 고 인간 세상을 꿈과 환상으로 여겨 하늘을 우러르고 벽을 향하여 좌선坐禪하 고 입정入定하는 것은 이른바 승려와 부처인데, 바위의 괴이한 것이 이와 유사 했다.

선도仙道의 학문이 후세에 출현하여 조화造化의 권세를 훔치고 사생死生의 관문을 초월하여 천륜天倫을 거스르고 인륜을 버려 방장산方丈山을 궁으로 삼 고 영주산瀛洲山을 집으로 여긴다. 그리하여 천년 봄을 고요히 앉아 있고 바둑

---

* 애산(崖山): 애산(厓山)으로도 쓴다. 중국 광둥성(廣東省) 신회현(新會縣) 남쪽 바다에 있는 섬으로 천험(天 險)의 요새이다. 남송(南宋) 말에 금(金)나라의 침공으로 송나라가 위태롭게 되자, 장세걸(張世傑) 등은 황제 인 조병(趙昺)을 받들고 이곳으로 피난했다. 그러나 결국 금나라의 백안(伯顔)과 장홍범(張弘範)에게 패하 여 멸망했다.

한 판에 도끼 자루가 썩는 것은 이른바 신선神仙인데, 바위의 은벽隱僻한 것이 이와 유사했다.

그러나 이상은 모두 우리의 도道가 아니니, 이와 유사한들 어찌 군이 숭상할 것이 있겠는가. 그렇다면 바위가 사람과 유사하려는 데 뜻이 있는 것이 아니요, 나의 뜻으로 스스로 묘사했을 뿐이다.

똑같은 한 산의 바위인데 바위의 모양이 천 가지로 다르고 만 가지로 구별되며, 똑같은 천지의 사람인데 사람의 일에는 천만 가지 변화가 있으니, 천지가 만물을 만든 실정을 여기에서 볼 수 있다.

바위 모양이 천 가지로 다르고 만 가지로 구별됨과 인간의 일이 천만 가지로 변화함은 모두가 이치이다. 이치는 본래 하나인데 사물에 드러나는 것은 천 가지 다름과 만 가지 구별이 있으며 사람의 일은 천만 가지 변화가 있으니, 이는 무엇 때문인가? 이 이치는 본래 일정한 방향과 장소가 없고 또 일정한 형체가 없다. 그러므로 사물이 얻어 형체가 될 때 본래 그 다름과 구별이 없을 수 없으며, 사람이 얻어 일이 될 때 또한 그 변화가 없을 수 없는 것이다.

이치가 하나인 것은 본체[體]이며, 형체가 각기 다르고 일이 변한 것은 작용[用]이니, 하나의 본체가 없다면 어떻게 천만 가지의 작용이 있을 수 있겠는가. 그러므로 본체는 하나가 아닐 수 없으며, 작용은 천만 가지가 아닐 수 없는 것이다. 그렇다면 천지가 만물을 생성하고 사물이 천만 가지 형체를 지니지 않을 수 없는 것은 자연의 형세이니, 그렇지 않을 수가 없는 것이다.

그러나 우리 인간이 기상을 기르고 사업을 하는 것으로 말한다면, 어찌 그 사이에 취사선택이 없을 수 있겠는가. 사물의 형체가 각기 다르고 사람의 일이 변화하는 것이 이미 하나의 이치에 해롭지 않다면, 내 지나간 옛 자취를 저울질하고 인사의 변화를 취사선택하는 것이 하나의 본성本性에 해롭지 않은 것이다.

그렇다면 바위가 물건과 유사한 것이 한두 가지가 아니니 내가 취하는 것이

선택이 없을 수 있겠는가. 삼황三皇, 오제五帝의 지극한 도道의 질박함과 지극한 덕德의 순박함을 내 숭상하지 않을 수 없다.

황제헌원씨黃帝軒轅氏가 여러 관직을 진열하고 당唐과 우虞가 온갖 직책을 나열하며, 정돈되고 엄숙한 것이 목야牧野*의 출정出征과 같으며, 질서정연하고 찬란함이 주공周公의 제도制度와 같은 것을 내가 사모하지 않을 수 없다. 공자孔子가 수사洙泗에서 가르치는 과목을 설정하고 맹씨孟氏가 도를 호위한 것을 내가 이에 스승 삼아야 할 것이다.

그리고 홍문鴻門의 호걸과 전횡田橫의 의사義士는 내가 그 지략은 위대하게 여기지만 그 덕은 살피지 않으며 그 뜻은 아름답게 여기나 그 도는 취하지 않는다. 촉한蜀漢의 영웅과 수양睢陽의 절의와 애산崖山의 충의는 내가 이에 높이 숭상하여 존경한다. 그러나 승려와 부처의 학문은 이단이니 배척해야 할 것이요, 선도仙道의 도는 바른 도가 아니니 멀리해야 할 것이다.

숭상할 만하고 사모할 만하며 스승 삼을 만한 것, 위대하게 여기지만 살피지 않는 것, 아름답게 여기나 취하지 않는 것, 높이 존경할 만한 것, 배척하여 멀리할 만한 것 등은 모두 내가 평소에 강구하여 밝혀야 할 바이니, 어찌 산의 바위를 필요로 하겠는가.

오직 상상하고 비유하여 천 년이 지난 지금에 마치 훌륭한 모습과 기풍을 천 년 전에 보는 듯이 할 수 있다면, 어찌 오늘 이 유람으로 말미암아 얻은 것이 아니겠는가. 이에 비유하여 헤아리고 발견하여 알게 된 것을 기록해서 다른 날 책상 위에서 깨우치는 자료로 삼는다.

만력萬曆 정유년1597 4월 모일에 적다.

---

* 목야(牧野): 『서경』 「무성(武成)」에 "갑자일 동틀 녘에 주왕(紂王)이 수풀처럼 뻗친 군대를 이끌고 목야에 진을 쳤다"라고 했다. 목야는 주나라 무왕(武王)이 주왕(紂王)의 군대와 결전을 벌여 승리를 거둔 곳이다. 이때 강태공(姜太公)이 은(殷)나라를 치는데 용맹스럽기가 매처럼 날랬다고 한다.

山之高不爲最也. 而山之名則著焉. 以其有古跡. 且其巖壑奇異也. 余聞久矣. 思一觀以快塵眼者宿矣. 而願莫之遂也. 是夏. 從朋友就山之近區而寓焉. 一日. 約二三友人. 擬副宿願. 是日午雨作. 不能徧遊. 聞之於人. 山之所以以周王名者. 在三韓時. 有一王號者. 避亂于此. 置關于山之上. 傍有瀑流. 瀑流中有巖穴. 人可隱藏. 而以其瀑流蔽之. 故外人不知其有穴焉. 主有急則藏于其穴以避之云. 余以日暮且雨. 不得親見其跡. 山之得名則以是矣. 觀者謂此山洞狹而溪險. 巖壁魁峻. 嶺上平廣. 四方之路皆阻遠. 當亂世. 可藏兵以禦賊也. 若遊觀之人. 則非特以古跡. 爲其巖奇水潔. 似是羽人栖息之地也. 洞之名者有二. 而東者乃所謂周王避亂之所也. 瀑穴未變. 關址猶在. 而入洞數里許. 今有弊寺焉. 西者巖壑. 比東尤奇. 而巖腰人跡未及處. 有異鳥巢其隙. 人謂之靑鶴. 每於春夏. 卵育於此. 對巢巖頭. 爲立小庵以望之. 而壁遠巢高. 人不見其鳥. 平時來賞者. 次角以驚之. 待其飛出. 然後得見其形. 有一武人. 射其巢. 矢著其傍. 自後鶴遂移栖于愈險之巖. 人不復見焉. 洞至五里許. 厓絶路窮. 路窮處有巖曰附巖. 蓋其巖石. 襯貼懸厓故名矣. 若能蟻附蝨攀而行. 則可緣其巖. 以通其路. 由其路而踰一嶺. 則山勢稍平. 不甚奇美. 而但有龍淵數處. 受瀑成潭. 危不可近. 深不可測. 由龍淵北去七八里許. 古有村店. 名曰廣穴. 因亂散亡. 今只遺數幕云. 而皆余行所未及見也. 余於是行. 雖未能徧賞. 然山之大槩. 則已得以領略焉. 最所奇者. 諸巖也. 巖之在西洞者益奇. 試以是日所目者記之. 則自洞口至路窮處. 可五里兩岸皆巖. 而不相疊累. 下自巖根. 上至巖角. 不知其幾丈. 而直一石以首尾焉. 中有小溪水. 從溪有微逕. 逕不履土. 躡石而步. 石布溪左

右. 或高或低. 或巨或小. 或縱或橫. 或側或夷. 非健脚力. 必常蹉跌.
由其逕者. 仰視兩厓之壁. 則巖根各去人纔咫尺. 而巖角直揷雲衢. 天與
日. 眞如井中見也. 至所謂附巖之上. 則左右諸巖. 羅布眼前. 千形萬
狀. 無不具悉. 或方或圓. 或縮或突. 或左右相對. 有若拱揖者然. 或彼
此相高. 有若爭爲長雄者然. 或配合之如夫婦者. 或序次之如兄弟者. 或
若仇讎焉相背之. 或若朋友焉相親之. 或一巖巍然. 衆巖俱低. 則其尊
仰敬奉之者. 君師如也. 其卑傲壓倒之者. 臣妾如也. 東厓之巖. 不連於
西厓. 西厓之巖. 不屬於東厓者. 有似乎分門別陣法. 不得相混也. 或儼
然莊然. 中立不倚者. 有若大人正士之不可犯也. 或爲詭爲怪. 不可貌象
者. 有若異道左學之反吾倫也. 或若介冑之士. 以不拜爲禮者焉. 或若梟
熊之將. 以殺伐爲心者焉. 或若上古聖人. 生在朴略之世. 道一天地. 不
露性情者然. 或若末世浮薄之人. 負藝恃才. 驕傲自售者然. 有或如偃蹇
林壑. 高尚其事者也. 有或如逃遁巖穴. 若將浼焉者也. 或有乖戾而自異
者焉. 或有依附而衆同者焉. 或有小從於大者. 或有後隨於前者. 藏縮頭
角者. 如有所畏怯於時勢者也. 暴露稜隅者. 如有所憤怒於世亂者也. 此
其大略耳. 不可具狀矣. 今以其奇形異狀. 敢擬之於前史所聞. 則有如好
古慕聖之人. 憤生世之苦晚. 慨未見乎至德. 想其道而思其人. 用毫端造
化. 圖畫出千古上聖人. 排三王編001列五帝. 首之以盤古氏. 間之以無懷
氏葛天氏. 下至三代聖王. 無不備其象而尊尙之. 模其形不模其道. 畫其
體不畫其心. 只憑名位而侔擬之者也. 又如電光斗樞. 軒轅御極. 蚩霧旣
收. 雲師列位. 調陰陽順四時者. 風后之相位也. 戡萬邦淸四海者. 力牧
之將威也. 齊日月而造曆. 運節氣於掌上. 容成有焉. 占斗建於天文. 作
甲子於人寰. 大撓有焉. 俯察仰觀. 窮萬變作崇數者. 是隷首也. 候氣考
數. 求中聲造律呂者. 是伶倫也. 爲文章而貴賤以章. 作舟車而萬國來貢.

蓋有庶官咸備. 各修天工. 而治天職之氣象焉. 又如唐虞之際. 堯舜立極. 四岳在位. 元凱登庸. 都俞吁咈於一堂. 羣后濟濟而讓德. 做祥風光瑞日. 蓋有百僚師師. 庶績其凝之氣象焉. 又如周武王止師牧野. 俟天休命. 萬國畢集. 十亂齊作. 行伍井然. 戈戟彗雲. 太公鷹揚. 閟夭獻猷. 黃鉞白旄. 王于誓師而友邦冢君御事. 司徒司馬司空亞旅師氏. 千夫長百夫長. 各稱其戈. 各比其干. 各立其矛. 共聽誓辭. 則蓋有如虎如貔如熊如羆. 止齊勗哉之氣象焉. 又如周公居冢宰. 制作如造化. 庶官百職. 咸秩俱序. 禮樂文物. 無不備具. 百辟來朝. 五等序列. 玉帛交錯於庭. 鍾鼓備懸於下. 大猷方開. 尊卑不敢亂位. 廟享既設. 大小罔敢踰禮. 則蓋有穆穆皇皇彬彬郁郁之氣象焉. 又如天地元氣. 鍾於尼丘. 洙泗設教. 英才雲集. 三千門弟. 七十成才. 立五科而盡其才. 用四教以就其學. 或有升堂而入室者. 或有望門墻而不得入者. 回也如愚. 參也魯. 仲由勇. 曾點狂. 各因其才而成就之. 則才隨人而長短. 學隨功而高下. 蓋莫非聖賢之徒者也. 又如鄒孟特立於戰國之時. 紹洙泗之聖學. 做巖巖泰山之氣象. 養浩然之正氣. 充塞乎天地之間. 顛倒齊梁之君. 仁義之說. 可以經天. 妾婦儀衍之徒. 道德之論. 可以緯地. 憤頹波而立大防. 衛吾道而作大閑. 出入乎皇王. 縱橫乎禮義. 辭鋒不知其幾千丈乎. 話頭不知其幾萬層乎. 流俗仰其義而魂遁. 異端望其風而魄奪. 則其確也不可撓. 其嚴也不可犯者然也. 至如秦關一破. 楚虎方驕. 時乎不來. 赤龍暫屈. 鴻門一宴. 豪傑爭馳. 增玦頻舉. 莊舞方張. 良出斯急. 噲盾直入. 當是時也. 風飆雲亂. 虎據龍蹲. 楚臣謀楚. 漢臣謀漢. 天下雌雄. 其未決者乎. 又如天下歸漢. 楚亡魯屠. 田氏有孫. 守義孤島. 從者四百. 莫非義士. 天下非不寬. 四百之身無所容. 漢爵非不榮. 一心之守不可易. 於是憤義誓天. 約與同死. 四百齊節. 秋霜凜凜者乎. 又如炎運將窮. 英雄無所騁其

力. 吳魏方强. 蜀業孤危. 力雖微而義愈壯. 勢雖薄而志則雄. 臥龍奮鱗
於雲雨. 鳳雛鼓翼於冥霄. 關羽虎躍. 張飛熊憤. 趙雲揚鬐. 又皆張膽而
振拳. 終不可以成敗論英雄. 當其時也. 蜀之一方. 豈非英雄之窟也. 又
如睢陽危急. 孤城勢迫. 張巡仗千仞之節. 許遠負九鼎之義. 愛妾是食而
志不撓. 雀鼠斯掘而氣不挫. 賀蘭忌功而不救. 虜勢乘弱而益逼. 南霽雲
怒膽如斗. 雷萬春義憤如山. 當是時. 使城中之人. 齊憤而共激. 有必死
之心. 無偷生之計. 以一城捍天下. 城雖破而節愈堅. 死雖慘而義益高.
何其壯也. 又如崖山日沒. 蒼海雲暗. 君臣社稷. 載之一航. 當是時也.
事已窮於無可奈何矣. 而文天祥, 陸秀夫, 張世傑諸人. 臨危大節. 確然與
在平常之世者無異. 朝衣拄節. 任綱常之重於身上. 圖存一日之社稷. 便
盡一日之職分. 雖伯顏弘範. 以滔天之勢迫之. 在我之志. 曾不少變. 吁
其凜哉. 此吾之遊是山也. 見千巖之奇狀. 而認吾人氣象於萬古之上. 雖
其人事之大小不齊. 往跡之吉凶各異. 其何害於博取而廣比乎. 至於寂滅之
教. 起於西方. 而瘦髡老釋. 百十爲羣. 塵芥六合. 夢幻人世. 仰天向壁.
坐禪入定者. 所謂僧佛. 則巖之詭怪者. 似之仙道之學. 出於後世. 而竊
造化權. 超生死關. 逆天理捐人倫. 方丈爲宮. 瀛洲爲家. 靜坐千春. 爛
柯一局者. 所謂神仙. 則巖之隱僻者似之. 雖然. 皆非吾道也. 似焉而何
足尙乎. 然則巖非有意於似人. 而我自以意而擬之耳. 一山之巖. 而巖形
有千殊萬別. 一天地之人. 而人事有千變萬化. 則天地造物之情. 於此乎
見矣. 巖形之所以千殊萬別. 人事之所以千變萬化. 莫非理也. 理本一也.
而形於物者. 有千殊萬別. 事於人者. 有千變萬化. 何歟. 蓋此理本無方
所. 又無形體. 故物得之而爲形. 自不能無其殊別. 人得之而爲事. 亦不
能無其變化. 理之一者. 體也. 而形之殊別. 事之變化者. 用也. 不有其
一. 烏得有千萬用也. 故體不可不一. 而用不可不千萬也. 然而天地之生

物. 物之做形. 其不得不千萬者. 自然之勢也. 不容不然矣. 若以吾人而做氣象事業. 寧可不取舍於其間也. 物形之殊別. 人事之變化. 旣不害於理之一者. 則我之所以權衡乎. 往古之跡. 取舍於人事之變者. 亦不害於性之一也. 然則巖之所以似之者非一. 而我之所以取之者. 能無擇乎. 三皇五帝之至道之朴. 至德之淳. 我不可不尙之也. 軒轅之做庶官. 唐虞之位百職. 整整肅肅. 如牧野之擧. 秩秩彬彬. 如周公之制. 我不可以不慕之也. 洙泗之設科. 孟氏之衛道. 我於是乎師之矣. 鴻門之豪傑. 田橫之義士. 吾偉其略. 不觀其德. 吾美其志. 不取其道矣. 蜀中之英雄. 睢陽之節義. 崖山之忠義. 我於是乎高揖之矣. 若夫僧佛之學. 異矣. 斥之可也. 仙道之道. 左矣. 遠之可也. 其所以可尙也可慕也可師也. 偉之而不觀也. 美之而不取也. 可以高揖之也. 可以斥而遠之也者. 皆吾平昔之所講明也. 何待乎山之巖也. 而惟其想像之. 擬倚之. 千載之下. 如得見儀容風節於千載之上. 則豈非由今日是遊而得之也. 於是. 誌其所以比擬而認會之者. 以爲他日几案上起發之資也. 萬曆丁酉孟夏日錄.

출전: 張顯光, 『旅軒集』, 「周王山錄」

4

유내영산록

遊内迎山錄

황여일

황여일(黃汝一): 생몰은 1556(명종 11)~미상이다. 조선 중기의 문신이다. 황여일의 자는 회원(會元), 호는 해월헌 (海月軒), 본관은 평해(平海)이다. 황여일은 응징(應澄)의 아들이며 평해 사람이다. 그는 1576년 진사가 되고, 1585 년 문과에 급제하였다. 1588년 검열(檢閱)이 되었는데, 하번사관(下番史官)임에도 불구하고 출입하였다 하여 파직 되었다. 1594년 형조정랑이 되고 곧 도원수(都元帥) 권율(權慄)의 종사관으로 내려갔는데, 얼마 뒤 도원수의 허락 을 받고 일시 귀가하여 도원수와 함께 추고(推考)당하였다. 1598년 사서(司書)에 이어 장령(掌令)이 되고, 이듬해 장악원정을 역임하였다. 1601년 예천군수가 되고 1606년 전적(典籍)을 역임, 1611년 길주목사(吉州牧使), 1617년 동래진병마첨절제사가 되었다. 평해의 명계서원에 제향되었다. 저서로는 『조천록(朝天錄)』·『해월집』 14권 7책이 있다.

해제 解題

「유내영산록遊內迎山錄」은 황여일黃汝一: 1556~1622의 문집 『해월선생문집海月先生文集』 권 6에 수록되어 있으며, 정해년1587 8월 1일 숙부인 대해大海 황응청黃應淸: 1524~1605과 함께 내영산을 유람하고 보고 느낀 점을 기록한 것이다. 도중에 접한 나무 한 그루 돌 하나도 매우 자세하게 설명하고 있어 세밀한 관찰력을 지닌 것으로 판단된다. 보경사寶鏡寺에 도착해서는 주변의 문수암文殊庵과 폭포에 대해서 사실적으로 묘사하고 있다. 그리고 10일 집으로 돌아올 때까지 열흘간의 여행기간 동안 매일 술을 마시면서 보냈음을 언급하고 있다. 내영산은 영남의 금강산으로 알려진 포항에 있는 내연산內延山을 가리키는데, 음차의 오기誤記인지 내연산의 이칭異稱인지는 고찰이 필요하다.

국역 國譯

숙부 대해선생大海先生*이 동해東海에 산 지 60년이 되었다. 그가 향인鄕人과 함께 서 있지 않고 세상의 영달을 구하지 않으며 조촐한 죽옥竹屋에서 서사書史를 스스로 즐기니 그 도道가 담백하다고 이를 만하다. 그런데 백발인 올봄에 마침 가화家禍를 만나 자천慈天에 가리자 답답해하며 스스로 마음을 풀지 못하고 있었는데, 조카 하담霞潭이라는 자가 내영산內迎山을 유람하여 막혔던 가슴을 활짝 열어놓기를 청하였다.

8월 1일 무오戊午에 비로소 남쪽으로 내려갈 행장을 꾸리는데 고시古詩 1갑

---

* 대해선생(大海先生): 황응청(黃應淸, 1524~1605)을 가리킨다. 황응청의 본관은 평해(平海), 자는 청지(淸之), 호는 대해(大海). 조목(趙穆), 박성(朴惺), 이산해(李山海) 등과 교유하였다. 평해의 명계서원(明溪書院)에 제향되었으며 저서로 『대해집(大海集)』이 있다.

匣, 추로주秋露酒 1병, 식량과 침구를 매단 말 1필에다 숙부와 조카 두 사람뿐이니 그 행장이 마냥 단출하였다. 숙부가 시를 지으면 조카가 반드시 화답하고 조카가 술을 따라 올리면 숙부가 반드시 되따라 주었다. 마주 대하여 평하는 것이 산이 아니면 바다요, 길을 가다 만나는 것은 농부와 어부일 뿐이었다. 이것 말고는 세상사에 대해서 조금도 얘기를 나눔이 없었으니, 그 말이 쇄탈灑脫하기 그지없었다. 이날 군수[평해군수] 고씨高氏에게 들렀는데 고 군수가 의자 하나를 내려놓고* 숙부를 맞이하여 노성인으로 존대하고자 하며 함부로 대하지 않았다. 율현栗峴의 시냇가에서 점심을 먹었다. 단양丹陽 비개동飛盖洞에 이르러 박공검朴公儉에게 들른 뒤 백이정白而正의 집에서 묵었다. 나는 물러나와 백성헌白惺軒** 아재비와 밤새 얘기를 나눴다.

2일 기미己未. 맑고 잠시 바람이 붊. 아침에 성헌惺軒을 모시고 함께 숙부에게 문안인사를 드리자, 숙부가 나더러 단양백丹陽伯인 삼계三溪 최경회崔慶會***를 찾아가 만나보고 오라고 명하였다. 이는 내가 최와 알고 지내게 하려는 뜻이었다. 최 역시 휴가를 얻어 남쪽으로 부모를 뵈러 가려던 참이었다. 최는 평소에 선비를 애중히 여겨 항상 숙부를 한 번 만나 뵙고 싶어 하였는데, 숙부가 오셨다는 소식을 듣고 즐거운 나머지 즉시 안전사案前使로 문안인사를 여쭙게 하였다. 이어서 백응성白應聖 어른 익翊을 초치하여 동상헌東上軒에서 예를 갖추고 해안루海晏樓에서 술자리를 베풀고 하청당河淸堂에 묵을 곳을 마련하였다. 백씨 어

---

* 　의자를 내려놓는다는 뜻을 가진 '하탑(下榻)'은 특별한 손님을 후하게 예우하는 것을 의미한다. 후한(後漢) 예장 태수(豫章太守)로 있던 진번(陳蕃)이 다른 빈객은 일절 사절하고 서치(徐稺)가 올 때에만 특별히 의자를 내려놓았다가 그가 가면 다시 걸어 놓았다는 고사가 있다. 『후한서(後漢書)』 권 83 「서치열전(徐稺列傳)」.
** 　백성헌(白惺軒): 백현룡(白見龍, 1543~1622)으로, 본관은 수원(水原), 자는 서문(瑞文), 호는 성헌(惺軒). 김언기(金彦璣)에게 글을 배우다 뒤에 이황(李滉)의 문하에서 수학하였으며, 조목(趙穆)·김성일(金誠一)·유성룡(柳成龍)과 교유하였다. 운산서원(雲山書院)에 제향되었고 저서로 『성헌집(惺軒集)』이 있다.
*** 　최경회(崔慶會, 1532~1593): 본관은 해주(海州), 자는 선우(善遇), 호는 삼계(三溪)·일휴당(日休堂). 전라남도 능주(陵州) 출신. 최충(崔冲)의 후손이자 최천부(崔天符)의 아들로, 양응정(梁應鼎)·기대승(奇大升)에게 수학하였다. 임진왜란 때 의병활동을 펼쳐 경상우병사에 임명되었으며, 1593년 진주성을 사수하다 성이 함락되자 남강에 투신하였다. 진주의 창렬사(彰烈祠), 능주의 포충사(褒忠祠)에 제향되었다.

른은 숙부의 인척이다. 이날 그의 고을 동료 정홍鄭泓과 고을 노인 백미영白眉英과 향선생鄕先生* 수사水使 박세현朴世賢 형제들을 이끌고 남쪽으로 내려가는 고을 원을 전별하였는데, 만호萬戶 김완金浣**과 교수敎授 남경상南景祥***과 우리 숙부를 손님으로 초대했다. 숙부가 남사청南射廳에서는 복상服喪 중이므로 술을 사양하였는데, 최경회가 또 밤새 술자리를 베풀어 숙부가 대취하였다.

3일 경신庚申. 맑고 더움. 동이 틀 무렵 술 때문에 뱃속이 부글부글 끓었다. 내가 정비定非를 불러 율무를 가져오라 했는데 내온 것은 원미圓味였다. 주등역酒登驛에서 조반을 먹으려 했는데, 역참 건물이 누추해서 야성野城의 성 북쪽에 있는 신곤申崑의 작은 정자로 들어갔다. 정자에 무궁화無窮花 1그루와 만년송萬年松 2그루가 있는데 늙은 표주박이 소나무 위로 뻗어 오르고 있었다. 내가 학을 삶아 먹을 거냐고 신곤을 꾸짖자 숙부는 그저 웃을 뿐이었다.**** 신인상申麟祥 어른은 숙부에게 재종형再從兄이 된다. 삼근촌三近村으로부터 술 한 병을 차고와 조카 경제經濟와 함께 은근한 정성을 보였다. 김호金浩 노인은 나이가 80으로 숙부에게도 아버지뻘이 된다. 그의 집에 이르러 예를 갖추자 그의 아들 봉서鳳瑞에게 명하여 술과 밥을 내오게 했다. 이날은 남역南驛에서 묵었다.

4일 신유辛酉. 몹시 더움. 말이 가는 대로 몸을 맡겨 덕성德城에 도착하니 해가 정오였다. 태수太守 조정간趙廷幹의 자는 대립大立, 자호自號는 매당梅堂으로, 숙부와 동년同年의 벗이다. 그가 숙부를 해월루海月樓로 이끌었다. 누각 아래에

---

* 향 선생(鄕先生): 같은 고을에 거주하는 사람으로 경대부의 벼슬에서 치사한 사람을 일컫는 말이다.
** 김완(金浣, 1546~?): 본관은 경주(慶州), 자는 언수(彦粹). 임진왜란 때 충무공 이순신을 종군하여 한산도 주사방장(舟師防將)으로 승진하였다.
*** 남경상(南景祥): 남몽오(南夢鰲, 1528~미상)의 자(字). 본관은 영양(英陽), 호는 삼송(三松). 거주지는 영천(榮川)으로 퇴계 이황의 문인.
**** '학을 삶아먹다'는 뜻의 '자학(煮鶴)'은 '거문고로 불 때고 학을 삶아먹는다'는 '소금자학(燒琴煮鶴)'의 준말로, 아름다운 사물을 훼손시키는 것을 비유한 말이다. 당(唐) 이상은(李商隱)의 『의산잡찬(義山雜纂)』에 좋은 풍경을 훼손시키는 살풍경(殺風景)을 말하여 '맑은 샘에 발 씻기[淸泉濯足]', '꽃 위에 잠방이 말리기[花上曬褌]', '산을 등져서 누각 짓기[背山起樓]', '거문고로 불 때고 학 삶아먹기[燒琴煮鶴]', '꽃 마주하여 차 마시기[對花啜茶]', '소나무 아래서 도를 외치기[松下喝道]'라고 하였다.

연못이 있는데 연못은 연꽃으로 덮여 있고, 연못 위로는 둑이 있는데 둑은 대나무로 둘러쳐져 있다. 대나무 밖으로는 백일홍이 있는데 붉게 타오르는 농염한 자태가 햇살을 받아 밝게 빛났다. 백일홍 곁에 늙은 매화가 있는데 병들어 늘어져 엉킨 가지가 마치 푸른 교룡이 누워 있으면서 비늘이 벗겨진 듯하였으며, 그 위로는 한두 줄기 푸른 가지가 나 있다. 누각의 옛 이름은 매죽梅竹이었는데 김태수金太守라는 자가 이를 신축하였다. 그 뒤 영해寧海의 공서린孔瑞麟*이 임명臨溟으로 고치고 신재愼齋 주세붕周世鵬이 누기樓記를 썼다. 그 후 이태수李太守라는 자가 그 규모를 늘리고 터를 높여 난간을 탁 트이게 하여 바다와 달을 마음껏 바라볼 수 있게 한 뒤 마침내 지금의 이름으로 고치고, 회재晦齋 이선생李先生**이 누기를 썼다. 아, 이 누각이 세 번 이름이 바뀌면서 마침내 두 사문斯文의 대수大手를 만나 하루아침에 드디어 대관령 남쪽 칠십 고을 중에 이름이 났으니, 진정 사물의 만남은 제각기 정해진 때가 있는 법이다. 사람으로서 때를 만나지 못하면 그저 백발로 늙어갈 뿐이니 이른바 '때'라는 것은 과연 누가 주장하는 것인가. 이는 아직도 모를 일이다. 술이 세 순배 돈 뒤 조 태수趙太守가 숙부를 위로하며 "노형께서 먼 길 오시느라 실로 고생하셨소" 하였다. 이날 저녁 관인 한 명이 횃불을 늘어세우며 떠들썩하게 오는 자가 있었는데, 바로 신녕新寧의 채운룡蔡雲龍이라고 하였다.

5일 임술壬戌. 비. 조 태수가 연회를 성대히 베풀고 자리를 갖추어 동헌東軒에서 채운룡과 숙부를 정성껏 대접하였다. 술자리가 파한 후 숙부를 모시고 조경대釣鯨臺로 유람을 갔다. 조경대는 현縣의 남동쪽 10리里에 위치해 있다. 소나무 숲과 대나무 사이로 곳곳에 어가漁家가 보이고, 옅은 안개와 드문 빗방울은

---

* 공서린(孔瑞麟, 1483~1541): 조선 전기의 문신으로 본관은 창원(昌原), 자는 희성(希聖), 호는 휴암(休巖). 1507년(중종 2) 식년문과에 갑과로 급제하였으며, 파주목사·황해도 관찰사·대사헌·동지중추부사 등을 역임하였다.
** 이언적(李彦迪, 1491~1553): 조선 중기의 학자로 본관은 여주(驪州), 자는 복고(復古), 호는 회재(晦齋) 또는 자계옹(紫溪翁).

그대로 그림 속과 같았다. 마침내 누대에 올라 바라보니 멀리 북쪽 바다에 하늘이 넓게 트여 있는데 서산에 구름이 일어나고, 가까이로는 기이한 바위가 늘어서 있는데 푸른 거울과 같아 침을 뱉을 수 없을 지경이었다. 떠도는 갈매기와 빙빙 나는 해오라기가 유유히 오가고, 작은 배 수십 척은 저물녘에 다투어 고기를 낚았다. 곁에 있던 배 한 척은 노래와 탄식 소리를 내며 남쪽으로 내려갔다. 숙부와 나는 비취빛 모래사장에 앉아 시원한 바람에 기대어 각기 몇 잔씩 들이켠 뒤 돌아왔다. 단양 부사 최경회가 벌써 해월루에 도착해 있었다. 홍촉紅燭이 켜지고 미녀들이 있어 아득히 요대瑤臺인 듯하였다. 그러나 조경대의 뛰어난 정취에 비하면 아지랑이와 먼지에 지나지 않았다.

6일 계해癸亥. 맑음. 최 부사를 전송한 뒤 또 조 태수와 헤어져 산에 들어가려 하는데 조 태수가 누각 앞의 대나무 두 그루를 베어 주면서 시 한 수를 지어 작별하는데, "깨끗한 흰 망아지, 어찌하면 저녁까지 머무르게 할 수 있을까" 하였다.*

산은 현縣.淸河縣: 지금의 포항시 영일만의 서북쪽 15리里에 위치해 있다. 산에서 제일 처음으로 만나는 것은 보경사寶鏡寺이다. 절에는 금당金堂이 있고 금당에는 삼신불三身佛이 서 있는데, 나무로 만든 거대한 불상으로 가운데가 비로자나毗盧閣那이고 가사袈裟를 두르고 좌우에 서 있는 것은 문수文殊와 보현普賢이다. 금당 뒤로는 지장전地藏殿이 있고 지장전 뒤로는 관음각觀音閣이 있는데 관음각이 가장 탁 트여 있었다. 동편에는 원진국사비圓眞國師碑가 있는데 귀부龜趺가 둥근 머리를 하고 있었다. 국사의 이름은 승형承逈으로 속성俗姓은 신씨申氏이고 산양山陽 사람이다. 비문은 고려 보문각 대학사 성균관 대사성寶文閣大學士成均館大司

---

*   흰 망아지를 뜻하는 '백구(白駒)'는 『시경(詩經)』 소아(小雅)의 편명으로, 흰 망아지를 타고 온 현자(賢者)를 떠나지 못하게 만류하는 내용이다. 「백구(白駒)」편에 "깨끗하고 흰 저 망아지, 내 밭의 콩 싹을 먹었다 하여, 발을 묶고 고삐를 동여매어 오늘 저녁 다 가도록 머무르게 하여, 사모하는 그분을 여기에서 귀빈으로 모시리(皎皎白駒 食我場藿 縶之維之 以永今夕 所謂伊人 於焉嘉客)"라는 내용이 있다.

成이 지었는데 그 성명은 돌이 깎여 상세하지 않다. 절 북쪽으로는 부도浮圖와 암자가 있는데 국사를 위해 세운 것이다.

절 곁에 풀로는 등나무와 나무로는 닥나무가 있는데 거처하는 승려들의 일 감이자 밑천이었다. 숙부와 나는 한참 동안 낮잠을 잤다. 이윽고 현縣의 학자 김득경金得鏡이 뒤따라왔는데 조 태수의 명에 의한 것이었다. 흰 밥과 싱싱한 나물은 산중의 별미로 매우 맛이 있었다. 술을 몇 잔 하고 있는데 노승이 짚 신을 끌고 와서 이르기를, "절에서 서쪽으로 가면 구름 낀 골짝에 돌길이 있 고 매우 험하게 깎아지른 절벽이 나오는데 이곳을 통하지 않고는 건너기 어렵 습니다" 하였다. 그리고 곧장 같이 갈 사람을 뽑았는데, 담승談僧의 이름은 학 연學衍이고 시해詩奚*의 이름은 덕룡德龍이고 벼루를 들고 갈 이는 홍원洪源이고 술시중 할 자는 매운梅雲이고, 의복과 식량을 맡은 이는 억동億童이었다. 또 한 명의 승려에게 명하기를 저녁이 되면 모某 암자에 이를 것이니 그곳을 숙소로 삼으라고 하였다. 쉬엄쉬엄 얘기하며 천천히 걸었다.

숲에 들어서자 가벼운 적삼이 서늘하고 벼랑을 기어오르니 대지팡이 짚는 소리가 울렸다. 1리쯤 걸어가자 북쪽에 커다란 바위가 언덕을 따라 우뚝 솟았 는데, 그 깎여진 형상이 마치 사나운 표범이 웅크리고 있는 것과 같았다. 김명 숙金明叔. 김득경의 자이 말하기를, "이 바위는 낙호암落虎巖입니다. 옛날에 호랑이가 떨어져 죽었기 때문에 이렇게 이름이 붙은 것입니다" 하였다.

또 1리를 지나자 문수대文殊臺가 나왔는데 누대의 바위가 갈라지거나 틈이 생겨 마치 예리한 용천검龍泉劍으로 호박琥珀**을 어지럽게 잘라 종횡으로 산산 조각을 낸 것 같았다. 여기서부터 봉우리는 더욱 빼어 하고 물은 더욱 맑아졌

---

* 　시해(詩奚): 시종(侍從)하는 동복을 가리킨다. 당(唐)의 시인 이하(李賀)가 밤을 나갈 때마다 어린 동복(童 僕)에게 주머니를 들고 따르게 하여 시문을 짓는 대로 주머니 속에 넣도록 했던 고사가 있다.
** 　호박(琥珀): 고대의 소나무 송진이 단단하게 변하여 된 화석으로, 『박물지(博物志)』에 송진이 땅에 들어가 천 년이 되면 복령(茯苓)이 되고, 또 천 년이 지나면 호박(琥珀)이 된다는 말이 있다.

다. 푸른 병풍산은 더욱 가파르고 떨어지는 폭포는 더욱 빠르게 쏟아져 내리니 아득히 세상 밖을 벗어난 듯하였다. 서북쪽으로 수십 걸음 옮기자 승선교昇仙橋가 나타났는데 일명 태평교太平橋라고도 한다. 소나무를 베어 공중에 사다리를 놓았는데 그 아래로 땅이 닿지 않을 정도였다. 다리가 끝나는 곳에는 파란 단풍나무와 푸른 계수나무 숲이 있고, 숲이 다한 곳에는 맑은 못에 너럭바위가 있어 탁족을 하거나 요리를 하거나 눕거나 글씨 쓰기에 그만이었다. 숙부가 지팡이를 멈추고 물가로 나아가자 명숙明叔과 승 학연學衍이 다가가 솥발처럼 둘러앉았다. 나는 곧 갓을 벗고 머리를 드러낸 채 돌 틈에 흐르는 물로 양치한 뒤 결명배決明杯*에 술을 따라 한가로이 수창酬唱**하니, 평소에 완상하던 이른바 '그윽한 바위에 앉아 골똘히 생각하고 긴 냇가에 앉아 밝게 읊조리네'라는 구절과 흡족할 정도로 딱 들어맞았다.***

서쪽으로 수백 보를 가니 사자항獅子項이 있었다. 일명 활연문豁然門이라고도 하니, 아마 주자朱子의 시 가운데 "구곡이 다하려 하자 눈앞이 환하게 트인다[九曲將窮眼豁然]"라는 구절에서 취한 듯하다.**** 그 아래로 폭포가 몇 길丈이나 되는데, 층층 암벽이 사방으로 벌려 있다. 가운데에 돌 하나가 우뚝 솟아 굽어보고 쳐다보니 마치 꼬리를 끄는 거북과 같았다.***** 명숙明叔이 말하기를, "이

---

* 결명배(決明杯): 석결명(石決明)으로 만든 술잔. 한치윤(韓致奫, 1765~1814)과 그의 조카 한진서(韓鎭書)가 편찬한 『해동역사(海東繹史)』의 충류(蟲類)에 의하면 석결명은 일명 전복껍데기[鰒魚殼]라고 하는 것으로 약재로 쓰인다고 한다.

** 원문에는 '酬暢'으로 되어 있으나 문맥상 '酬唱'이 적합하기에 이를 바로잡았다.

*** '그윽한 …… 읊조리네': 진(晉)나라 손작(孫綽)의 「유천태산부(遊天台山賦)」에 "凝思幽巖 朗詠長川"이라는 구절을 인용한 것이다.

**** 남송(南宋)의 유학자 주희(朱熹)가 무이산(武夷山) 계곡을 구곡(九曲)으로 나누어 학문의 수행과정을 담은 「무이구곡가(武夷九曲歌)」를 지었다. 마지막 9곡에 "구곡이 다하려 하자 눈앞이 환하게 트이니, 우로에 젖은 뽕과 삼이 평천에 나타나네[九曲將窮眼豁然 桑麻雨露見平川]"라는 구절이 있다.

***** '꼬리를 끄는 거북과 같았다'는 말은 『장자(莊子)』 「추수편(秋水篇)」의 내용을 인용한 것이다. 초(楚)나라 왕이 장자(莊子)에게 나라의 정사를 맡기려 하자 장자가 죽은 지 3천 년 되는 거북의 뼈를 묘당에 모시고 있는 것을 빗대어 "죽어서 뼈다귀로 남아 귀하게 되겠는가, 아니면 살아서 진흙탕 속에 꼬리를 끌고 다니겠는가[寧其死爲留骨而貴乎 寧其生而曳尾於塗中乎]"라고 반문한 뒤 "나는 진흙탕 속에서 꼬리를 끌며 살아가련다[吾將曳尾於塗中]"라며 거절한 고사에서 유래한 것이다. 원래 세상의 헛된 명예를 버리고 천성대로 사

것은 낙구암落龜巖입니다. 옛날에 폭포 위에 있을 때는 이름이 구암龜巖이었는데, 폭포가 세차게 흐르는 바람에 물에 떠서 아래로 떨어졌기 때문에 낙落 자를 덧붙인 것입니다" 하였다. 내가 시를 짓기를, "높은 기슭이 골이 되고 깊은 골이 언덕이 되었네[高岸爲谷 深谷爲陵]" 하였다. 지금 돌이 물에 떨어진 것이 이 바위이고 물이 돌에 떨어진 것이 이 폭포이니, 폭포가 다시 바위가 되고 바위가 다시 폭포가 될지 어찌 알겠는가. 아니면 바위가 되고 폭포가 된 것이 다시 골이 되고 언덕이 될지 어찌 알겠는가. 분주한 마고麻姑처럼 한창 상전벽해桑田碧海를 논하는데 숙부는 벌써 문수암文殊庵을 가리키며 걸어갔다. 성근 대숲이 좁은 길을 감싸니 맑은 이슬이 옷을 적셨다. 숙부가 바위틈의 초록빛 딸기를 가리키며 "이것은 화살대가 아닌가?" 하니, 학연學衍이 "관아에서 상사廂使에게 바치는 것입니다" 하였다. 아, 대나무가 산에서 태어남은 사람을 멀리하고자 함인데, 사람을 멀리하려다 사람에게 베었으니, 너의 곧음이 너의 화가 되었구나. 그 곁에 우거진 느릅나무와 큰 상수리나무가 있는데, 그늘이 짙고 잎이 무성해 만세토록 늙지 않았다.

암자에는 승려가 없는 지 이미 오래되어 뜰에는 초목이 자라고 문에는 거미들이 진을 치고 있었다. 사방 1장丈의 작은 방에는 금니金泥로 쓴 불경 하나가 거미줄을 뒤집어쓴 채 놓여 있을 뿐이었다. 서쪽 행랑에 숙부의 글씨가 있는데 정묘년1567에 쓴 것이었다. 당시 현감이었던 임영臨瀛의 친구 박덕수朴德叟가 동이 술을 가져온 게 어제 같은데 벌써 21년이 지났으니, 또 얼마나 세월이 흘러 오늘을 옛일처럼 보게 될지 모르겠다. 숙부가 "북쪽으로 수십 보 가면 보현암普賢庵이 있고, 동쪽으로 백 보쯤 가면 견상암見祥庵이 있는데 모두 승려가 없다"고 하셨다. 내가 그 승려 없음을 힐난하자, 학연이 말하기를, "불교가 쇠퇴했

는 것을 비유하는 말로 쓰이는데, 여기서는 형상이 거북을 닮은 것도 있지만 특유의 모습을 간직한 채 자연의 일부가 된 바위를 형용한 것이기도 하다.

기 때문이니 관아의 요역 때문입니다" 하였다. 서쪽으로 벼랑 하나를 도니 적 멸암寂滅庵이 나타났다. 노승이 보낸 승려 한 명이 벌써 암자의 승려 서너 명과 함께 서 있었다. 무를 뽑아 저녁밥을 지어 먹었다. 암자 뒤로 석봉石峯을 등지고 앞으로는 석병石屏을 마주 보고 있는데, 충충이 또 충을 이루고 줄줄이 또 줄 을 이루며 서 있었다. 외로운 연기와 지는 해가 부옇게 서로 비추고 있었다. 불 당에 들어가 베개를 높이 하고 누우니 바람결에 샘물이 콸콸 솟아 골짝을 울 려대는데, 쏴쏴 우는 메아리가 영롱하게 들려와 사람으로 하여금 뼈가 벌써 차갑고 혼은 벌써 깨게 하였다. 밤 1경更이 되자 달이 산봉우리에 걸리고 그림 자가 못 속에 드리웠다. 성근 별빛이 거꾸로 비추고 은하수가 비껴 돌았다. 고 요하여 새 한 마리 울지 않으니 참으로 산중의 절경이었다.

7일 갑자甲子. 잠든 객들이 채 일어나기도 전에 숲 위로 이미 붉은 해가 걸 렸다. 산이 높고 골이 넓게 트인 곳은 곧장 바다의 입구가 되기 때문이다. 서 로 함께 술 몇 잔을 마신 뒤 길을 떠났다. 길가에 풍혈風穴이 있었다. 2리쯤 가 자 북쪽에 굴 하나가 있는데 암자 한 채를 수용할 만한 넓이였다. 내가 즉시 서 하棲霞라 이름 짓고 인하여 긴 붓으로 제명題名하였다. 맨 뒤의 한 구절에 '단양 태수는 어떤 사람이기에 청하현에서 하루 묵고 애써 남쪽으로 가버렸는고丹陽 太守何似者 一宿淸河强南去' 하였으니, 이는 삼계三溪*의 '푸른 홰나무 맨 꼭대기를 그 리리라須寫蒼槐最上嶺'라는 구절을 채은 것이다. 그 서쪽은 바로 용추龍湫이다. 붉 은 벼랑이 백 길丈이고 푸른 벼랑이 만 심尋인데, 서리가 엉기고 노을이 퍼지니 옥을 깎고 금을 갈아놓은 듯하였다. 이는 태초에 조물주 진옹眞翁이 천지天地 를 화로에 녹이고 음양陰陽을 숯에 구워 빚어낸 장자障子 하나가 삼십삼천三十三 天**에 몸을 숨긴 채 인간 세상의 바람과 해와 떨어져 지낸 것이 거의 억만 년인

---

*   '삼계(三溪)'는 앞에 나왔던 단양 태수 최경회(崔慶會)의 호임.
**   삼십삼천(三十三天): 불교 용어로 범어인 도리천(忉利天: Trayastrimsa)의 역어(譯語)인데, 욕계(欲界) 육천(六
      天) 가운데 제2천(第二天)이다. 불교에서 말하는 수미산(須彌山)은 높이가 8만 4,000유순(由旬)이나 되며.

데, 뜻하지 않게 거령巨靈*이 골짝을 내고 열어젖혀 높은 것은 적성赤城**이 되고 낮은 것은 용문龍門이 된 것이 아닌가 싶었다. 귀신이 도끼질하고 조물주가 솜씨를 부려 종횡무진 공교하게 펼쳐놓았으니, 지금도 흔적이 삐죽삐죽하고 깊고 깊어 푸른 이끼가 얼룩지지 못하고 날랜 짐승이 오르지 못한다. 그 위에는 다만 마른 소나무가 거꾸로 걸려 있고 벼락이 이따금 그 뿌리를 태웠다.

북쪽에 청학소靑鶴巢가 있는데, 학소의 아래는 용이 거하는 곳이다. 용추는 너럭바위 하나가 상중하 3폭瀑으로 층을 이뤄 장대하였다. 하폭은 사자항獅子項보다 몇 길이나 높고 중폭도 하폭보다 몇 길이 높았다. 이는 모두 걸음이 닿을 수 있어 편안한 무릎걸음으로 가볼 수 있으나, 유독 상폭은 길이 막히고 바위가 잘려 사람이 이를 수 없는 곳이다. 그 높이는 중폭에 비해 수십 길이나 더 높았다. 호사가들이 사다리를 놓고 오르지만 명을 알지 못하는 짓에 가까운지라 나는 따라 하지 않았다. 이때 오랜 비가 막 개고 가을 물이 때맞춰 이르니, 하늘은 뿌려지는 눈에 에둘러 있었고 땅은 드리워진 구름을 받아들이고 있었다. 바람은 불어 끊이지 않고 달은 비춰 온통 하얗다. 그 소리가 웅장하여 밤낮을 씻겨 내리며 골짝을 울렸다. 또 관음굴觀音窟이 중폭 왼쪽 곁에 있는데 높고 기이한 모양의 절벽으로, 마치 천지가 만들어질 때 처음 생긴 구멍 같고 용과 호랑이가 입을 벌리고 있는 것 같았다. 우리가 신비로운 경지를 밟고 구슬 같은 물결을 희롱하며 이적선李謫仙의 '은하수가 하늘에서 떨어진 게 아닐

그 산의 꼭대기에는 삼십삼천성(三十三城)이 있는데, 한복판에는 제석천(帝釋天)이 있고, 사방에 팔천(八天)씩 32천이 있다고 한다. 전하여 가장 높은 곳을 가리켜 삼십삼천이라고 한다.

* 손거령: 황하(黃河)의 신 이름이다. 황하의 물줄기가 화산(華山)에 가로막혀 휘돌아갈 수밖에 없자, 거령이 손을 들어 산의 머리를 쳐서 둘로 쪼갠 다음 그 사이로 곧장 흘러가게 했다는 '거령비희(巨靈贔屭)'의 전설이 후한(後漢) 장형(張衡)이 지은 「서경부(西京賦)」의 주(註)에 나온다.

** 적성(赤城): 절강(浙江) 천태현(天台縣)에 있는 적성산(赤城山)의 흙이 붉어 형상이 마치 운하(雲霞)와 같고 치첩(雉堞)과 같아 적성이라 일컫는다. 손작(孫綽)의 「천태산부(天台山賦)」에 '적성산에 놀이 일어나 표지를 세웠다(赤城霞起而建標)' 하여 높은 산을 뜻하는 말로 쓰인다. 도교에서는 전설 속에 나오는 36동천(洞天) 중의 하나라 적성산동(赤城山洞)이라 하여, 선경(仙境)을 가리키는 말로 쓰이기도 한다.

까疑是銀河落九天*'라는 시구를 소리 높여 읊조리자, 읍乭, 김득경으로 추정됨이 금경金莖의 한로寒露**로 한바탕 대작하였다.

술자리가 파하자 학연이 계조암繼祖庵에 오를 것을 재촉하였다. 암자는 용추의 위쪽으로 또 만 길 되는 곳에 있었는데, 비탈길이 끊겨 매달린 바위에 나무 뿌리로 이어져 있었다. 한 치씩 한 자씩 앞으로 나가니 맑은 땀방울이 턱으로 흘러내렸다. 반쯤 길을 가다보니 노승이 승려 하나를 보내어 마중하였다. 암자 앞에 석대石臺가 있고 석대 아래에는 늙은 회檜 나무뿌리가 석벽에 드러났다. 석성石城으로 문을 삼고 석성의 벽돌로 뜰을 삼았다. 벽돌이 쌓인 동쪽에 얼음 같은 돌샘이 있고 돌샘의 남쪽에 부처를 닮은 돌 봉우리가 있었다. '손 가는 대로 집어 온 것이 모두 도이다信手拈來 頭頭是道'라고 누가 말했던가. 내가 눈을 들어 봐온 것이 모두 돌이었다.

굽어보니 장기도長鬐島에 다다랐는데 마치 누운 용이 바다를 빨아들이는 것 같았다. 마주 보고 있는 선열봉禪悅峯은 춤추는 학이 하늘에 떠 있는 것 같았다. 아침밥을 먹은 뒤 명숙明叔이 돌아가겠다고 고하니, 나로 하여금 의연히 '백운은 하늘에 있는데 산천이 가로막고 있네白雲在天 山川間之'***라는 마음이 들게 하였다. 이것은 이른바 '근원을 찾으려다 찾지 못하고 결국 서글피 바라보며 쓸쓸히 돌아갔다欲窮源而不得 竟悵望而空歸'****는 것이 아닌가.

---

*　이적선 …… 아닐까: 이적선(李謫仙)은 당(唐) 나라 시인 이백(李白)을 가리킨다. 이백의 「망여산폭포(望廬山瀑布)」 시에 "햇빛이 향로봉 비추어 붉은 놀이 생기는데, 멀리 보니 폭포가 앞 내에 걸려 있네. 삼천 척 높이를 곧장 쏟아부으니, 아마도 은하수가 하늘에서 떨어진 게 아닐까[日照香爐生紫煙 遙看瀑布挂前川 飛流直下三千尺 疑是銀河落九天]"라는 내용이 있다.

**　금경(金莖)의 한로(寒露): 금경(金莖)은 한 무제(漢武帝)가 장생불사의 선방(仙方)을 얻고자 감로(甘露)를 받으려고 세웠던 동주(銅柱). 한로(寒露)는 '술'을 뜻한다. 여기서는 '좋은 술'이라는 의미로 쓰였다.

***　백운은 …… 가로막고 있네: 주 목왕(周穆王)이 곤륜산(崑崙山)에 가서 선녀인 서왕모(西王母)와 잔치할 때 서왕모가 주 목왕을 위하여 부른 노래로서, "백운은 하늘에 있는데, 산릉만 절로 생기네. 길은 멀고 산천이 가로막혔으니, 원컨대 그대는 죽지 말아서 다시 오기를 바라노라[白雲在天 山陵自出 道里悠遠 山川間之 將子無死 尙能復來]"라는 내용이다.

****　근원은 …… 돌아갔다: 북송(北宋)의 왕안석(王安石)이 회녕현(懷寧縣) 산곡(山谷) 건원사(乾元寺)에서 묵을 때 도인(道人)들과 석우동(石牛洞)에서 노닐며 지었다는 시에 "물은 찰랑찰랑 북에서 나오고, 산이 쫑긋

061

숙부가 학연을 데리고 대비암大悲庵에서 나를 기다리겠다고 약속하였다. 나는 계조암의 승려 신오信悟를 이끌고 상용추를 가리키며 갔다. 멀리 푸른 산이 있는 곳에 내원암內院庵이 보이는데 작은 종소리가 은은하게 들려왔다. 나무들이 하늘을 가리고 벼랑은 깎아지른 듯하였다. 돌아서 서쪽으로 6, 7리쯤 가니 운림雲林과 수석水石이 휘돌며 어지러이 섞여 있어 갈 수가 없었다. 홀연히 쏟아지는 백 길의 물줄기가 나타났는데 상용추上龍湫였다. 이 산에는 12개의 폭포가 있는데 이 용추가 제일이었다. 용추 위로는 석벽들이 서로 껴안고 있었다. 석벽 위로 석봉石峯이 우뚝 솟았는데 물줄기가 석봉 끝에서 곧장 떨어지기 때문에 폭포의 형세가 높고 길었다. 그 웅장함이 우레와 천둥 같고, 그 빠르기가 풍우와 같고, 그 울음이 교룡과 같고, 그 변화가 곤붕鵾鵬 같았다. 아침 해가 비추면 고운 무지개가 일어나고 구슬 같은 물방울이 튀면 찬 안개가 생겼다. 용추의 색은 침침하여 검은 빛이고 아득하게 하늘에 닿아 있다. 늠름하게 땅의 신령이 지켜주고 물의 신선이 깊이 숨어 있다.

들자 하니 용추 위로 20리에 깊이를 잴 수 없는 주연舟淵이 있다고 하는데, 주연 위로 10리에 또 세 개의 흔들바위가 있다고 한다. 흔들바위 아래 암자 두 곳이 있어 잎에 물을 뿜는 자들이 산다고 하는데 길이 험하여 찾기 어려웠다. 용추에서 돌아 남쪽으로 1, 2리를 맨발로 물살을 어지럽히며 걸었다. 또 10보쯤 가니 푸른 등나무와 오래된 대숲이었다. 좁은 길을 끼며 걷다 보니 내 옷이 걸렸다. 따르는 승려가 손으로 산포도山葡萄, 머루를 따서 주었다. 나무 사이에 주렁주렁 매달려 짙은 마유馬乳, 포도의 이칭가 모두 이 과일이었다.

급히 대비암으로 들어가니 숙부가 월영대月影臺에 계셨다. 나는 먼 걸음 때문에 몹시 피곤하여 암자 앞의 유정楡亭에 누웠다. 시원한 바람이 골 입구에서

<hr />

쫑긋 사방을 둘렀네. 근원을 찾으려다 찾지 못하여, 서글피 바라보며 쓸쓸히 돌아가네[水泠泠而北出 山靡靡而旁圍 欲窮源而不得 竟悵望以空歸]"라는 내용이 있다.

살랑살랑 불어왔다. 동자가 쇠 바리때에다 석정石井의 물을 길어 내 곁에 놓았다. 내가 갈증을 호소할 거라고 생각해서였다. 잠시 후 암자의 승려 신전信全이 앞장서 이끌었다. 또 길을 돌아 남쪽으로 1, 2리를 가서 한 개의 석문石門을 지나면 바위 골짜기가 몹시 세차 마치 어두운 감옥에 들어가는 것 같았다. 또 한 개의 나무다리를 건너면 새들만 다닐 험준한 길이 끊어졌다가 이어져 높은 하늘로 오르는 것 같았고, 갈라지거나 이어진 돌 사이로 겨우 발걸음을 옮길 수가 있었다. 얽혀 있는 나뭇가지를 손을 길게 뻗어 잡고서 열 번 올라야 한 걸음이고 열 걸음 걷고 한 번 쉬었다. 또 어림잡아 3, 4리쯤 가서 비로소 길이 다한 곳이 이른바 선열암禪悅庵이었다. 나는 몸이 몹시 비틀거렸는데 숙부는 월영대에서 지팡이를 짚고 오셨는데도 잠깐 사이에 벌써 나를 따라잡았다. 몸에서는 땀이 나지 않으며 다리는 욱신거리지 않고, 정신은 더욱 활발하고 의기는 더욱 편안하니, 지선地仙*의 풍골風骨은 진실로 세속에 있는 사람이 흉내 낼 수 있는 바가 아니었다.

『회남자淮南子』에 이르기를 "구주九州를 경묘頃畝로 나눌 수 없고, 팔극八極을 도리道里로 이를 수 없고, 강해江海를 두곡斗斛으로 담을 수 없고, 태산太山을 장척丈尺으로 헤아릴 수 없다" 하였으니, 높고 험하구나, 선열대禪悅臺의 높이여, 진실로 장척으로 헤아릴 수 없을 정도로 좌우 전후 상하 사방이 모두 석병石屛이다.

대개 서쪽 가파른 곳에 백운암白雲庵이 있고, 남쪽 층이 진 곳에 운주암雲住庵이 있는데, 구불구불한 곳은 내원암의 먼 산세가 되고, 우뚝한 곳은 상용추의 기이한 봉우리가 되었다. 계조암繼祖庵의 절벽이 그 북쪽에 마주 서 있고 적

---

* 지선(地仙): 명산에서 한가롭게 노니는 사람을 가리킨다. 진(晉)나라 갈홍(葛洪)의 『포박자(抱朴子)』 내편(內篇) 「논선(論仙)」에 "상사(上士)는 육신을 지닌 채 하늘 속으로 올라가니 이를 천선(天仙)이라 하고, 중사(中士)는 명산에서 유유자적하게 노니니 이를 지선(地仙)이라 하고, 하사(下士)는 죽은 뒤에 육신을 벗나니 이를 해선(解仙)이라 한다"는 내용이 있다.

멸암寂滅庵의 무리 진 바위가 그 동쪽에 면면이 보이는데, 학소암鶴巢巖보다 장대하지 않아 티끌처럼 작고, 월영대月影臺보다 위태롭지 않아 손바닥처럼 평평하다. 말갈기처럼 작은 물방울로 보이는 것은 용추 삼폭이고, 교룡의 눈초리로 보이는 것은 두 개의 관음굴이다. 문수암은 개미둑처럼 보이고 보경사는 메추라기 둥지처럼 보였다. 험준한 것, 골이 휑하게 깊은 것, 빙빙 돌며 춤추는 것, 돌아보며 말하는 것, 물줄기가 감기며 굽은 것, 바위가 일어나고 엎드린 것, 사슴 같고 양 같은 것 등은 모두 한 산이 가진 바로서, 다 산 아래에서 기이함을 바치고 있었다. 그 바깥은 또 만경창파여서 파도가 일렁임에 일월이 진동하고 안개가 맑게 갬에 우주가 시원하게 트이니, 참으로 하백河伯이 큰 바다를 바라보고 탄식한 것이었다.*

선열대 위로 소나무와 전나무 몇 그루와 철쭉 몇 떨기가 있는데, 모두 용같이 생긴 뿌리가 구부러져 있었고 쇠처럼 단단한 가지가 울퉁불퉁하였다. 산속의 비바람이 늘 바다에서 불어오기 때문에 잎이 한쪽으로 몰려 모두 서쪽을 향해 있었다. 내가 숙부와 함께 낭랑하게 읊조리며 휙 하고 휘파람 부니 산이 울고 골이 응답했다. 바람이 일고 물이 넘치니 오래도록 심신이 상쾌하였다. 눈은 천지를 뚫어지게 바라보고 마음은 만물에 들어맞으니 자연과 더불어 하나가 되었다. 마침 조매당趙梅堂이 편지 한 통을 보내왔는데, 그 안에 근체近體 율시 한 수가 있었다. 화답을 한 뒤 따르는 승려로 하여금 머루를 걸러 술을 만들게 하였는데, 맛이 매실 간장 같고 색은 유리처럼 맑았다. 암주庵主가 나물과 밥을 갖추어 내오니 해가 저물려 하였다. 내가 백운白雲으로 누대 이름을 고쳤으니, 이는 "사벽에 흰 구름 일고, 중봉에 붉은 해 의지했네四壁生白雲 中峯倚

* 참으로 …… 것이었다:『장자(莊子)』추수(秋水) 편에 황하의 귀신 하백(河伯)이 북해(北海)에 이르러 그 끝이 보이지 않는 경지를 접하고 자신의 좁은 소견을 탄식하며 바다 귀신 약(若)에게 심경을 토로한[望洋向若而歎] 내용이 있다.

紅日**라는 시에서 취한 것이다. 돌아오는 길에 글씨를 쓸 직한 바위 하나가 있기에 '한 행인一行人'이라고 두루 적었다. 또 그 석문石門을 이름 하여 '묘입妙入'이라 하고 나무다리를 '충소冲霄'라고 하였으니, '그윽한 경치를 찾음幽探'을 뜻한 것이다.

월영대月影臺에 도착하였다. 대에 푸른 솔 두 그루가 있는데 곧장 삼용추三龍湫를 가로막고 학소대와 마주 보고 있었다. 상상하건대 달이 뜨면 소나무 그늘에 달빛이 비칠 것이니 거울 속 사바娑婆 세계가 되고, 학이 울고 원숭이 울면 금계金界**의 청정淸淨 세계가 되리니, 이 역시 산중에 뛰어난 곳이다. 월영대 문 양쪽에 큰 바위가 가로막고 있는데, 바위틈으로 산살구와 산철쭉이 또 삐죽이 서 있었다. 사람들이 문에 들어가려면 이 나무를 따르지 않고서는 들어갈 수 없었다. 내가 따르는 승려에게 이르기를, "두 가지 맑은 것 중에 하나가 빠질 수 없다. 지금 월영대는 달月로써 홀로 되어 바람風이 없으니 조물주가 나더러 뭐라 하겠는가. 나는 '청풍淸風'으로써 이 문의 이름을 짓고자 한다. 두 가지 아름다움을 합치면 하나의 경치가 될 것이다" 하니 모두들 좋다고 하였다. 갑자기 한 줄기 맑은 바람이 불어오는 것 같기에 사람들은 산신이 이 말을 들은 게 아닌가 하였다. 마침내 문 밖에서 계조암의 승려 신오信悟와 대비암의 승려 신전信全과 작별하였다. 보경사의 승려 학연學衍만 시종을 같이하였다.

이 산의 근원은 태백산太白山으로부터 시작되는데 태백산은 관동關東 진주眞珠. 三陟의 옛 이름의 경계에 있다. 북쪽으로 백암산白巖山에 이어지고 남쪽으로 회학산回鶴山에 닿아 있다. 산의 물줄기는 여러 고을의 지역까지 뻗어 있고, 갈라져 산과 바다의 경계가 된다. 처음 만나는 얼굴을 내영산內迎山이라 하고 본래

---

* 이백(李白)의 오언장편 「망황학산(望黃鶴山)」 시에 "동쪽으로 보이는 황학산이, 웅장하게 하늘에 솟았네. 사면에는 흰 구름이 일고, 중봉에는 붉은 해 기대 있네(東望黃鶴山 雄雄半空出 四面生白雲 中峰倚紅日)"라는 구절이 있다.

** 금계(金界): '황금을 땅에 깐 지역'이라는 뜻으로 사원을 가리킨다. 금지(金地) 또는 금전(金田)이라고도 한다.

의 얼굴을 신구산神龜山이라고 한다. 그 밖에 한결같이 우뚝하여 주먹만 한 바위가 많은데, 그 가운데 천태암天台와 사명四明의 승경이 있다. 산을 제법 논하는 자들은 이 산을 소금강小金剛이라고 한다. 나는 말한다. 저 금강산이 뛰어나긴 뛰어나다. 그러나 옥순玉筍과 옥비녀瑤簪의 자태는 너무 드러나 있다. 사람에게 비유하자면 금강산은 자랑할 만한 재주와 빛나는 능력이 있지만 조금도 재덕才德을 감출 줄 모르는 자이고, 신구산은 독에 넣고 깊이 감춰두어 팔려고 하지 않는 자이다. 재덕을 감출 줄 모르는 자는 남이 알아주지 않음을 걱정하고, 팔려고 하지 않는 자는 남이 알아주지 않아도 성내지 않는다. 이것이 자신을 수양하는 '위기爲己'와 남에게 보이기 위한 '위인爲人'의 구분이 되는 것이다. 그렇다면 위인爲人을 하고자 하는 자는 이 산을 금강이라 하겠는가, 신구라 하겠는가. 높은 산을 우러러보면 군자가 택함이 있을 것이다.* 이날 보경사로 돌아와 묵었다. 조매당趙梅堂이 대두大豆를 보내와 두부를 만들었으니, 이는 우리들을 배부르게 하려고 한 것이다. 김명숙金明叔이 장편 시와 낡은 오지그릇에 막걸리를 남겼으니, 이는 우리들을 취하게 하려고 한 것이다. 배불리 먹고 취하여 승려와 더불어 벗의 도를 함께하였다.

8일 을축乙丑. 맑음. 학연이 세수를 한 뒤 아침에 말하기를, "이 산이 옛날에는 세상에 이름이 나지 않았습니다. 다만 선동仙童과 석자釋子의 굴과 집이 되었을 뿐입니다. 지난 몇 년 사이에 옹邕씨 성을 가진 태수가 남건濫巾을 쓴 동로東魯를 흉내 내어** 이곳을 찾아와 도원桃源을 물어본 뒤 돌아가 동경東京, 慶州의 옛이름 부윤府尹인 구암龜巖*** 이李 선생에게 알렸습니다. 구암은 곧장 사령운謝靈運

---

*　높은 산을 …… 있을 것이다: '높은 산을 우러러본다'는 뜻의 '고산앙지(高山仰止)'는 『시경(詩經)』 소아(小雅)의 「거할(車舝)」에 '높은 산을 우러르고 큰길을 따라가네[高山仰止 景行行止]'라는 구절을 인용한 것으로, 덕이 높은 자를 산에 비유하고 행실이 밝은 자를 큰길에 비유한 것이다.

**　남건(濫巾)을 …… 흉내 내어: 남건(濫巾)은 함부로 은사(隱士)를 흉내 내어 은사의 두건(頭巾)을 쓴다는 뜻이고, 동로(東魯)는 중국 땅의 동쪽 노(魯) 나라를 가리키며 공자가 출생하였다 하여 공자를 뜻하는 말로 쓰인다. 여기서는 은사가 아니면서 은사인 체하는 것을 이른 말이다.

***　구암(龜巖): 조선 중기의 문신 이정(李楨, 1512~1571)을 가리킨다. 이정의 본관은 동성(東城), 자는 강이(剛

의 나막신에 밀 칠을 하고* 축융봉祝融峯의 유람을 재현하였습니다.** 구암은 선비들의 우러름을 받으며 돌아간 자입니다. 구암이 돌아간 곳을 따라 돌아가고 구암이 밟은 곳을 따라 밟아갔으니, 이 때문에 구암이 유명해지고 산이 그와 더불어 오래 남게 된 것입니다. 그 뒤로 유람하는 선비로서 영남에 대해 말하는 자는 봄에는 두견화杜鵑花, 진달래를 찾고 가을에는 단풍 숲을 사랑하여 혀를 차며 이 산을 칭찬하지 않는 자가 없었습니다. 심지어 지방관이나 조정의 신하들도 부절을 쥐고 이틀씩 묵어가는 통에 중들은 가마를 끄는 졸이 되고 절은 음식을 대접하는 여관이 되었으니, 이 산의 유명함은 우리 중들에게는 심한 피해가 되었습니다" 하였다.

내가 말하기를, "아, 산의 이름이 구암을 얻어 성대해졌고, 산이 해를 입음이 성대한 이름을 얻어 생겼으니, 성대한 이름 아래에서는 사물 또한 살기 어렵다는 것을 어찌 생각이나 했으랴. 그러나 산이 어찌 이름을 구해서 그렇게 된 것이겠는가. 이름을 돌아보는 것은 사람일 뿐이다. 그저 푸르고 푸르러 만고에 갈아 없어지기 어려운 것은 이름이 있건 없건 산에 나뭇가지를 스치며 지나가는 바람일 뿐이다" 하였다. 이 말로 호계일소虎溪一笑를 삼았다.***

자리를 파하고 야성野城으로 돌아가 남강서원南江書院을 방문하였다. 서원은

而), 호는 구암(龜巖)이다. 1560년(명종 15) 8월 경주 부윤(慶州府尹)에 제수되어 1563년 순천 부사(順天 府 使)로 가기까지 3년간 경주 부윤으로 있었다.

* 사령운(謝靈運)의 …… 칠을 하고: 중국 남조(南朝) 때의 문인으로 풍류가 고상했던 송(宋)의 사령운(謝靈 運)이 평소 명산에 오르기를 좋아하여 항상 밀 칠한 나막신[蠟屐]을 신고 등산을 한 데서 온 말이다.

** 축융봉(祝融峯)의 …… 재현하였습니다: 축융봉(祝融峯)은 중국의 남악(南嶽)인 형산(衡山)의 최고봉으로, 주자(朱子)가 축융봉을 유람한 뒤 술에 취해 내려오며 지은 「취하축융봉작(醉下祝融峯作)」이 후대의 문인들 사이에 '유산(遊山)'의 고사로 자주 애용되었다. 그중 마지막의 "막걸리 세 잔에 호기가 일어, 멋대로 읊조리며 축융봉을 날아서 내려온다(濁酒三杯豪氣發 朗吟飛下祝融峯)"는 구절이 특히 널리 알려져 있다.

*** 호계일소(虎溪一笑): 중국 진(晉)나라 혜원법사(慧遠法師)가 여산(廬山)에 있을 때에 찾아온 도연명(陶淵 明)과 육수정(陸修靜) 두 사람을 배웅하면서 이야기에 열중한 나머지 호랑이가 우는 소리를 듣고서야 보통 때에는 피해 다니던 호계(虎溪)를 지난 것을 알고서 세 사람이 크게 웃었다는 '호계삼소(虎溪三笑)'의 고사가 있다. 여기서는 산이 유명해진 것으로 인한 폐해에 대해 저자 자신이 혼잣말을 하며 너무 심취해 있었음을 뜻하는 겸사로 쓰였다.

몹시 황량하여 정문은 무너져 부서지고 뜰 안은 잡초가 우거져 거의 채마밭이 되었다. 그 바깥에 촌 할미 둘이 삼을 삼으며 이야기를 쉬지 않았다. 말에서 내려 강당에 오르자 먼지가 자리에 가득하고 풀벌레와 새가 다투어 울고 있을 뿐이었다. 내가 갑술년1574에 잠시 이곳에서 학문을 익혔는데, 당시 주 태수周太守 박博*이 고을의 준재들을 모아 글을 가르쳤다. 자못 서원을 세우고 교화를 일으키려는 아름다운 뜻이 있었는데, 수십 년도 못 되어 이렇게 인몰되었으니, 이른바 글 읽는 준수한 영재를 한 사람도 다시 볼 수 없으니, 이 어찌 오당吾黨의 수치일 뿐이겠는가, 나라를 다스리는 자의 걱정거리이다.

다만 서원 뒤에 호호浩浩라는 이름의 누대만이 우두커니 홀로 남아 있고, 솔과 잣은 천 그루나 되었다. 대 앞의 한 줄기 긴 강물은 옛날 그대로 차고 맑았다. 물고기 수십 마리가 헤엄치고 강물은 아득하게 흘러가고 있었다. 강가에는 또 고니같이 큰 물새가 있는데, 붉은 갓에 검은 깃을 하고서 서쪽을 향해 서 있었다. 풍경을 바라보며 한참을 쉰 뒤에 말을 달려 야성으로 들어갔다. 태수 안사흠安士欽이 청심루淸心樓에서 술자리를 베풀었는데, 청심루는 오래되기로는 동남 지방에서 으뜸이었다. 지금은 기록하지 않는다.

9일 병인丙寅. 큰 비가 내림. 동헌에서 안 태수와 술을 마시고 향사당鄕射堂으로 나갔다. 신인상申麟祥 어른과 취하도록 술을 마셨다. 또 우후虞侯 김인서金麟瑞와 그의 아우 난서鸞瑞와 술을 마셔 대취하였다. 또 신곤申崑과 술을 마셔 취하였다. 단양에 도착해 또 박 수사朴水使와 술을 마셔 대취하였고, 또 박연일朴延日과 봉사奉事와 술을 마셔 취하였다.

10일 정묘丁卯. 또 이양원李養源과 술을 마시고 대취하여 집에 돌아왔다. 밤이 이슥해서야 술이 깼는데, 불현듯 열흘간 취중의 여행이었음을 홀연히 깨달았다.

---

* 　주박(周博, 1524~미상): 주세붕(周世鵬)의 아들로, 본관은 상주(尙州), 자는 약지(約之), 호는 구봉(龜峰)이다.

원문 原文

叔父大海先生居東海六十年. 不與鄉人立. 不求當世達. 蕭然竹屋書史自娛. 其道冲如也. 白髮今春. 適遭家禍慈天所蔽. 悒悒不自寬. 有猶子霞潭者. 請遊內迎山. 其志鬜如也. 惟八月一日戊午. 始理南行. 古詩一匣. 秋露一壺. 糧枕一馬. 叔姪二人. 其行淡如也. 叔爲詩姪必和. 姪爲酒叔必酬. 對而評者非山則海. 行而遇者有農與漁. 外此約無談當世事. 其言灑如也. 是日歷郡侯高. 高欲下一榻. 邀叔父而尊老之. 不敢焉. 點栗峴溪邊. 止丹陽飛盖洞. 過朴公儉宿白而正. 余退與白惺軒叔夜話.

二日己未. 晴暫風. 朝陪惺軒同省叔父. 叔父命余往辭丹陽伯崔三溪慶會. 盖以余識崔. 崔亦乞暇而寧于南也. 崔雅愛士. 常願一識叔父面. 樂聞叔父來. 卽以案前使起居之. 繼以白應聖丈翌致之. 禮于東上軒. 觴于海晏樓. 館于河淸堂. 白丈叔父之姻也. 是日領其鄉僚鄭泓, 鄉老白眉英與其鄉先生朴水使世賢昆季. 祖其侯之行. 而賓萬戶金浣, 教授南景祥及吾叔父. 叔父讓以服于南射廳. 崔又張夜飮. 叔父大醉.

三日庚申. 晴且暑. 質明酒賜雷鳴. 余呼定非薏苡來. 來則圓味也. 將朝飯于酒登驛. 驛家湫陋. 因投野城城北申崑之小亭. 亭有無窮花一樹萬年松二株. 有苦瓠施于松上. 余以褻鶴責崑. 叔父笑而已. 申丈麟祥於叔父再從兄也. 自三近村佩一沙壺. 與其姪經濟致慇懃. 金老浩年八十. 亦叔父之丈人行也. 軾其門. 命其子鳳瑞酒且飯. 是日宿南驛.

四日辛酉. 甚暑. 信馬抵德城. 日正午也. 太守趙廷幹字大立自號梅堂. 叔父之年友也. 延叔于海月樓. 樓之下有池. 池則蓮也. 池之上有塢. 塢則竹也. 竹之外有百日紅. 焯灼穠姿. 暎日輝烟. 紅之傍有老梅. 病查权枒. 若蒼虬偃臥而鱗甲剝落. 其上有一莖兩莖靑梢. 樓舊名梅竹. 有金太守

者新之. 孔寧海瑞麟改以臨溟. 周愼齋記之. 其後李太守者增其制高其基.
豁其軒楹而專其海月. 遂改以今名. 李先生晦齋記之. 噫玆樓三變名而得
遇兩斯文大手. 一日而遂名於嶺之南七十州. 信乎. 物之遇各有時也. 人
而不遇. 白首潛荒. 所謂時者孰主張耶. 是未可知也. 酒三行. 趙慰叔父
曰老兄遠來良苦. 是夕有一官人列炬而喧且來者. 乃蔡新寧雲龍云也.

五日壬戌雨. 趙盛廚飭筵. 欸蔡與叔父于東軒. 酒罷陪叔父往遊釣鯨臺.
臺在縣之南東十里. 松林竹樹. 處處漁家. 淡烟疎雨. 依然如畫. 遂登臺
以望. 遠而北洋天濶. 西山雲矗. 近而奇巖森立. 綠鏡可唾. 浮鷗翔鷺.
悠然往來. 舴數十. 日暮爭漁. 傍有一舟. 歌欸乃而南去. 叔父與余. 籍
翠沙憑冷風. 各引數觴歸. 崔丹陽已到月樓. 紅燭青娥. 迥若瑤臺. 然比
鯨臺雄致則野馬也塵埃也.

六日癸亥晴. 旣送崔. 又辭趙. 將入山. 趙斬樓前二竹杖贈. 且以一首詩
別. 皎然白駒. 焉可夕乎. 山在縣之西北十五里. 第一面曰寶鏡寺. 寺有
金堂. 堂有三立佛. 木天而中者. 毗盧閣那. 袈裟以左右者文殊普賢. 堂
後有地藏殿. 殿後有觀音閣. 閣最軒敞. 東偏有圓眞國師碑. 龜趺圓頭.
師名承迥. 俗姓申. 山陽人. 蓋麗朝寶文閣大學士成均館大司成者撰之.
其姓名石剜難詳. 寺之北有浮圖且有菴. 爲師而創者也. 寺之傍厥草藤厥
木楮. 居僧之業而資者也. 叔父與余. 攤飯移時. 俄而縣之學者金得鏡追
而至. 趙之命也. 白飯青蔬. 山味甚佳. 且以酒數行. 老僧以芒鞋進曰自
寺而西. 雲門石逕. 崎嶇斬絶. 非此難涉. 卽選一行人. 談僧曰學衍. 詩
奚曰德龍. 硯者曰洪源. 酒者曰梅雲. 衣且糧者曰億童. 且令一白足度暮
可至某庵爲宿處. 休休而語. 徐徐而行. 入林而輕衫凉. 攀崖而竹杖響.
步一里. 北有巨石緣岡斗起. 其狀硏若蹲怒豹. 金明叔曰此落虎巖. 昔有
虎落而死因名之. 又一里有文殊臺. 臺之石或裂或罅. 如以龍泉利刃. 亂

截琥珀. 片段縱橫也. 自此峯益秀水益清. 蒼屏益絕. 飛瀑益駛. 迥然已
出物表矣. 西北數十步. 有昇仙橋. 一名太平橋. 誅松架虛. 下臨無地.
橋盡則青楓碧桂. 林盡則澄潭盤石. 可濯可湘可臥可書. 叔休杖臨流. 明
叔學衍鼎而坐. 余卽脫冠露髮. 漱以石間淙. 酌以決明杯. 從容酬暢. 喜
愜素賞. 所謂凝思幽巖朗詠長川者. 也. 西行數百步. 有獅子項. 一名豁
然門. 似取朱詩九曲將窮眼豁然者也. 其下瀑布數丈. 層巖四列. 中有一
石穹窿俯仰如曳尾龜. 明叔曰此落龜巖. 舊在瀑上. 名龜巖. 瀑之漲而漂
落之. 加以落. 余曰詩云. 高岸爲谷. 深谷爲陵. 今石爲水洛者此巖. 水
爲石落者此瀑. 安知瀑復爲巖. 巖復爲瀑耶. 抑安知爲巖爲瀑者. 之復爲
谷爲陵耶. 多事麻姑. 方論桑海. 而叔父已指文殊庵行矣. 疎篁擁逕. 爽
露滴衣. 叔父指巖間綠叢曰莫此箭竹耶. 學衍曰官司之所貢廡吏者也. 噫
竹之生於山. 欲遠人也. 欲遠人而人斬之. 爾之直爾之禍也. 其傍有蒼楡
大櫟. 陰濃葉密. 萬歲不老. 庵無僧已久. 草樹生庭蟫蛸在戶. 方丈只有
一金泥. 蜘蛛網其耳. 西廊有叔父筆. 歲丁卯題也. 當時地主臨瀛故人朴
德孁. 樽酒如昨而已. 二十一載. 不知又幾歲月而視今日如昔耶. 叔父云
北數十步有普賢庵. 東百許步有見祥庵. 皆無僧. 余詰其無. 學衍曰佛之
衰矣. 官之役矣. 西轉一崖. 有寂滅庵. 所遣一白足已與庵僧三四指. 采
蕪菁營夕炊矣. 庵後負石峯. 前對石屏層層又層. 立立加立. 孤烟落日.
冥濛暎帶. 入佛堂高枕則風泉激激鳴其墼. 颼颼之響玲瓏之聲. 令人骨已
冷而魂已醒. 夜一更月掛峯頭而影落潭心. 疎星倒照而銀漢斜轉. 寥寥一
鳥不鳴. 眞山中絕景也.

七日甲子. 宿客未起. 林端已掛紅旭. 盖山之高而洞之呀者. 直爲海門然
耳. 相與酌數器而行. 路傍有風穴. 行二里. 北有一窟. 可容一庵. 余
卽名以棲霞. 因以長杠題名. 最後一絕曰丹陽太守何似者. 一宿淸河强南

去. 盖以實三溪須寫蒼槐最上巔之句也. 其西卽龍湫. 丹崖百丈. 青壁萬尋. 霜凝霞鋪. 玉削金礪. 盖疑其始造化眞翁爐天地而炭陰陽. 以陶成一障子. 藏三十三天而隔人間風日者. 殆億萬年. 不意巨靈者洞而闢之. 高者爲赤城. 下者爲龍門. 鬼斧神匠. 橫施巧設. 至今痕迹巉巉焉嵌嵌焉. 蒼苔不敢斑. 捷獸不能攀. 其上只有枯松倒掛. 往往霹靂燒其根. 北有青鶴巢. 鶴之下則龍之居也. 湫之壯以盤陁一石. 層爲上中下三瀑. 下瀑高獅項瀑數丈. 中瀑又高下瀑數丈. 此則皆可布武而至. 穩膝而見. 惟上瀑路絶石斷. 人所不到. 其高視中瀑又數十丈. 好事者梯而上. 然近於不知命. 故余不爲也. 是時積雨新晴. 秋水時至. 天紳灑雪. 地佩垂雲. 風吹而不斷. 月照而還空. 其聲熊熊然. 盡晝夜而轟洞壑. 又有觀音窟在中瀑左傍. 嶔崟崒嵂. 如洪濛初竅而龍虎張牙也. 余等躡秘境弄珠波. 高吟李謫仙疑是銀河落九天之句. 而邑以金莖寒露一大酌. 酌罷學衍催上繼祖庵. 庵在湫上又萬仞. 絶磴懸石. 絡以樹根. 寸進尺前. 清汗交頤路半庵老遣一僧來迓矣. 庵前有石臺. 臺下有老檜根石壁. 門以石城. 庭以石磚. 磚之東. 石泉如水. 泉之南石峯如佛. 誰謂信手拈來. 頭頭是道. 余則擧眼看來. 頭頭是石. 俯臨長鬐島. 如臥龍吸海. 平對禪悅峯. 如舞鶴冲天也. 朝飯訖. 明叔告歸. 使余依然有白雲在天山川間之之意. 此非所謂欲窮源而不得. 竟悵望而空歸者耶. 叔父携學衍約於大悲庵竚余. 余攣繼祖僧信悟. 指上龍湫去. 遙望内院在翠微. 隱隱有小鍾聲. 樹木參天. 厓厂剖劂. 轉而西六七里則雲林水石. 縈回錯雜. 不可往矣. 而忽見飛流百丈者曰上湫也. 盖此山有瀑十二. 而此湫爲第一. 湫上石壁交撰. 壁上石峯突起. 水自峯頭直下. 故瀑之勢峻而長. 其壯雷霆也. 其驟風雨也. 其鳴蛟龍也. 其變鵾鵬也. 朝陽照而彩虹起. 瑤沫吹而寒霧生. 湫之色沉沉鐵黑. 渾渾天涵. 凜乎坤靈呵護而水仙淵潛也. 聞其上二十里有舟淵深不測. 淵之上

一十里. 又有三動石. 石之下有二僧庵. 喫於葉者居之云. 然路險難尋矣.
自湫轉而南一二里. 赤足亂其流. 且行一十步則蒼藤苦竹. 夾細逕而鉤余
衣. 從僧手摘山葡萄進. 垂垂樹間而馬乳其濃者. 皆此菓也. 急投大悲則
叔父又在月影臺矣. 余以遠步困甚. 臥庵前楡亭. 清風自谷口颯颯來. 童
子以鐵鉢汲石井在我側. 意我呼渴也. 少頃以庵僧信全爲先導. 又轉而南
一二里. 歷一石門則巖壑矗矗. 若入幽图. 又度一木橋則鳥道斷續. 如上
層霄. 而裂縫之石. 僅容前趾. 交柯之木. 可引遠手. 十攀一步. 十步一
休. 又計行三四里. 始窮所謂禪悅庵. 余則極跉跚. 叔父自月影杖而來.
一須臾已及余. 身不汗脚不疼. 精神愈發. 意氣愈逸. 地仙風骨. 固非烟
火者. 所鬐髵也. 淮南子曰九州不可頃畝也. 八極不可道里也. 江海不可
斗斛也. 太山不可丈尺也. 巍乎崒哉. 禪悅臺之高也. 誠不可丈尺計. 而
左右前後上下四方皆石屛. 盖峭於西而有白雲庵也. 層於南而有雲住庵也.
逶迤而爲內院之遠勢也. 岌嶪而爲上龍湫之奇峯也. 繼祖絶壁. 方方於其
北. 寂滅羣巖. 面面於其東. 莫壯於鶴巢巖而細如塵. 莫危於月影臺而平
如掌. 馬鬃一滴. 龍湫三瀑也. 蛟睫一皆. 觀音兩窟也. 文殊蟻垤也. 寶
鏡鷃籠也. 峻者. 笒嶶者. 翔而舞者. 顧而語者. 水之繚而曲者. 巖之起
而伏. 如鹿如羊者. 擧一山之所有而皆獻奇效異於下風. 其外又有萬頃滄溟
波濤汹湧. 而日月震蕩. 烟霧澄晴. 而宇宙軒豁. 眞河伯之所望洋也. 臺
上有松杉數株. 躑躅數叢. 皆龍根屈曲而鐵柯擁腫. 盖山中風雨常自海至.
故葉爲所驅而盡西向矣. 余與叔父. 琅然而吟劃然而嘯. 山鳴谷應. 風起
水涌. 久之神爽身輕. 眼空天地而心冥萬物. 與自然而同歸焉. 適趙梅堂
馳一札. 中有近體一律. 和訖令從僧瀝山葡萄爲酒. 味如梅醬. 色如玻瓈.
庵主又具草飯進. 日欲暮. 余以白雲改臺名. 盖取四壁生白雲. 中峯倚紅
日之詩也. 歸路有一石可書. 徧題一行人. 且名其石門曰妙入. 木橋曰冲

霄. 以志幽探也. 到月影臺. 臺有翠松二株. 直壓三龍湫. 與鶴巢相對. 想其月出則松陰月影. 鏡裏婆娑. 鶴唳猿啼. 金界清淨. 亦山之一勝處也. 臺之門兩大石交蔽之. 石之寶山杏山躑躅又夏之. 人之欲入門者. 不緣樹則不能. 余謂從僧曰雙清不可闕一. 今臺以月而獨無風. 造物者. 其謂我何. 吾欲以清風名此門. 合兩美而爲一景. 皆曰諾. 俄有一陣清風若來. 故人疑有神之聽之也. 遂於門外別繼祖僧信悟大悲僧信全. 惟寶鏡僧學衍終始焉.

盖山之源. 起自太白山. 山在關東眞珠界. 北連白巖山. 南接回鶴山. 瀰亘數州之地而隔爲嶺海之界. 初面曰內迎山. 本面曰神龜山. 其外一巍然拳石之多而其中則有天台四明之勝. 善論山者以謂小金剛. 余曰彼金剛勝則勝矣. 然其玉筍瑤簪. 態度太露. 比諸人則金剛如矜才耀能而略無韜晦者也. 神龜如韞櫝深藏而不欲沽之者也. 無韜晦者. 患人之不知. 不欲沽者. 不知而不慍. 此爲己爲人之分矣. 然則欲爲人者. 其爲金剛乎. 其爲神龜乎. 高山仰止. 君子有擇矣夫. 是日歸宿寶鏡寺. 趙梅堂送大豆爲軟泡. 是欲余等之飽也. 金明叔留長篇及老互濁. 是欲余等之醉也. 飽且醉. 與僧共友之道也.

八日乙丑晴. 學衍盥而朝曰此山舊無名於世. 惟仙童釋子爲窟宅. 頃年間有太守姓邕者. 濫巾東魯. 來叩桃源. 歸而播諸東京尹李龜巖先生. 龜巖卽蠟靈運之屐. 再爲祝融之遊. 龜巖士所仰望而歸者. 歸龜巖之所歸而迹龜巖之所迹. 故龜巖之有名. 山與之同長矣. 自後遊士之道諸嶺者. 莫不春探杜鵑. 秋愛楓林. 嘖嘖稱道之. 至於棠使星臣. 亦擁節而信宿焉. 僧爲輿曳之卒. 寺作廚傳之館. 此山之有名. 吾僧之甚害也. 余曰噫. 山之名得龜巖而盛. 山之害得盛名而生. 豈意盛名之下. 物亦難居也. 然山豈要名爲哉. 顧名者人耳. 只麼青青萬古難磨. 有名無名. 特山之過樹梢風也.

以此語爲虎溪一笑. 而罷歸野城. 訪南江書院. 院甚荒涼. 正門頹碎. 中庭蕪穢. 半爲菜圃. 其外有一兩村嫗. 治麻語不休. 下馬登堂則塵埃滿席. 蟲鳥爭喧而已. 余於甲戌年. 暫此簸笈. 時周太守博聚縣之俊秀而絃誦焉. 殊有立院興化之美意. 不數十年而堙沒如此. 所謂俊秀絃誦者. 無一人復見. 豈獨吾黨所羞. 抑爲國者憂耳. 惟後臺名浩浩者. 巋然獨存. 松栢千章. 臺前一帶長江. 依舊寒清. 有魚數十. 洋然而逝. 江邊且有水鳥大如鵠. 赤冠黑翎. 方西向立. 覽且歇. 馳入城. 太守安士欽張酒于淸心樓. 樓之冠於東南古矣. 今不錄.

九日丙寅大雨. 在東軒飮安侯酒. 出鄕射堂. 醉申丈麟祥酒. 又大醉金虞侯麟瑞酒及其弟鸞瑞酒. 又醉申崑酒. 到丹陽又大醉朴水使酒. 又醉朴延日及奉事酒. 十日丁卯. 又大醉李養源酒而歸于家. 夜深始醒. 蘧蘧然忽覺旬日爲醉中行矣.

출전 : 黃汝一, 『遊內迎山錄』, 「海月集」

5

월막산수기

月幕山水記

노경임

노경임(盧景任): 생몰은 1569~1620년이다. 조선 중기의 문신으로, 자는 홍중(弘仲), 호는 경암(敬菴)이다. 본관은 안강(安康)으로, 부친은 진사 노수성(盧守誠)이며, 모친은 인동장씨(仁同張氏)로 이조판서 장열(張烈)의 딸이다. 장현광(張顯光)과 유성룡(柳成龍)의 문하에서 수학했다. 1591년 문과에 급제하여 예문관검열을 거쳐 홍문관정자가 되었다. 1592년 임진왜란이 일어나자 고향에 돌아와 의병을 모집하여 왜군에 대항했다. 1594년 사헌부지평에 제수되었으며, 강원도순안어사(江原道巡按御使)가 되었을 때 삼척부사 홍인걸(洪仁傑)의 비행을 적발하여 보고했다. 그 뒤 다시 사헌부지평을 거처 예조정랑이 되었고, 체찰사(體察使) 이원익(李元翼)의 종사관이 되어 삼남지방(三南地方)을 순찰하면서 임기응변으로 일을 잘 처리하여 신임을 얻었다. 1597년 이원익의 지시를 받고 올린 전쟁 상황의 상세한 보고로 선조의 신임을 얻어 교리에 임명되었다. 1598년 사간원헌납·종부시전적에 제수되었지만 부임하지 않다가, 나중에 영해부사·성주목사 등을 역임했다. 이에 앞서 스승 장현광의 심부름으로 정인홍(鄭仁弘)을 만나보고 돌아와 대단히 간사한 인물이라고 말했던 일이 뒷날 정인홍에게 알려져서 무고한 탄핵을 받고 성주목사에서 파직되었다. 벼슬에서 물러난 후, 낙동강 가에 은거하여 여생을 보내다가 선산(善山)에서 별세했다. 저술로 『경암집』 등이 있다.

해제 解題

「월막산수기月幕山水記」는 노경임盧景任: 1569~1620이 영덕에서 서쪽으로 50리 거리에 있는 월막지역의 산수의 아름다움을 기록한 것이다. 자신이 산수를 좋아하나 아직도 제대로 유람하지 못한 아쉬움을 피력하고, 장차 산수 좋은 곳에 은거할 생각이 있음을 기술하고, 주자의 무이구곡이나 세상을 피하여 은둔하는 선비들이 몸소 농사를 지으며 산속에서 뛰노는 짐승이나 물고기의 한가로이 노니는 모습들을 벗 삼아 아침, 저녁으로 그 속에서 시가를 읊조리며 노년을 보내고 싶은 자신의 심경을 먼저 기술하고 월막의 입구인 자하동紫霞洞부터 탁영담, 도원동, 선유동, 일출봉, 학소암, 진주암 등등 20곳의 경치와 명칭의 유래와 명명하게 된 동기 등을 설명한 도서이다.

국역 國譯

나는 성정이 자연을 몹시 좋아하여 아름다운 산수 하나에 대해 들으면 번번이 한 번 그곳을 찾아간다. 혹 미처 이르지 못하면 문득 꿈속에서도 매달려 애타게 그리워하기를 그치지 않는다. 올가을 여러 명의 벗들과 함께 월막月幕의 산수를 구경하였는데, 산수의 기이하고 수려하고 정결함은 과연 비할 데가 없었다. 참으로 천태天台와 여부廬阜*가 가까운 지척에 있었는데도 아직 와보지 못했던 것이 한탄스럽다. 아, 이 산이 홍몽鴻濛**으로부터 와서 일찍이 몇 천만

---

*   천태(天台)와 여부(廬阜): 천태(天台)는 중국 절강성(浙江省)에 있는 산 이름으로 선녀(仙女)가 살았다고 전해지는 곳이고, 여부(廬阜) 여산(廬山)을 말하는데 동진(東晉)의 고승(高僧) 혜원법사(慧遠法師)가 거주했던 곳으로, 모두 대표적인 명산을 가리키는 말로 쓰인다.

**   홍몽(鴻濛): 우주가 형성되기 이전의 혼돈 상태를 뜻한다.

년이 되는지 모르는데, 잠자코 산옹山翁과 야부野夫와 더불어 눈이 멀고 귀가
어둡게 되며 구릉丘陵과 함께 돌아가 일체 민몰되어 이름이 없게 된다면 도리
어 심한 불행이 아니겠는가.

　나는 산수가 이름이 없게 됨을 슬퍼하니, 이 또한 현인과 군자가 세상을 피
해 숨어 살며 걱정 없이 지내다가 죽어 이름이 일컬어지지 않게 됨과 같은 것
이다. 그렇다고 마침내 처소를 따라 편액을 걸고 그 자취를 드러낸다면 너무
도에 지나친 것이 아니겠는가. 나는 조만간 그 속에 집을 짓고 학문을 닦으며
우리 회암晦菴의 무이武夷*를 배울 것이며 몸소 밭 갈며 우리 무후武侯의 남양
南陽**을 힘쓸 것이다. 옛 책을 읽고 옛 의리를 행하며 노루와 사슴을 벗하고 어
부와 나무꾼을 짝하며, 바람 부는 아침과 달 밝은 밤이면 천석泉石을 노닐고
아름다운 때와 좋은 계절이면 구학丘壑을 노래하여 내 남은 생을 마친다면 거
의 이 산수의 기절奇絶함을 저버리지 않게 될 것이다. 우선 다음과 같이 이름
을 기록해둔다.

자하동紫霞洞 ▶ 월막月幕은 영덕현盈德縣 서쪽 50리에 있다. 마을이 깊고 궁벽지
고 속세와 멀리 떨어져 있어 바라보면 신선세계와 같다. 유람하는 자들은 반드
시 이 고을을 통해 들어오는데, 운하와 초목이 푸른빛과 자줏빛을 서로 비춘
다. 그러므로 고을 입구를 한데 묶어 자하동紫霞洞이라 이름 한다.

탁영담濯纓潭 ▶ 자하동에서 서쪽으로 1리쯤 가면 못이 있다. 맑은 물줄기가 백

＊　　회암(晦菴)의 무이(武夷): 무이(武夷)는 남송(南宋)의 유학자 주희(朱熹)가 정사를 짓고 강학하던 무이산(武
夷山)을 가리키며, 주희가 무이산 계곡을 구곡(九曲)으로 나누어 학문의 수행과정을 담은 「무이구곡가(武
夷九曲歌)」를 지은 것으로 잘 알려져 있다.
＊＊　무후(武侯)의 남양(南陽): 촉한(蜀漢)의 승상 제갈량(諸葛亮)이 출사(出仕)하기 전 남양(南陽)에서 몸소 농
사를 지었으며, 당시 양보음(梁甫吟)을 지어 천하에 큰 뜻을 펴지 못한 채 울울한 심정을 토로하였다는 고
사가 있다.

여 보를 굽이돌며 흐른다. 매년 춘월이면 황어^{黃魚}가 시내에 가득하고, 좌우로 반석이 넓게 퍼져 있어 백여 명이 앉을 수 있다. 이곳에 이르면 어느덧 선향^{仙鄕}의 풍미를 느껴 갓을 씻고 몸을 깨끗이 할 수 있다. 그러므로 이를 탁영담^{濯纓潭}이라 이름 한다.

방선암^{訪仙巖} ▶ 탁영담에서 물길을 거슬러 1리쯤 올라가면 바위가 있다. 높이가 4, 5자^尺는 족히 되고 윗부분은 구불구불한 반석과 같아 앉거나 누울 수 있다. 아래에는 맑은 못이 있어 늦봄에 꽃이 떨어져 물 위에 가득하면 마치 신선과 도사를 만날 것만 같다. 그러므로 이를 방선암^{訪仙巖}이라 이름 한다.

둔세굴^{遁世窟} ▶ 방선암에서 물길을 따라 서북쪽으로 2리쯤 가면 석굴이 있다. 높이가 10길^丈은 족히 되고 그 안은 매우 깊고 넓으며 평평하다. 기어올라 들어갈 때 발이 쑤시고 아파 속세의 발자취가 이른 경우가 드물다. 굴 위로는 천석^{泉石}이 기괴하여 이루 다 열거할 수 없다. 굴의 건너편 쪽에는 돌 봉우리가 하늘을 떠받치고 있으니, 바로 자봉산^{紫鳳山}이다. 이 굴은 난을 피하기에 족하다. 그러므로 이를 둔세굴^{遁世窟}이라 이름 한다.

서소암^{舒嘯巖} ▶ 둔세굴에서 동쪽으로 가서 계곡을 따라 또 서쪽으로 돌면 편편한 바위가 있고 그 아래는 맑은 못이 임해 있다. 경계가 수를 놓은 듯 아름다워 소요하며 휘파람 불기에 족하다. 그러므로 이를 서소암^{舒嘯巖}이라 이름 한다.

자봉산^{紫鳳山} ▶ 서소암에서 계곡을 건너면 계곡 위로 바위산이 하늘 한가운데 있다. 기이한 산봉우리가 구름 위로 솟아 멀리서 바라보면 바로 연꽃받침과 같다. 바위 색은 새하얗고 옛날에는 산성이 있었으니 이 산은 실로 이 고을의 진산鎭山*이다. 모습이 봉황이 나는 것 같고 간혹 붉은색을 띤다. 그러므로 이를 자봉산紫鳳山이라 이름 한다.

원감대 圓鑑臺 ▶ 자봉산 아래로 평원이 넓게 펼쳐져 있어 밭을 일구거나 거처로 삼을 만하다. 지대가 둥글어 거울과 같다. 그러므로 이를 원감대圓鑑臺라 이름 한다.

부벽대 俯碧臺 ▶ 원감대에서 남쪽으로 60보쯤 가면 계곡물이 감돌며 돌벼랑이 우뚝 솟아 있다. 절반이 물속에 잠겨 찬 그림자가 계곡에 비치는데, 굽어보면 푸른 물결이 찰랑대고 푸른 벼랑이 그림 같아 매우 사랑스럽다. 그러므로 이를 부벽대俯碧臺라 이름 한다.

도원동 桃源洞 ▶ 부벽대에서 곧장 앞의 계곡을 건너면 또 작은 고을이 있다. 인적이 겨우 통할 정도로 암석이 험난하며 작은 내가 잔잔하게 흐른다. 1리쯤 들어가면 사람이 살던 터가 있는데 밭은 수 3경頃 된다. 밖에서 이곳을 바라보면 다만 소나무와 상수리나무가 하늘을 덮고 있는 것만 보여 이 고을이 있는 줄 모른다. 그러므로 이를 도원동桃源洞이라 이름 한다.

선유동 仙遊洞 ▶ 원감대에서 서쪽으로 오륙십 보를 가면 돌벼랑이 계곡에 임해 문처럼 된 곳이 있다. 그 문을 들어서면 골짝이 깊고 평평하다. 주산과 여러 봉우리가 깎아지른 듯 서 있는데 마치 날카로운 칼 붓과 같다. 좌우의 산봉우리

---

* 　진산(鎭山): 옛날에 국가와 도성 또는 각 고을 뒤쪽에 있는 큰 산을 진호(鎭護)하는 주산(主山)으로 정하여 제사 지내던 산.

는 고개 숙여 인사를 하는 듯 단정하고 수려하다. 계곡물이 넓게 휘돌고 옥류가 좔좔 흐르며, 용룡담湧龍潭·세진담洗塵潭·일출봉日出峯·일입봉日入峯·자소봉紫霄峯·사세암謝世巖이 앞뒤로 펼쳐져 온 산의 정영精英이 모두 이곳에 있다. 속객이 이를 만한 곳이 아니니 바로 신선옹이 거니는 곳이다. 그러므로 이를 선유동仙遊洞이라 이름 한다.

사세암謝世巖 ▶ 선유동 왼쪽 날개에 돌벼랑이 우뚝 서 있어 왼쪽 관문을 형성한다. 이 관문을 들어서면 진세와 떨어져 있는 듯하다. 그러므로 이를 사세암謝世巖이라 이름 한다.

세진담洗塵潭 ▶ 사세암 아래로 못이 있는데 거울처럼 밝은 물이 맑고 얕다. 사면과 바닥이 모두 돌이다. 좌우에 널따란 바위가 있어 사람이 앉기에 족하다. 물 낮은 곳에는 물고기와 자라가 또렷또렷하여 셀 수 있고, 늦은 봄과 이른 가을에는 황어黃魚와 은어銀魚가 못에 숨어 헤엄을 친다. 떨어지는 꽃술이 붉게 나부껴 흩날리며 못을 은은하게 가리니, 온 고을의 번화함이 이곳에서 다한다. 유람하는 이들이 절로 세속의 근심을 잊고 선계의 흥취를 발할 수 있다. 그러므로 이를 세진담洗塵潭이라 이름 한다.

일출봉日出峯 ▶ 선유동 남쪽 경계에서 약간 동쪽으로 가면 돌 봉우리가 산꼭대기로 우뚝 솟아 있는데 해가 그 위로 나온다. 그러므로 이를 일출봉日出峯이라 이름 한다.

일입봉日入峯 ▶ 선유동 주산에서 약간 서쪽 경계에 돌 봉우리가 하늘을 떠받치고 있다. 일출봉과 서로 마주 보고 있는데 해가 그 위로 들어간다. 그러므로 이를 일입봉日入峯이라 이름 한다.

자소봉紫霄峯 ▶ 선유동 주산의 돌 봉우리가 깎아지른 듯 서 있는 게 하나가 아니다. 칼[刀]과 창[槍]과 검[劍]과 창[戟]처럼 생긴 것이 십여 개 되는데, 그 형세가 푸른 하늘을 찔러 기괴함을 이루 다 형용하기 어렵다. 소나무와 잣나무가 우거져 은은하게 구름과 안개 사이로 보이니 참으로 애완할 만하여 이루다 이름 할 수 없다. 그러므로 이를 통칭하여 자소봉紫霄峯이라 한다.

용운봉聳雲峯 ▶ 선유동 오른쪽 날개 끝 부분에 누에머리가 우뚝하게 오른쪽 관문을 형성하고 있다. 구름과 안개가 엷게 뿜어져 나와 나왔다 사라지며 아련하게 두루 퍼진다. 그러므로 이를 용운봉聳雲峯이라 이름 한다.

용룡담湧龍潭 ▶ 세진담에서 곧장 거슬러 올라 육칠십 보를 가면 어지러운 바위가 뒤섞여 갈라져 있는데 눈처럼 희고 깨끗한 폭포가 떨어져 못을 이룬다. 검푸르고 맑고 푸르러 깊이를 잴 수 없다. 봄과 여름이 교차할 때 물고기 떼가 물 위로 뛰어올라 솟구치려다가 다시 떨어지면, 산 늙은이와 나무꾼이 폭포 밑에 삼태기를 매달아 놓고 앉아서 물고기를 쓸어 담는데 하루에 1곡斛. 10말쯤 잡는다. 가을이면 은어가 온 계곡에 두루 가득한데 이 못에 있는 것이 가장 커 크기가 반 자尺나 된다. 세속에서 일컫기를 옛날에 신룡神龍이 뛰어오르다 못을 이루었다 하여 그대로 용추龍湫라 부른다. 그러므로 이를 용룡담湧龍潭이라 이름 한다.

한계암寒溪巖 ▶ 용룡암에서 곧장 올라가면 천석泉石이 어디를 가도 청결하지 않은 곳이 없다. 1리 남짓 가면 두 개의 계곡으로 갈라지는데 서쪽으로 돌아 한 계곡을 따라가면 좌우상하에 기이한 바위가 널리 펼쳐져 있는데 한 덩어리로 이루어져 있다. 물이 한 번 흘러 모여 하담下潭을 이루고 두 번 흘러 모여 중담中潭을 이룬다. 중담 위로 서쪽으로 꺾어 굽이돌아 용추龍湫를 이루는데, 깊이가 10여 자尺 정도 된다. 용추 위로는 작은 폭포가 아래로 떨어진다. 한 개의 용추와 두 개의 못 사이로 맑은 물줄기가 모두 바위 면에 쏟아져 내리는데 한 점의 흙먼지도 없다. 오른쪽에는 돌 봉우리가 높이 솟아 무려 수십 길丈이나 되는데 푸른 병풍산은 그림을 그려놓은 듯하고 늙은 소나무가 그 위로 어지럽게 서 있다. 왼쪽에는 평상 같은 바위가 편편하여 넓이가 100여 자尺인데 곧장 오른쪽의 푸른 병풍산과 마주 보고 있다. 그 아래쪽으로 용추와 못에 다다르면 또한 늙은 소나무 서너 그루가 있는데, 깊고 쓸쓸하고 활달하고 명쾌하며, 우아하고 간결하고 텅 비고 티 없이 맑아, 화수畵手의 환상적인 솜씨를 말로 형용하기가 매우 어렵다. 진실로 은둔한 군자가 그 안에 정사를 짓고 학문을 닦으며 본성을 함양하기에 알맞다. 차가운 냇물이 두 벼랑 사이로 잔잔히 흐르고 있다. 그러므로 회암晦菴 노선생의 한천고사寒泉故事*를 본받아 이를 한계암寒溪巖이라 이름 한다.

학소암鶴巢巖 ▶ 한계암에서 서쪽으로 올라가면 깎아지른 벼랑이 우뚝 서 있는데 하도 높아 오를 수 없다. 학의 둥지가 그 위에 있다. 그러므로 이를 학소암鶴巢巖이라 이름 한다.

진주암眞珠巖 ▶ 용룡담에서 냇가를 따라 올라가면 두 계곡으로 갈라지는 곳에 다다른다. 서남쪽으로 돌아 한 계곡을 따라 팔구십 보를 가면 크기가 10여 아

---

* 　한천고사(寒泉故事): 주자(朱子)가 어머니의 상을 당하여 한천정사(寒泉精舍)를 짓고 그곳에 머물면서 상례를 치른 고사를 가리킨다. '한천(寒泉)'은 본래 『시경(詩經)』 패풍(邶風)의 「개풍(凱風)」에 나오는 말로, 자식이 모친에게 효도를 다하지 못함을 자책하는 의미로 쓰인다.

름 되고 높이가 6, 7길丈 되는 바위가 계곡 가운데 우뚝 서 있다. 만년송이 그 꼭대기에 서 있는데 늙은 가지와 시든 줄기가 앙상하면서도 푸르다. 사람들이 전하는 말에 진주가 그 위에 많이 쌓여 있는데 만일 다리를 놓고 올라가 그것을 취할 경우에는 우레와 번개가 사납게 일어날 것이라고 한다. 바위를 따라 서남쪽으로 가면 30여 리 사이로 두 협곡이 묶어세운 듯 서 있다. 온 계곡 중류에 기이한 바위가 어지럽게 줄 서 있으며 옥 같은 물이 잔잔하게 흘러 구경하고 노닐 만하니, 눈을 기쁘게 하고 정신을 기쁘게 하는 것이 그 얼마나 되는지 알 수 없다. 또한 해진 객점이 두세 군데 있는데 깊고 험하여 세상을 피할 만하다. 세속에서 부르는 통칭을 인하여 이를 진주암眞珠巖이라 이름 한다.

원문 原文

余性癖林壑. 聞一佳山水. 輒一至焉. 或未能至. 輒懸諸夢想. 眷眷不己. 今秋. 與諸友賞月幕山水. 山水之奇麗精潔. 果無比焉. 信乎天台, 廬阜近在咫尺而未嘗到者. 可歎也夫. 噫. 此山水來自鴻濛. 曾不知幾千萬年. 而留與山翁野夫盲視聾聽. 與丘陵等歸一場泯沒而無稱. 顧非不幸之其歟. 余悲山水之無稱. 亦猶賢人君子遯世無悶. 沒世不見稱者也. 遂逐處揭名以著其跡. 無乃僭之甚乎. 余當早晚卜築其中. 藏修學吾晦菴武夷. 躬耕邁吾武侯南陽. 讀古書行古義. 友麋鹿侶漁樵. 風朝月夕. 徜徉乎泉石. 佳時令節. 歌詠乎丘壑. 以盡吾餘年. 庶不負此山水之奇絶云爾. 姑記名如左.

紫霞洞 ▶ 月幕在盈德縣西五十里. 洞府幽僻. 塵寰迥隔. 望之如仙界. 遊者必由此洞而入. 雲霞草樹蒼紫交映. 故總名洞口曰紫霞洞.

濯纓潭 ▶ 自紫霞洞西行一里許有潭. 清潔縈流百餘步. 每歲春月. 黃魚滿溪. 左右盤石廣衍. 可坐百餘人. 到此已覺有仙鄉風味. 可以濯纓以自潔. 故名之曰濯纓潭.

訪仙巖 ▶ 自濯纓潭泝流一里許有巖. 高可四五尺. 上面迤邐如盤. 可以坐臥. 下有澄潭. 春暮落花滿流. 如將遇仙翁羽客. 故名之曰訪仙巖.

遁世窟 ▶ 自訪仙巖沿流西北行二里許有石窟. 高可數十丈. 其中頗深廣寬平. 攀緣而入. 足酸澀. 俗跡罕至焉. 窟之上. 泉石奇怪. 不可殫擧. 窟之越邊. 石峯撑天. 是爲紫鳳山. 是窟可以避亂. 故名之曰遁世窟.

舒嘯巖 ▶ 自遁世窟東行. 沿溪又西轉. 有巖平衍. 下臨清潭. 境界蕭灑. 可以逍遙舒嘯. 故名之曰舒嘯巖.

紫鳳山 ▶ 自舒嘯巖渡溪. 溪上有石山中天. 奇岫揷雲. 遠望正如蓮蕚. 石色皓白. 古有山城. 是山實爲此洞之鎭山. 形如翔鳳. 間有紫色. 故名之曰紫鳳山.

圓鑑臺 ▶ 紫鳳山下有平原夷曠. 可田可居. 地圓如鑑. 故名之曰圓鑑臺.

俯碧臺 ▶ 自圓鑑臺南行六十步許. 溪水盤回. 石岸斗起. 半入波心. 寒影倒溪. 俯視碧波淙淙. 翠壁如畫甚可愛. 故名之曰俯碧臺.

桃源洞 ▶ 自俯碧臺直渡前溪. 又有小洞. 僅通人跡. 巖石阻險. 小川潺

湲. 入一里許有人居基址. 田可數三頃. 由外望之. 但見松櫟參天. 不知
有此洞. 故名之曰桃源洞.

仙遊洞 ▶ 自圓鑑臺西行五六十步. 有石崖臨溪作門. 入其門則洞壑幽邃夷
衍. 主山諸峯削立如刀筆. 左右峯巒拱揖端秀. 溪水盤繞. 玉流淙潺. 湧
龍潭, 洗塵潭, 日出峯, 日入峯, 紫霄峯, 謝世巖森羅前後. 一山之精英. 盡
在此矣. 非俗客所可到. 乃仙翁所盤旋. 故名之曰仙遊洞.

謝世巖 ▶ 仙遊洞左臂. 石岸屹立作左關. 入是關. 如隔塵界. 故名之曰謝世巖.

洗塵潭 ▶ 謝世巖下有潭. 瑩澈淸淺. 四面及底皆石. 左右盤石. 足以坐
人. 水底魚鱉. 歷歷可數. 春暮秋早. 黃鱗銀屑蔽潭游泳. 落蕊飄紅飛撲
掩映. 一洞繁華. 於斯極矣. 遊者自能忘世慮發仙興. 故名之曰洗塵潭.

日出峯 ▶ 仙遊洞南案稍東行. 有石峯峻拔山頂. 日出其上. 故名之曰日出峯.

日入峯 ▶ 仙遊洞主山稍西畔. 有石峯撐空. 與日出峯相對. 日入其上. 故
名之曰日入峯.

紫霄峯 ▶ 仙遊洞主山石峯削立者不一. 而如刀槍劍戟者十餘. 勢入蒼穹. 奇
怪難狀. 松檜掩映. 隱見雲霧間. 儘可愛玩而不可盡名. 故統稱之曰紫霄峯.

簪雲峯 ▶ 仙遊洞右臂之末. 鼉頭巋然作右關. 雲煙噴薄. 出沒宵藹. 故名
之曰簪雲峯.

湧龍潭 ▶ 自洗塵潭直泝六七十步. 亂石錯坼. 皓潔如雪. 有瀑布落而成潭. 黝黑澄碧. 深不可測. 春夏之交. 群魚跳波. 欲上旋墮. 山翁樵夫懸畚瀑底. 坐占鮮口. 或日斛許. 秋節. 銀魚彌滿一溪. 而在此潭者最巨. 大者可半尺. 俗稱昔有神龍奮躍成潭. 仍號龍湫. 故名之曰湧龍潭.

寒溪巖 ▶ 自湧龍潭直上. 泉石無處不清潔. 行一里餘. 兩溪作岐. 西轉一溪左右上下. 奇巖平鋪. 打成一片. 一匯而成下潭. 二匯而爲中潭. 中潭之上. 西折屈曲而爲龍湫. 深可十餘尺. 湫上小瀑懸下. 一湫二潭之間. 澄流皆注巖面. 無一點塵土. 右邊石峯高峙. 無慮數十丈. 翠屏如圖畫. 老松亂立其上. 左邊牀巖夷爽. 廣袤百餘尺. 直對右邊翠屏. 俯臨湫潭. 亦有老松三四株幽邃寥夐. 敞朗明快. 閑雅簡潔. 虛曠瑩澈. 殆難以言語形容畫手幻出. 誠宜隱君子結精舍其中. 藏修頤養. 而有寒溪潺潺兩崖間. 故倣晦菴老先生寒泉故事. 名之曰寒溪巖.

鶴巢巖 ▶ 自寒溪巖西上. 有斷崖嶄然. 高不可攀. 有鶴巢其上. 故名之曰鶴巢巖.

眞珠巖 ▶ 自湧龍潭沿溪以上. 到兩溪岐處. 西南轉從一溪行八九十步. 有巖大可十餘圍. 高可六七丈. 卓立溪中. 萬年松立其頂. 老枝悴幹昂藏而蒼然. 人傳眞珠多貯其上. 若有橋升而取之者. 雷電暴作云. 由巖而西南行. 三十餘里間兩峽束立. 一溪中流. 奇巖之錯列. 瓊液之潺湲. 可玩可遊. 悅目怡神者不知其幾許. 亦有殘店二三處. 幽阻可以避世也. 仍俗號統名之曰眞珠巖.

출전: 盧景任,『敬菴集』,「月幕山水記」

6

유학가산기

遊鶴駕山記

노경임

앞의 월막산수기, 유학가산기와 저자 동일(저자 해제 참고).

해제 解題

「유학가산기遊鶴駕山記」는 노경임이 1600년에 예천군수를 사임하고 안동의 학가산을 기행한 글이다. 국망봉 등을 관망하며 산수의 유구함이 어제와 같이 비장하고 유구하다고 감탄하는 내용이다.

국역 國譯

학가산鶴駕山은 화산花山*의 서쪽에 있으니, 안동부安東府의 진산鎭山이 된다. 멀리서 바라보면, 울창한 모습이 마치 한 폭의 그림병풍 같다. 나는 한차례 그 정상에 올라 그윽한 심회를 풀어보고 싶은 마음이 늘 있었지만 기회를 얻지 못했다. 경자년1600 가을, 양양襄陽** 군수를 사임하고 고향을 돌아와 강가에 누워 있었다. 어느 날 문득 마음속에서 이런 생각이 일어났다. "장부가 이 세상에 태어나 백 년 동안 몇 번이나 천하의 아름다운 산수에 대해 듣고 찾아가 볼 수 있으랴. 더구나 학가산은 우리 정원 곁에 있음에랴."

드디어 아침에 출발해 저녁에 학가산의 산기슭에 이르렀다. 깎아지른 듯한 절벽을 기어올라 간신히 꼭대기에 도착해 선방禪房의 암자에 묵었다.

다음 날 새벽에 여러 명의 노승을 데리고 암자 뒤쪽으로 난 길을 따라 산등성이를 오르기 시작했는데, 그다지 기이한 경관은 없었다. 산의 북쪽에는 소나무·상수리나무를 비롯한 잡목이 시내와 골짜기에 들쑥날쑥 자라 있었다. 남쪽은 차츰차츰 바위가 가로세로 뒤섞여 있어 험준했다.

---

*   화산(花山): 경북 안동시의 옛 이름이다.

**   양양(襄陽): 경북 예천군의 고려 때 이름이다. 노경임은 1600년 8월에 예천 군수를 사임했다.

동쪽으로 가자 너덧 봉우리가 우뚝이 솟아 있었다. 높이가 하늘에까지 뛰어오를 듯하고 사면이 삐죽삐죽 솟아 있어 더위 잡고 오를 수 없을 것 같았는데, 이름은 '국망봉國望峯'이라 했다. 바위틈을 붙잡고 올라가니, 그 정상은 꽤나 평퍼짐해서 수십 명도 앉을 수 있을 만했다. 돌을 쌓아 돈대를 만들어놓았는데, 돈대 위에 겨우 한 자 남짓한 비석이 있었다. 자획이 마모되어 알아보기 어려워 오직 '회창십일년會昌十一年' 등의 서너 자만 남아 있었다. 회창은 당나라 무종武宗의 연호이다. 국망봉 오른편 남쪽 벼랑의 층암 사이에 돌로 쌓은 산성이 반쯤 무너져 있으니, 신라 중엽 때 적을 방어하기 위한 곳이었으리라 생각된다. 사물로 인해 감회가 일어 고금의 아득함에 대해 유적을 찾아 묻고 싶었지만, 단지 탄식만 했을 뿐이다. 국망봉의 동쪽에 수백 길 됨직한 단애斷崖가 있었으니, 이름이 '백현白峴'이라 했다. 찾아가 보고 싶었지만 기운이 빠져 가지 못했다.

대개 학가산의 산세는 그다지 크고 널찍한 편은 아니지만, 관망이 탁 트여 있다. 구름을 두르고 아득히 먼 동쪽에서 우뚝 솟은 모습이 어슴푸레 보이는 것은 태백산太白山과 오대산五臺山이다. 관령關嶺이 가물거리며 북쪽에서 언뜻언뜻 어렴풋이 보이는 것은 문수산文殊山과 소백산小白山이다. 서쪽 끝으로는 구불산九佛山과 속리산俗離山이 푸르른 빛으로 허공에 솟아 있으며, 남쪽 끝에는 팔공산八公山과 주왕산周王山이 웅장하면서도 고운 자태로 서 있었다. 굽이굽이 뒤쪽을 감아 흐르는 것은 사천沙川이며, 널따랗게 앞쪽을 안고 흐르는 것은 낙강洛江이었다.

이리저리 살피고 보면서 감상하고 찬탄하는 가운데 자신도 모르게 마음속에서 감개한 감정이 물결쳤다. 아! 만고의 이전에 여기서 노닐던 이가 몇 사람이며, 만고의 뒤에 여기서 노닐 이가 몇 사람일까. 모두들 새가 지나가고 구름이 스러지며 향기가 사라지고 소리가 끊어지듯이 사라지지만, 이 산은 변할 줄을 모르고 푸르른 빛과 우뚝한 모습이 어제와 같으리라. 아하, 비장하구나!

원문 原文

鶴駕山在花山之西. 作一府鎭. 望之蒼蔚若畫屛. 余每欲一登其上以紓幽
懷. 而不可得. 乃於庚子秋. 謝紱襄陽. 歸臥河上. 一日忽謂於心曰. 丈
夫生斯世. 百年能幾何. 聞天下好山水. 尙且往觀. 況鶴駕在吾門庭側乎.
遂朝發而夕至其麓. 攀懸厓絶壁. 僅到其巓. 宿禪房庵. 翌曉. 携數箇老
禪. 自庵後登山脊. 無甚奇麗. 自山以北. 只有松櫟雜樹亂生溪壑. 以南
稍有巖石錯綜峻險. 東行四五峯有削壁斗起. 高蹟雲霄. 四面矗立. 殆不
可攀. 名曰國望峯. 緣巖隙以上. 則其上頗平衍. 可坐數十人. 築石以爲
臺. 臺上有斷碑僅尺餘. 字畫刓剝難見. 唯有會昌十一年三四字. 蓋會昌
乃唐武宗年號. 而峯右南崖層巖間. 有石城半頹. 想羅氏中葉禦敵之處.
因物興懷. 古今綿邈. 欲問遺跡. 而只一噓晞而已. 國望之東. 有斷崖可
數百丈. 名曰白峴. 欲往見而氣憊未果. 蓋此山勢不至高爽. 而觀望甚豁.
雲煙窅藹. 依俙魁傑於東者. 太白,五臺也. 關嶺微茫. 仿彿隱見於北者.
文殊,小白也. 西窮九佛,俗離之浮翠. 南盡八公,周王之壯麗. 逶迤繞於
後者沙川也. 浩大抱於前者洛江也. 瞻眺歎賞之餘. 令人不覺感慨於心也.
噫. 無心者山. 而感之者人. 則安知今之遊者無異於古. 而後之遊者無異
於今也. 噫. 前萬古而遊乎此者幾人. 後萬古而遊乎此者亦幾人. 而皆鳥
逝雲沒. 薰沈響絶. 而此山曾不知變. 蒼翠崒嵂者猶昨日. 吁. 可悲也夫.

출전: 盧景任, 『敬菴集』, 「遊鶴駕山記」

7

등냉산기

登冷山記

노경임

앞의 월막산수기, 유학가산기와 저자 동일(저자 해제 참고).

해제 解題

「등냉산기登冷山記」는 1602년에 노경임이 선산부에 위치한 냉산을 기행한 글이다. 팔공산, 낙동강 등의 조망과 흥망성쇠의 세상에 대장부의 삶을 유산을 통해 자신의 결연히 나타내고 있다.

국역 國譯

냉산冷山은 선산부善山府 동쪽 10리쯤에 있다. 산이 비록 그다지 높지는 않지만 낙동강 동쪽에 웅장하게 솟아 금오산金烏山과 서로 마주 보고 있으니 바로 일선一善. 선산의 옛 지명의 거진巨鎭이다. 내가 풍진 세상에 떨어져 매서운 더위를 피하고자 저는 나귀를 채찍질하며 고서 수삼數三 권을 갖고 와 이 산에 올랐으니, 때는 임인년1602, 선조 35 7월 초였다. 병화가 있던 뒤라 오래된 절의 부서진 방 몇 칸을 승려가 새로 지었는데 또한 잠시 쉴 만하였다. 좌정坐定하고 두루 살펴보니 우뚝하게 북쪽에서 팔짱을 끼고 있는 것은 백마산白馬山이고, 가파르게 남쪽에 비껴 있는 것은 팔공산八公山이고, 넘실대며 북쪽에서 흘러오는 것은 낙동강洛東江이고, 역력하게 서쪽에서 오는 것은 감천甘川이었다. 산천이 웅대하고 기상은 가지각색이라 구름 안개와 초목과 도로와 촌락이 수백 리에 걸쳐 어렴풋이 보일 듯 말 듯 하는 풍경이 모두 눈앞에 있으니 또한 장관이었다.

아, 이산이 태초로부터 만고의 세월을 지낸 것이 하루와 같건만, 흥망興亡과 치란治亂과 성쇠盛衰와 득실得失과 영허盈虛와 소식消息을 겪은 것이 그 얼마인지 알지 못한다. 세대가 변천하고 고금이 황망荒茫해졌으니 영웅호걸 또한 얼마나 나왔다가 얼마나 사라졌는지 알지 못한다. 저 영웅호걸은 혹 당세에 영화를 드날려 깃발에 에워싸이고 거마를 벌려놓으며, 혹 어려운 시기에 훈업을 세워 종정鍾鼎과 금석金石에 이름이 새겨지기도 하여 양양하게 의기意氣를 드러내며 스스로 대장부라고 일컫는데, 결국 향기가 가라앉고 명성이 끊기는 것이 이와 같다면, 남아로서 이 세상에 태어나는 자가 무슨 사업을 해야만 비로소 영웅 호걸이라 칭송받으며 천고에 명성을 남길 수 있겠는가.

아, 제 경공齊景公이 말 천사千駟, 사천 필를 가지고도 죽는 날에는 백성들이 그가 덕이 있었다고 칭송하는 이가 없었고, 백이伯夷와 숙제叔齊는 수양산首陽山 아래에서 굶어 죽었지만 백성들이 지금까지도 칭송하고 있다.* 안연顏淵과 증자曾子와 자사子思와 맹자孟子는 궁약窮約으로 생을 마쳤어도 백세의 종사宗師가 되었고, 주정장주周程張朱**는 침륜沈淪하여 사라졌어도 후인들이 그 덕을 우러르고 있으니, 남아대장부의 사업이 어찌 반드시 공명功名 안에 있겠는가. 대개 도덕이란 내 한 몸에 있으면서 만세에 영화를 드날리게 하는 것이고, 공명이란 외면의 유무에 있어서 잠깐 사이에 사라져 없어지는 것이다. 그렇다면 남아가 진정 즐거워해야 할 바가 어찌 일상의 평범한 경지를 떠난 것이겠는가. 아, 옥은 다듬지 않으면 그릇을 이룰 수 없고, 사람은 학문을 하지 않으면 도를 알지 못한다. 나는 올해 나이 삼십여 살이다. 만일 오늘의 면려勉勵에 미치지 못한다면 장차 향인鄕人을 면치 못하고 다 사라지고 민몰되어 초목과 다를 게 없으리니 어찌 크게 두려워하지 않을 수 있겠는가. 힘쓰거나 힘쓰지 않거나 의미 있는 일을 하거나 하지 않는 것은 모두 나로 말미암는 것이니 내가 어찌 이를 소홀히 할 수 있겠는가. 유산遊山을 인하여 이 일을 생각하며 이에 적어둔다.

---

*   제 경공(齊景公) …… 칭송하고 있다: 『논어(論語)』 「계씨(季氏)」에 나오는 말을 인용한 것이다.
** 주정장주(周程張朱): 송(宋)의 성리학자 주돈이(周敦頤)와 정호(程顥)·정이(程頤), 장재(張載)·주희(朱熹)를 가리킴.

원문 原文

冷山在善府東十里許. 爲山雖不至甚高. 雄峙乎江東. 與金烏相對. 乃一善之巨鎭也. 余落塵臼怯炎威. 策蹇驢携古書數三卷來登焉. 時壬寅七月初也. 兵火餘. 古寺廢屋數間僧新就. 亦可以少憩矣. 坐定周視. 則屹然拱於北者白馬山也. 嵬然橫於南者八公山也. 湯湯自北流者洛江也. 歷歷由西來者甘川也. 山川雄偉. 氣象萬千. 而雲煙草樹道路村落微茫隱見於數百里者. 皆在目前. 亦壯矣. 噫. 此山之自鴻濛. 歷萬古猶一日. 閱興亡治亂盛衰得失盈虛消息者不知其幾許. 而世代變遷. 古今荒茫. 則英雄豪傑. 亦不知幾出而幾沒也. 彼英雄豪傑者. 或顯榮于當世. 擁旌旗羅車馬. 或勳業乎患難. 勒鍾鼎銘金石. 揚揚然吐意氣. 自謂大丈夫. 而卒薰沈響絶也如此. 則爲男兒生此世者. 做何樣事業. 方可稱英雄豪傑. 而名聲流於千古耶. 噫. 齊景公有馬千駟. 死之日. 民無德而稱焉. 伯夷, 叔齊餓于首陽之下. 民到于今稱之. 顔曾思孟窮約以終. 而百世爲宗師. 周程張朱沈淪以沒. 而後人仰其德. 男兒事業. 豈必在功名中耶. 蓋道德者. 在吾之一身而顯榮乎萬世. 功名者. 在外面有無而消歇於暫時. 然則男兒所眞樂. 豈離尋常日用平地上哉. 噫. 玉不琢不成器. 人不學不知道. 余今年亦三十餘矣. 若不及今勉勵. 將不免鄕人. 而澌盡泯沒與草木無異也. 豈不大可懼哉. 勉不勉爲不爲. 皆由於我. 我其可忽諸. 因遊山念此事. 於是乎記.

출전: 盧景任, 『敬菴集』, 「登冷山記」

8

보상망창산기

步上望昌山記

박장원

박장원(朴長遠): 생몰은 1612(광해군 4)~1671년(현종 12)이다. 조선 후기의 문신이다. 박장원의 본관은 고령(高靈), 자는 중구(仲久), 호는 구당(久堂)·습천(隰川), 시호는 문효(文孝)이다. 1627년(인조 5)에 생원이 되고, 1636년 별시 문과에 을과로 급제하였다. 그해 병자호란이 일어나자, 외조부 심현(沈誢)을 따라 강화도로 피란하였다. 1639년 검열(檢閱)이 되고, 이어 정언(正言)으로 춘추관기사관(記事官)이 되어 『선조수정실록』 편찬에 참여하였다. 1653년 (효종 4) 승지(承旨) 때 남인(南人)의 탄핵으로 흥해(興海)에 유배되고, 이듬해 풀려났다. 1658년 상주목사(尙州牧 使)·강원도관찰사를 거쳐, 1664년(현종 5)에 이조판서가 되고 공조판서·대사헌·예조판서·한성부판윤 등을 역 임하였다. 그 뒤 자청하여 개성부유수(留守)로 나갔다가 죽었다. 문집으로 『구당집』이 있다.

해제 解題

「보상망창산기步上望昌山記」는 구당久堂 박장원朴長院: 1612~1671이 집에서 훤히 보이는 가까운 망창산을 오랫동안 여행하고 싶은 생각은 있었으나 실행하지 못하다가 마침 말을 타고 방문한 신영숙申永叔이 권하여 지팡이를 짚고 동자 서너 명을 데리고 산에 올라 감회를 서술한 것이다. 지리지에 폐허가 된 성이 있으며 대나무와 소나무가 산을 뒤덮고 있다고 기록된 사실도 확인하며, 산 밖에는 바다가 있고 바다에서 배를 타고 서남으로 향하면 곧 계림과 안강, 신광에도 이를 수 있고, 동으로는 망창역望昌驛과 멀리 회재晦齋 선생을 모신 곡강서원曲江書院이 보이며, 서쪽의 작은 언덕은 빙고현氷庫峴이라는 등의 내용을 기록하였다.

국역 國譯

무릇 높은 곳에 올라 먼 곳을 바라보며 답답한 심사를 펴는 것은 진실로 또한 사람이면 누구나 가지고 있는 마음이다. 평소에도 오히려 그러한데 하물며 유폐를 당한 경우에 있어서이겠는가.* 고인이 영해嶺海**를 떠돌아다니며 스스로 산꼭대기와 물가를 내키는 대로 유람하여 이에 힘입어 근심을 풀고 슬픔을 진정시키는 것이 모두 이 때문이다. 내가 비록 고인에게 만만으로 미치지 못하지만, 이 한 가지 일만 가지고 돌아볼 때 어찌 대번에 고인에게 미치지 못한다

---

*   저자 박장원은 1653년(효종 4) 이태연(李泰淵)과 목행선(睦行善)의 대립이 일어나자 '나라를 등지고 당여를 비호했다(負國護黨)'는 명목의 죄를 입어 흥해(興海)에 유배되었다가 1655년 해배된 적이 있다. 이 유산기는 저자의 흥해 유배 시에 지어진 것으로 추정된다.

**   영해(嶺海): 영해는 오령(五嶺)의 남쪽, 근해(近海)의 변지(邊地)로 중국의 대표적인 유배지였다. 유배지 또는 유배 생활을 뜻하는 말로 쓰인다.

고 할 수 있겠는가. 그러나 내가 처음 이곳에 이르렀을 때 서울과의 거리가 거의 구백 리나 떨어져, 비록 한퇴지韓退之가 조주潮州에 유배된 것에 비하면 팔분에 일에도 미치지 못하지만,* 이 또한 우리나라의 궁벽진 곳이었다. 내가 부모와 이별하고 도성을 떠나온 회포로 나가 바라볼 때면 절로 눈물이 흐르며 서글퍼짐을 금치 못하였다. 언제 어디서든 그렇지 않음이 없었으니, 마음을 다스리기 어려움이 심하였다. 그런 뒤에야 일이 어렵건 쉽건 간에 모두 고인에 미치지 못함을 깨닫고는 마침내 문을 닫고 나오지 않은 것이 일 년 남짓 되었다.

하루는 갑자기 자연에 말을 달리고 싶은 생각이 들었는데, 곁에 있던 객이 함께 지팡이 짚고 산보나 하자고 강권하였다. 동자 서너 명이 뒤를 따랐다. 구불구불한 길을 따라 백 보쯤 올라가니 바로 망창산望昌山 서쪽의 작은 언덕이었는데, 고을 사람들이 빙고현氷庫峴이라 부르는 곳이었다. 우사寓舍의 창틈 사이로 조석으로 바라보면서 올라가고자 하였으나 아직 실행에 옮기지 못한 그곳이었다. 조금 올라가보니 지지地誌에 실려 있는 망창산의 폐성廢城으로, 참대나무가 산을 덮고 어린 소나무가 대를 감싸고 있어 대숲과 솔가지 소리가 서로 어우러졌다. 숲에 그림자가 지며 어느덧 한낮이 지나고 있었다.

배회하며 둘러보노라니 사방 들판이 고요하였다. 동쪽으로 들이 끝나는 곳에 산이 있고 산 밖으로는 바다가 있다. 바다가 보이니 뗏목을 타고 바다에 떠가고 싶은 생각이 들었다.** 서남북쪽으로는 계림鷄林 고도로부터 안강安康과 신광神光 및 청하현淸河縣의 내연산內延山에 이르기까지 푸른빛을 모으고 초록빛을 발라놓아 수백 리 밖을 빙 두르고 있는 게 모두 산이다. 산이 보이니 여곽廬

---

* 한퇴지(韓退之)가 …… 못하지만: 당(唐)나라 한유(韓愈)가 당 헌종(憲宗) 때 불골표(佛骨表)를 올렸다가 좌천되어 조주(潮州)로 귀양 간 일이 있다. 소식(蘇軾)의 『조주 한문공 묘비(潮州韓文公廟碑)』에 '공이 도성에서 만 리를 떠나와 이 조주로 귀양 와서 한 해도 못 되어 돌아갔다'는 내용이 있다.

** 뗏목을 …… 들었다: 『논어(論語)』「공야장(公冶長)」에 공자가 천하가 어지러움을 탄식하며 '도가 행해지지 않으니 뗏목을 타고 바다에 뜨리라[道不行 乘桴浮于海]' 한 내용이 있다. 이는 어지러운 세상을 버리고 차라리 바다에 뗏목을 띄워 멀리 떠나고 싶다는 말이다.

霍*의 흥취가 일었다.

또 조금 돌아서 동쪽으로 수십 보 걸어가니, 가까이 눈앞에 있는 것은 망창역望昌驛이고 멀리 올려다 보이는 것은 곡강서원曲江書院이다. 곡강曲江이 고을 가장자리를 감싸며 6, 7리를 흐르면 봉우리 두 개가 솟아 문을 만든 곳이 있는데, 강줄기가 그 사이를 쓸고 지나간다. 문 밖으로 또 한 개의 봉우리가 있고 그 바깥은 곧 해구海口이다. 해구의 모양이 마치 옥룡玉龍이 바다로 돌아오며 꿈틀거리며 그 허리를 드러내는 것 같았다. 동쪽에 있는 봉우리는 우뚝 솟으면서 단정하고 빼어나 마치 추로鄒魯**가 높은 갓을 쓰고 바르게 서서 고개 숙여 인사를 하고 있는 것 같았다. 서원은 그 아래에 있으니, 바로 고을의 선비 회재晦齋*** 선생이 세운 것이다. 그 곁에 몇 개의 촌가가 있는데 이 역시 바라보면 그림과 같았다. 우주 간에 절로 있는 산과 바다가 하루아침에 그 높이와 깊이를 더한 것이 다만 저 사람[회재 이언적을 가리킴]에게 달려 있을 뿐이었으니 공경하지 않을 수 있겠는가. 전부터 서원에 한 번 배알하려 하였는데 감히 나아오지 못한 지가 오래되었다. 이번 산행에 산을 우러르는 마음****이 조금이나마 편해졌으니, 한가로운 산행에서 얻은 바가 어찌 작다 할 수 있겠는가.

마침 몇 명의 객이 말을 타고 창부를 끼고 관로官路를 따라오는 이들이 있었는데, 혹 길을 지나칠까 염려하여 물으며 허겁지겁 돌아오는 중이었다. 가까이 다가와 보니 바로 선생의 후손인 전 참봉 이돈李墩과 새로 급제한 상사생上舍生

---

* 　여곽(廬霍): 중국의 명산 여산(廬山)과 곽산(霍山)을 가리킨다. 남조(南朝)의 문인 사령운(謝靈運)의 「초발석수성(初發石首城)」 시에 '유람하려면 나부산(羅浮山)에 가야 하고, 반드시 여곽에 가서 쉬어야 한다[游當羅浮 行 息必廬霍期]'는 구절이 있다.

** 　추로(鄒魯): 추나라는 맹자가 탄생한 곳이고 노나라는 공자가 탄생한 곳으로, 유학을 상징하는 말이다. 여기서는 산의 모습을 공자와 맹자로 의인화한 것이다.

*** 　회재(晦齋): 조선 중기의 성리학자 이언적(李彦迪, 1491~1553)을 가리킴. 이언적의 본관은 여주(驪州), 자는 복고(復古), 호는 회재(晦齋) 또는 자계옹(紫溪翁)이다.

**** 산을 우러르는 마음: 『시경(詩經)』 소아(小雅)의 「거할(車舝)」에 '높은 산을 우러르고 큰길을 따라가네[高山 仰止 景行之]'라는 내용이 있다. 덕이 높은 선비를 고산(高山)에 비유하는바, 여기서는 회재 이언적에 대한 저자의 공경심을 형용한 것이다.

인 아우 현規으로, 나를 찾아 고을에 들어온 것이었다. 가까운 관사로 맞아들여 서로 더불어 이에 대해 이야기하니, 어진 이를 앙모하는 감흥을 또한 서로 감발하기에 족했다. 아, 느리게 걷고 천천히 길을 가 마음대로 오간다면 비록 사소한 흠결될 일이 있게 됨을 면치 못하지만, '하늘이 밝아서 네 멋대로 노는 것을 보시며, 하늘이 밝아서 네가 가는 곳을 다 보신다'*는 뜻을 혹 그 마음에 새기게 된다면 또한 스스로 힘씀으로써 남을 권면할 수 있게 될 것이다. 그러므로 애오라지 객에게 부탁해 휘호하게 한다. 객은 평산平山 신영숙申永叔이다. 때는 올해 10월 초이다.

원문原文

夫登高望遠. 導宣堙鬱. 固亦人之恒情也. 其在平居尙然. 況遇拘幽之境者乎. 古人之流落嶺海. 而自放於山巓水涯之遊. 賴以紓憂娛悲者皆是也. 余雖下於古人萬萬. 顧此一事. 奚遽不及於古人哉. 然余初抵此. 此去京師. 里以百數者幾九. 比之退之之潮州. 不及八分之一. 而亦東國之窮處也. 以余之離親去國之懷. 出而望焉. 則自不禁淸然而悲. 無時無處而 不然. 甚矣. 方寸之難制也. 然後乃覺事無難易. 皆不及於古人也. 遂閉而不出者一年有餘. 一日忽有意馬馳於林皐. 有客在傍. 强勸相與扶杖散步. 童子三四人隨之. 邐迤而上百步許. 卽望昌山西小丘. 而郡人所稱氷庫峴也. 寓舍窓間. 朝夕望焉. 而欲上未果者也. 稍上則地誌所載望昌廢城. 而苦竹被山. 稚松繞竹. 竹松交響. 林影已過午矣. 徘徊顧望. 四野

---

* 하늘이 …… 보신다: 『시경(詩經)』 대아(大雅) 「판(板)」에 나오는 말로, "하늘은 지극히 밝아서, 네가 가는 곳을 다 보시며, 하늘은 지극히 밝아서, 네 멋대로 노는 걸 다 보시느니라[昊天曰明 及爾出王 昊天曰旦 及爾游衍]"라는 내용이 있다.

寂寥. 東則野盡有山. 山外有海. 海焉而有乘桴之想. 西南北則自鷄林故都. 至安康, 神光及清河之内延. 攢靑抹綠. 環繞於數百里之外者皆山. 山焉而有廬霍之興. 又稍轉而束數十步. 近而前臨則望昌驛也. 遠而瞻眺則曲江書院也. 曲江繞郡郭而流六七里. 有峯雙峙作門. 江流蕩汩於其間. 門外又有一峯. 又其外卽海口也. 狀如玉龍歸海. 蜿蜒而露其腰也. 峯之在東者. 聳起端秀. 有如鄒魯峨冠. 正立拱揖. 而書院在其下. 乃郡儒爲晦齋先生而建者也. 傍有數家村. 亦望之如畫. 宇宙間自然流峙. 一朝而增其高深者. 特在夫人耳. 可不敬歟. 前此欲一謁院. 未敢進者久矣. 是行也. 稍寬山仰之心. 閑行所得. 亦豈云小耶. 適有數客. 騎馬帶倡而從官路來者. 恐或過而問. 顚倒而歸. 迫而視之. 乃先生之嗣孫前參奉李墪與其弟新榜上舍生塊. 訪我而入郡者也. 迎入隣舍. 相與語此. 景賢之感. 亦足以相發矣. 噫. 緩步徐行. 隨意去來. 雖未免有些關事. 而昊天曰朝. 及爾遊衍. 昊天曰明. 及爾出往之意. 或庶幾寓於其中. 則亦可以自勉勉人. 故聊倩客以筆之. 客則平山申永叔. 時則是歲十月之初也.

출전: 朴長遠, 『久堂集』, 「步上望昌山記」

9

화산기

花山記

김수증

김수증(金壽增): 생몰은 1624(인조 2)~1701년(숙종 27)이다. 조선 후기의 문신 · 성리학자이다. 김수증의 본관은 안동(安東), 자는 연지(延之), 호는 곡운(谷雲)이며, 상헌(尙憲)의 손자이다. 1650년(효종 1) 생원이 되고, 1652년 익위사세마(翊衛司洗馬)가 되었다. 형조 · 공조의 정랑(正郎)을 거쳐 각 사(司)의 정(正)을 지냈다. 1689년 기사환국으로 수항이 사사(賜死)되자, 벼슬을 그만두고 화음동(華蔭洞)에 들어가 정사를 짓기 시작하였다. 1694년 갑술옥사 뒤에 다시 기용되어 한성부좌윤(左尹) · 공조참판 등에 임명되나 모두 취임하지 않고 은둔하였다. 당시 성리학에 심취하여 북송의 성리학자들과 주자의 성리서를 탐독하였다. 춘천의 춘수영당(春睡影堂)에 제향되었다. 문집에 『곡운집』이 있다.

해제 解題

「화산기花山記」는 곡운谷雲 김수증金壽增: 1624~1701이 병인년1686에 안동 소산의 고향을 방문하여 시조묘소와 여러 선조의 묘소를 참배하고 족친들과 대화를 나눈 내용을 기록하였다. 병인년 정월 20일에 청풍을 출발하여 단양 죽령을 넘어 소산과 선영의 산소를 모두 참배하고 태사묘, 영호루, 봉정사 등을 거쳐 28일 단양으로 돌아오기까지의 기록으로, 삼귀정三龜亭에서는 자신의 형제가 어렸을 적에 독서하던 곳임을 상기하며 그 곁의 소나무나 대추나무 등 어릴 적에 형제가 같이 독서하며 뛰놀았던 기억을 되살리며 감회에 젖기도 하고, 왕고인 청음淸陰 김상헌金尚憲: 1570~1652 선생이 심양에 볼모로 붙잡혀간 일과 왕모가 세상을 버린 일, 장례일에 자신도 상여를 따랐던 일들을 기록하였으며, 선조들의 산소에서는 비문의 글과 글씨 제문을 모두 기록하였고, 선조의 편지를 친척이 보관하고 있다가 보여주니 감회에 젖는 내용 등을 기록하였다.

국역 國譯

병인년1686 정월 20일을해. 청풍부淸風府*에서 출발했다. 수산역水山驛에서 말에게 여물을 먹였다. 저녁에 단양丹陽에서 유숙했는데, 수령 이비중李棐仲을 만났다.

---

*   청풍부(淸風府):『대동지지』에 의하면 청풍은 1660년에 중궁 명성왕후 김 씨의 관향이라 하여 도호부로 승격되었다. 1895년 제천과 청풍은 충주부에 편제되었다가 1896년에 충청북도 관찰도 소속의 제천군과 청풍군으로 변경되었다. 1914년 청풍군 일원과 충주군 덕산면 10개 마을이 제천군으로 통합되어 오늘날의 제천시 경계가 확정되었다. 1940년에 제천면이 제천읍으로 승격되었다. 1980년 제천읍이 제천시로 승격되고, 나머지 지역은 제원군으로 개칭되었다. 1978년부터 시작된 충주댐 건설로 1985년 금성·청풍·수산·덕산·한수면 등 5개 면의 61개 마을이 수몰되었다. 1990년 제원군이 제천군으로 개칭되었다. 1995년 제천군이 제천시로 통합되었다.

21일병자. 새벽에 출발해서 죽령竹嶺을 넘었는데, 얼음과 눈이 길을 메우고 있어 간신히 넘어 고개를 내려왔다. 철교촌鐵橋村에서 말에게 여물을 먹였다. 멀리 소백산을 바라보니, 한 줄기의 산맥이 하늘에 닿아 눈 덮인 우뚝한 모습이 또한 장관이었다. 저녁에 풍기豊基의 노잔촌盧棧村에 투숙했다. 충의忠義 이정신李挺新을 방문했다. 이정신은 선조 장령공掌令公*의 외손이다.

기억하건대 예전 기묘년1639에 아버님을 뫼시고 안동으로부터 원성原城으로 가는 도중에 이곳을 지났는데, 주인 이유신李惟新은 이정신의 형으로서 형제가 정성스레 접대를 하여 홍시를 올렸다. 지금 그 아우 이정신의 연세가 86세라고 한다. 이전에 아들 김윤림金潤霖을 잃고 다시 조카 김전림金傳霖을 곡하여 가난과 병으로 거의 죽을 지경에 이르러 있었다. 옛날의 감나무도 모두 말라죽었다. 그 아들 김용림金用霖과 조카 김열림金說霖이 함께 나와 맞이하고 바깥채를 청소하여 묵게 했다. 산천은 옛날 그대로인데 행로는 어렴풋하니, 사람으로 하여금 슬프게 하는구나.

22일정축. 날씨가 매우 추웠다. 일찍 출발해 30리를 가서 감천현甘泉縣을 지나 사천沙川 가의 장항촌獐項村에 도착해 아침밥을 먹었다. 떠내려가는 얼음덩이가 시내에 가득하여 마을 사람들이 남여藍輿에 태워 건네줬다. 저녁에 소요산素耀山에 이르러 곧장 삼귀정三龜亭으로 갔다. 삼귀정 앞에 여전히 커다란 나무 한 그루가 서 있고 삼귀석三龜石이 우뚝했으나, 노송은 태반이 꺾여 있었다.

인하여 예전에 기거하던 집으로 들어가니, 썩고 무너져 거의 지탱할 수 없을

---

* 선조 장령공(掌令公): 김수증의 6대조인 김영수(金永銖, 1446~1502)를 가리킨다. 조선 전기의 무신으로, 자는 적옹(積翁)이다. 부친은 한성판관 김계권(金係權)이다. 어려서부터 무예에 능숙하여 음보로 의금부도사에 제수되었고, 성품이 민첩하고 사무에 능숙하여 옥사를 잘 다스렸다. 이로 인해 사헌부감찰에 제수되고 상주판관이 되었다. 또 중국의 사신이 왔을 때 도감랑(都監郎)이 되어 잘 접대하여 명성을 드날렸으며, 도총부사·중추원도사 등을 역임했다. 이어 영덕현령에 부임되어 벽지와 해지(海地)의 수령들이 부지런히 다스리지 않자 이를 징계하고 엄징했으며, 주린 백성을 구제하고 부역을 고르게 하였다. 그 뒤 선공첨정·장령·상의원옹·통례원봉례 등을 거쳐 영천군수·금교도찰방 등에 임명되었다. 글씨에 조예가 깊었다고 한다.

듯했다. 동루東樓의 몇 칸은 서윤庶尹 선조*가 독서하시던 곳이다. 우리 형제가 어린 아이였을 때, 또한 이곳에서 책을 읽곤 했었다. 동루 아래의 작은방은 할아버님**이 거처하시던 곳이다. 지금은 전장을 지키는 하인이 들어와 산다. 집이나 뜨락이 황폐하여 발붙일 곳이 없었다. 집의 오른편에 우물이 있는데, 우물가에 대추나무 한 그루가 예전 모습 그대로 있었다.

숭정연간 정축년1637 봄에 할아버님이 남한산성南漢山城에서 돌아와 우거하

---

* 서윤(庶尹) 선조: 김수증의 5대조인 김번(金璠, 1479~1544)을 가리킨다. 조선 중기의 문신으로, 자는 문서(文瑞)이다. 부친은 장령을 지낸 김영수(金永銖)이며, 모친은 강릉김씨로 현령 김박(金博)의 딸이다. 1513년 문과에 급제하여 이조정랑·평양서윤 등을 역임했다. 성균관전적을 지낼 때, 관북 지방에 가뭄과 메뚜기 피해로 기근이 들어 많은 사람이 죽어가는 데도 삼남(三南)의 곡식을 조운할 마땅한 사람을 고르지 못하고 있었는데, 낮은 관직으로 뽑혀 명성과 경륜이 알려지기 시작했다. 평양서윤이던 1523년 관서 지방에 전염병이 만연하자, 둔전책(屯田策)을 건의하고 농업에 힘쓰고 민식(民食)과 창름(倉廩)을 넉넉히 하며 군졸에게 잡다한 세금을 없애주어 백성의 생활을 안정시켰다. 그러나 뒤에 요승(妖僧) 학조(學祖)의 조카라 하여 탄핵을 받았고, 사림들로부터 재물에 대한 탐욕이 지나치다는 기롱을 받았다.

** 할아버님: 김상헌(金尙憲, 1570~1652)을 가리킨다. 조선 인조·효종 때의 재상으로, 자는 숙도(叔度), 호는 청음(淸陰)·석실산인·서간노인(西磵老人)이며, 시호는 문정(文正)이다. 돈령부도정(敦寧府都正)을 지낸 김극효(金克孝)의 아들이며, 우의정 김상용(金尙容)의 동생이다. 3세 때 큰아버지인 현감 김대효(金大孝)에게 출계(出系)했다. 1596년 문과에 급제하여 좌랑·부교리 등을 지냈다. 1601년 제주도에서 발생한 길운절(吉雲節)의 역옥(逆獄)을 다스리기 위해 안무어사(安撫御史)로 파견되었다가 이듬해 복명, 고산찰방(高山察訪)과 경성도호부판관(鏡城都護府判官)에 임명되었다. 1608년 문과중시에 급제해 사가독서(賜暇讀書)한 후, 직제학·동부승지 등을 지내다가 이언적(李彦迪)과 이황(李滉)의 배척에 앞장선 정인홍(鄭仁弘)을 탄핵했다가 광주부사(廣州府使)로 좌천되었다. 1613년 칠서지옥(七庶之獄)이 발생하여 인목대비의 아버지인 김제남(金悌男)이 죽음을 당할 때, 아들 김광찬(金光燦)이 김제남의 아들 김협(金)의 사위가 된다는 이유로 파직되자 집권세력인 북인의 박해를 피해 안동군 풍산으로 이사했다. 1623년 인조반정 이후 이조참의에 발탁되자 공신세력의 보합위주정치(保合爲主政治)에 반대, 시비(是非)와 숙특(淑慝: 善惡)의 엄격한 구별을 주장함으로써 서인 청서파(淸西派)의 영수가 되었다. 이어 대사간·부제학 등을 거쳐 1626년 명나라에 사신으로 다녀왔으며, 이후 육조의 판서 및 예문관·성균관의 제학 등을 지냈다. 1632년 왕의 생부를 원종(元宗)으로 추존하려는 데 반대하여 벼슬에서 물러났다. 1635년 대사헌으로 재기용되자 군비의 확보와 북방 군사시설의 확충을 주장하였으며, 이듬해 예조판서로 있을 때 병자호란이 일어나자 주화론(主和論)을 배척하고 끝까지 주전론(主戰論)을 펴다가 인조가 항복하자 안동으로 은퇴했다. 1639년 청나라가 명나라를 공격하기 위해 요구한 출병에 반대하는 상소를 올렸다가 청나라에 압송되어 6년 후 풀려 귀국했다. 1645년 특별히 좌의정에 제수되고 기로사(耆老社)에 들어갔다. 효종이 즉위하여 북벌을 추진할 때 그 이념적 상징으로 대로(大老)라고 존경을 받았으며, 김육(金堉)이 추진하던 대동법에는 반대하고 김집(金集) 등 서인계 산림(山林)의 등용을 권고했다. 윤근수(尹根壽)의 문하에서 경사(經史)를 수업하고, 성혼(成渾)의 도학에 연원을 두었다. 이정구(李廷龜)·김유(金楺)·신익성(申翊聖)·이경여(李敬輿)·이경석(李景奭)·김집 등과 교유했다. 1653년 영의정에 추증되었으며, 1661년 효종 묘정에 배향되었다. 저술로『청음집』이 있는데, 시문을 비롯한「조천록(朝天錄)」·「남사록(南槎錄)」·「청평록(清平錄)」·「설교집(雪窖集)」·「남한기략(南漢紀略)」등이 수록되어 있다.

셨고, 무인년1638에 안동군 풍산의 서미동西美洞으로 들어가셨으며, 경진년1640에 중국의 심양瀋陽으로 붙잡혀 가신 일이 있었다. 신사년1641에 할머님이 별세하셨고, 임오년1642 봄에 아버님께서 상여를 모시고 경기도 양주의 석실石室로 돌아와 장례를 하셨는데, 우리들도 뒤를 따랐었다. 지금 45년 만에 비로소 옛 마을을 찾아오니, 고을은 여전한데 인사人事는 변천하여 비감을 가눌 수 없었다. 직장直長 김경진金景晉이 즉시 와서 마주 보며 눈물을 닦아주었다. 인하여 그와 바깥채로 가서 함께 묵었다.

마을에 사는 친족이 많이 찾아와 만났다. 김경진의 옛집은 내가 아이였을 때 날마다 와서 놀던 곳이니, 장령공 선조께서 지으신 것으로 세월이 오래되어 무너졌다. 어느 해에 김경진이 새로이 지으려고 예전의 대들보를 뜯어내다 대들보 위에 선조 서윤부군의 글씨가 있어 집에 보관하다가 꺼내어 보여주었다. 다음과 같이 적혀 있었다.

1. "홍치弘治연간 13년 경신년1500 2월, 아버님께서 옛집이 무너지고 누추한 것을 염려하여 완전히 철거하셨다. 그 땅을 평평히 다지고 옛터에다가 새로운 집을 지어 예전의 규모보다 증대하셨다. 가을에 이르러 겨우 기둥을 세우고 기와를 덮었는데, 그해 겨울 아버님께서 금교金郊*에 부임하라는 명을 받으셔서 다음 해인 신유년1501 봄 2월에서야 단장을 했다. 김 모는 쓴다."

아, 홍치로부터 지금까지는 200년이 되는데, 선조의 유묵을 볼 수 있으니 또한 다행이라 할 만하다.

23일무인. 아침에 역동驛洞의 선영에 가서 판관공判官公**과 장령공 두 선조의

---

*   금교(金郊): 황해도 금천군(金川郡)에 속한 지역이다.

**   판관공(判官公): 김수증의 7대조인 김계권(金係權, ?~1458)을 가리킨다. 김삼근(金三近)의 아들로, 한성부판
       관을 지냈다. 대제학을 지낸 권맹손(權孟孫)의 딸과 혼인하여 영전(永銓)·영균(永勻)·영추(永錘)·영수(永

묘소에 절을 올렸다. 소나무와 측백나무가 전에 비해 성글어졌고, 예전에는 다람쥐가 있는 것을 보았는데 지금은 보이지 않았다. 식사 후에 김경진, 시골 노인 및 그의 집안사람들과 함께 서미동으로 찾아갔다. 신촌新村을 경유해서 번촌樊村과 신녕촌新寧村을 지나 서미동 안으로 들어갔다. 길가에 큰 바위가 우뚝 솟아 있었는데, 은자암隱者巖이라 이름 했다. 중대사中臺寺 아래에 이르자 8~9채 되는 인가가 있었는데, 이것은 예전에 없었던 것이다.

벼랑 하나를 돌아서 옛터에 도착했다. 할아버님께서 무인년1638에 2칸의 작은 집을 지으셨는데, 방 안의 벽 위에는 '만석산방萬石山房' 네 글자를 걸어놓고 방 밖에는 목석거木石居 세 글자를 붙이셨다. -모두 한산韓山 당숙堂叔의 필적이다- 뜨락에 뽕나무 한 그루와 면죽綿竹 한 떨기가 있었지만 지금은 살아남은 것이 없었으며, 겨우 어느 물이고 어느 언덕인가만을 분변할 수 있었다.

길을 돌아 중대사로 올라갔다. 승려가 몇 명 있었는데, 술과 과일을 대접했다. 잠시 선방에 앉았다가, 절의 누대로 자리를 옮겼다. 몇 해 전에 승려 도문道文이 청풍의 군재郡齋를 방문하였기에, 내가 할아버님의 「석실선생일각건石室先生一角巾」이라는 시를 써서 주었다. 지금 보니 이 시가 누대의 벽에 붙어 있었다.

김엄金壤과 김주안金胄安 뒤쫓아 도착했다. 인하여 여러 사람들과 더불어 산을 내려가 만운촌萬雲村에 있는 김엄의 집에 들렀다. 주인이 딸의 혼례를 막 치렀던 참이라 여러 잔의 술을 따라 주었다. 근처의 고을 사람인 권의權誼가 술을 가지고 와서 정성을 다했다. 권의의 조부는 돌아가신 처사 권강權杠*이다. 할아버님께서 예전에 그가 은거하던 집을 소재로 해서 '곡구谷口에 와서 정자진鄭子

銖) 등을 낳았다.

* 권강(權杠): 생몰은 1567~1626년이다. 인조 때에 활동한 학자로, 자는 공거(公擧)이며, 호는 방담(方潭)이다. 본관은 안동(安東)이며, 유성룡(柳成龍)의 문인이다. 1589년 사마시에 합격했으나, 과거에 뜻을 버리고 은거하여 학문에 전념했다. 학행(學行)으로 천거되어 익위사세마(翊衛司洗馬)에 제수되었지만 나아가지 않았다. 그는 특히 『주역(周易)』에 조예가 깊었으며, 향리의 교화에 힘썼다. 지평(持平)에 추증(追贈)되었다. 저술로 『방담집』이 있다.

眞*이 사는 곳을 찾는다네'라는 시구를 지으셨는데, 지금 문집에 보인다.**

다시 2~3명의 마을 사람이 찾아와 만났다. 저녁에 소요산으로 돌아갔다. 남가촌南家村을 지나갔는데, 산림이 울창하고 마을도 매우 번성했다.

24일기묘. 김경진을 비롯한 여러 사람들과 직곡稷谷의 선영에 갔다. 산에 재사齋舍를 새로 지었는데 단장은 하지 않았으며, 사방으로 어린 소나무가 집을 향해 자라고 있었다. 비안比安 선조***의 묘소에 절을 올리고 제물을 진설하였다.

-고유하는 글에 이르길, "어려서 고향을 떠나 오래도록 선영을 등졌습니다. 인사人事를 핑계 대며 미루다가 이제야 비로소 찾아와 뵙습니다. 아픈 마음 가눌 수 없어서 거듭 공경히 고하고 삼가 고합니다"라고 하였다.

선조의 묘소는 묘좌유향卯坐酉向의 언덕에 자리하고 있는데, -혹 경좌庚坐라고도 한다- 용과 호랑이의 형국이 웅장하게 펼쳐져 있고 원근의 산천이 두 손을 모아 읍을 하며 둘러싸고 있어 형세가 지극히 아름다웠다. 묘소 앞에 상석床石을 안치하고 겨우 몇 자 정도의 작은 표석을 세워놓았다. 전면에 '선교랑 비안현감김모지묘宣教郎比安縣監金某之墓'라는 글이 새겨져 있었으며, 그 옆쪽에 '성화연간 원년1465 10월에 안장하다[成化元年十月葬]'라는 일곱 글자가 적혀 있었다. 좌우에 석인石人을 세웠는데, 석 자밖에 되지 않았다. 선비先妣의 묘소는 앞으로 한 길 떨어진 곳에 있으며, 상석만 안치하고 표석은 없었다. 앞뒤로

---

*   정자진(鄭子眞): 한(漢)나라 사람인 정박(鄭樸)을 가리킨다. 정박은 성제(成帝) 때 대장군 왕봉(王鳳)의 초빙에도 응하지 않은 채, 곡구(谷口)에 집을 짓고 살면서 곡구자진(谷口子眞)이라 자호하고 오로지 수도에만 전념했다.

** 지금 문집에 보인다: 김상헌이 권강에게 적어준 시는 「방권처사강만운유거(訪權處士杠萬雲幽居)」로, 『청음집』 권 6에 보인다. 전문은 다음과 같다. "곡구에 와서 정자진이 사는 데를 찾아보니, 띠풀 집이 적막하게 시냇물의 가에 있네. 조정에서 오래도록 어진 이를 안 부르고, 향리에서 가끔 술을 싣고 오는 이 만나네. 모든 이들 평생토록 벼슬 구함 급하건만, 직접 작은 밭 일구며 홀로 가난 즐기누나. 궁한 수레 갈 길 모름 내 스스로 불쌍커니, 매번 산속 숲에 와서 나루터 묻는 일 부끄럽네[谷口來尋鄭子眞 衡茅寂寞澗之濱 朝廷久絶微賢駕 鄕里時逢載酒人 舉世百年爭急仕 一身三畝獨安貧 自怜窮轍迷行路 每到山林愧問津]."

*** 비안(比安) 선조: 김수증의 8대조인 김삼근(金三近, 1419~1465)을 가리킨다. 김혁(金革)의 아들이다. 부인 상락김씨(上洛金氏)와의 사이에 김계권(金係權)과 김계행(金係行)을 두었다.

108

즐비하게 자손의 묘소가 있으며, 집안 어른인 김경력金經歷의 묘소도 오른편에 있었다. 방친旁親인 대사간大司諫 김계행金係行*의 묘소는 수백 보 떨어진 바라보이는 곳에 있었다.

역동으로 돌아와 판관 선조의 묘소에 제물을 진설했다. -고유하는 글은 위의 것과 같다- 선조의 묘소는 손향巽向의 언덕에 자리하고 있었다. 묘소 앞에 묘석을 세웠는데, 전면에 '조산대부한성판관김모지묘朝散大夫漢城判官金某之墓'라는 글이 새겨져 있었다. 상석은 갈라져 기울어져 있었다. 선비의 묘소는 뒤로 백여 보 떨어진 곳에 있었다. 표석을 세워놓았는데, '영인예천권씨지묘令人醴泉權氏之墓'라는 글이 새겨져 있으며, '홍치연간 정사년1497 3월 모일에 세우다[弘治丁巳三月日立]'라는 내용이 적혀 있었는데, 글자의 크기가 꽤나 컸다. 묘석의 뒷면에 자손에 대한 기록이 새겨져 있었지만, 마모가 심해 자세히 알 수 없었다. 상석이 매우 컸다.

다시 장령 선조의 묘소에 나아가 제물을 진설했다. -고유하는 글은 위의 것과 같다- 선조의 묘소에는 표석이 없고 왼편에 갈석碣石이 있었다. 성현成俔이 글을 지었고 홍언국洪彦國이 글씨를 썼다. 선비의 묘소는 뒤쪽에 있었다. 상석을 안치하고 표석을 세워놓았다. 전면에 '영인강릉김씨지묘令人江陵金氏之墓'라는 글이 새겨져 있으며, 뒷면에 '정덕연간 15년1520 9월 초 7일에 안장하다. 장령공의 묘소는 앞쪽에 있었다. 시종연월명갈[正德十五年九月初七日葬 掌

---

* 　김계행(金係行): 생몰은 1431~1521년이다. 조선 초기의 문신으로, 자는 취사(取斯), 호는 보백당(寶白堂)이며, 시호는 정헌(定獻)이다. 본관은 안동(安東)으로, 부친은 비안현감을 지낸 김삼근(金三近)이다. 1447년 진사가 되어 성균관에 입학해 김종직(金宗直) 등과 교유하며 학문을 익혔다. 성주·충주의 향학교수를 지냈으며, 1480년 문과에 급제하여 종부시주부(宗簿寺主簿)에 제수되었다. 이어 고령현감에 부임하여 선정을 펼쳤으며, 내직으로 옮겨 홍문관부수찬이 되었다. 그 뒤 삼사의 요직을 두루 역임하였고 간쟁하는 일에 힘썼다. 1498년 대사간에 올라 권간(權奸)을 극론하였으나 훈구파에 의해 제지되자, 벼슬을 버리고 고향인 안동으로 낙향했다. 풍산사제(豐山笧堤) 위에 조그만 정자를 지어 '보백당(寶白堂)'이라 하고 학생을 모아 가르쳤으므로, 보백선생(寶白先生)이라 일컬어졌다. 김종직 등과 교유한 것으로 인해 무오사화와 갑자사화에 연루되어 투옥되었으나 다행히 큰 화는 면했다. 1706년 지역의 유생들이 그의 덕망을 추모하여 안동에 묵계서원(默溪書院)을 짓고 제향하였다. 1859년(철종 10)에 이조판서에 추증되었다.

令公墓在前 始終年月銘碣]'이라는 스물세 글자가 적혀 있었는데, 글자가 꽤 나 컸다.

　제전祭奠을 마치고 재실에 앉아 있으니, 집안사람 수십 명이 함께 모였다. 조금씩 음복을 하고 자리를 파했다.

　예전에 할머님을 뫼시고 이곳에서 병을 피했었는데, 추억을 하노라니 비감이 어렸다. 재사 곁에 지키는 사람들의 집이 여러 채 있었다. 친족인 김성金㙒은 빈곤하기가 이를 데 없어 겨우 두 칸짜리 초가집으로 비바람도 가릴 수 없었다. 단 한 명의 노비도 없고 경작할 전답도 없으며, 기거할 만한 집도 없이 편리한 대로 나무하고 물을 길으며 이곳에 와 우거하고 있었다. 장성한 아들 세 명이 있었는데, 맏아들은 나이가 서른을 넘겼는데도 관례도 혼례도 치르지 못했다. 방안에서 굶주린 채 부부와 네 부자가 어떻게든 살아갈 방도가 전혀 없으니, 그 곤궁한 모습을 보자 마음이 측은했다. 세상에 자신이 족한 줄을 알지 못하고 가난하다고 말하기를 좋아하는 자는 이 상황을 본다면 절로 마음이 풀어질 수 있을 것이다.

　길을 돌아 김균金均의 집을 방문했다. 이곳은 돌아가신 친족인 만호萬戶 김흥세金興世의 집이다. 김흥세가 자식이 없어 그의 조카 김희윤金希胤이 선대의 제사를 이어받았다. 예전에 우리 형제가 그와 함께 놀았었다. 할아버님께서 일찍이 그의 바깥채에서 우거하셨으니, 꽃과 나무가 참 아름다웠었다. 계단 위에는 오죽烏竹이 있었고, 담장 아래에는 석류나무와 자미화紫微花가 있었으며, 정원에는 백일홍百日紅이 있었다. 지금 와서 보니, 오죽과 석류나무는 살아남지 못했고 자미화와 백일홍은 그대로 살아 있었다. 사물의 모습은 여전히 그대로인데, 김희윤은 고인이 된 지가 벌써 오래되었다. 그의 아들 김균과 김곤金坤이 집안을 잘 유지하고 있었다. 김균은 글을 알고 유학을 업으로 삼는다. 여기로부터 동남쪽으로 수백 보 떨어진 곳에 집 한 채가 있었는데, 이전에 아버님께서 이곳에 우거하셨다. 그러나 지금은 공터가 되었다. 귀정龜亭의 남쪽 언덕 위는 강가의 교외가 환히 바라다 보이는 곳으로, 할아버님께서 너덧 칸 되는 초가집을 지으셨는데, 또한 황무지가 되어버렸다. 언덕 아래에 작은 우물이 있었지만, 사용하지 않고 메워져 자취가 사라졌다.

25일경진. 일찍 식사를 한 후, 풍산현豊山縣 풍산리豊山里 역동에 이르렀다. 옛날에 효자가 이곳에서 시묘살이를 한 일이 있었기 때문에 이름을 '시묘동侍墓洞'이라고도 한다. 봉례奉禮 선조*의 묘소에 제물을 진설했다. 쌍분으로 오향午向의 언덕에 자리하고 있으며, 상석을 안치하고 표석을 세워놓았다. 이 묘소는 할아버님께서 심양에 계실 때 재물과 인력을 내어 집안사람으로 하여금 표석을 세우게 한 것이었다. 전면에 '통사랑합문봉례김모안동권씨지묘通仕郞閤門奉禮金某安東權氏之墓'라는 글이 새겨져 있었다. 석질이 조악하기 때문에 자획이 미세했는데, 햇수가 오래되지 않았는데도 이미 마모가 심해져 거의 분변할 수 없었다. 봉분 위의 사초莎草는 죄다 말라버리고 오직 흙빛만 있었다.

묘소 앞에 다른 묘소 하나가 있었다. 이 또한 집안사람을 안장한 곳으로 석물이 있었으니, 효자의 아버지 묘소이다. 예전에 할아버님의 말씀을 들으니, 그 효자가 석물을 만들고 싶지만 가난하여 마련할 수가 없었는데, 문득 알지 못하는 승려가 와서 자신이 조성할 수 있도록 청하고서는 값도 받지 않고 떠났다. 고을 사람들이 모두 그의 효성이 감동시켜 이루어진 일이라고 칭송했다. 지금 고을 사람에게 물어보니, 이 봉분이 참으로 그 묘소이며 효자의 성명은 김시좌金時佐라고 했다. 제전을 마친 후 마을에 사는 집안사람인 김요金橈 등 10여 명이 찾아와 만났다가 자리를 파하였다.

---

* 봉례(奉禮) 선조: 김수증의 9대조인 김혁(金革)을 가리킨다. 별호는 아옹(啞翁)이다. 아버지는 중현대부(中顯大夫) 전농정(典農正) 김득우(金得雨)이다. 고려 공민왕 때인 1370년에 정몽주(鄭夢周)·이색(李穡)·이인복(李仁復) 등과 함께 신돈(辛旽)의 죄를 상소하여 밝힌 일이 있었다. 좌우위(左右衛) 보승랑장(保勝郞將) 권용일(權用一)의 딸과 혼인하여 삼근(三近)·삼익(三益)·삼우(三友)를 두었다.

김계성金啓成은 향임鄕任*을 맡고 있으므로, 안동부安東府에서 출발하여 왔다. 길을 바꾸어 소이동小異洞에 이르렀다. 전농정典農正 선조**의 묘소에 제물을 진설했다. 상석과 표석이 있었는데, 전면에 '중현대부전농정김모지묘中顯大夫典農正金某之墓'라는 글이 새겨져 있었다. 석질과 각자가 봉례 선조 묘소의 것과 같았다.

다시 길을 돌려 수동水洞에 이르렀다. 소요산으로부터 여기까지는 15리쯤 된다. 전농정 조비의 묘소가 별도로 여기에 안장되어 있었다. 오향午向의 언덕에 석축으로 조성되었고, 상석이 안치되어 있었다. 지사地師가 칭송하길, "형세가 직곡과 서로 막상막하입니다. 낙강洛江이 손방巽方: 남동쪽에서 흘러오고, 안산案山은 가는 듯하면서 이리로 돌아오며, 게다가 꽃모양처럼 아름답습니다"라고 했다. 다만 안산의 밖에 천백 가구의 큰 마을이 있어 나무하고 도끼질 하는 사람들이 찾아와 사면이 헐벗었으며, 많은 무덤들이 즐비하여 선영의 묘역에까지 바짝 다가왔다. 석질과 각자가 또한 소이동과 풍산리 묘소의 것과 같았으므로 바꾸지 않을 수 없다. 그리고 묘역을 침범하는 것에 대해 막고 금하는 것을 조금도 늦추어서는 안 될 것이다. 제물을 진설하였다. -고유하는 글은 위의 것과 동일하다- 인하여 시골 노인들과 함께 안동부 안으로 들어가 부백府伯 -신경윤愼景尹-에게 절을 올렸다. 물러나와 시골 노인 및 김경진, 김계성, 김계흥金啓興, 김주안金冑安, 김처안金處安, 김충립金忠立 등과 더불어 자리를 같이했다. 청도淸道에 거주하는 친족 김원명金遠鳴, 청양春陽 석포石浦에 사는 김진구金震耉, 김희열金希烈, 김희윤金希允, 개녕開寧의 김남중金南重, 예천醴泉의 김보金補 등도 우연히 찾아와 모였다. 안동부에 있는 동성同姓의 아전이 노소 모두 합해 80여 명이 되는데, 그중에서 김효전金孝傳 등 20여 사람이 찾아와 만났다. 술과 안주

---

* 　　향임(鄕任): 지방 자치 기관인 향청(鄕廳)의 임원을 말한다. 감관(監官)·향정(鄕正)이라고도 한다.
** 　전농정(典農正) 선조: 김수증의 10대조인 김득우(金得雨)를 가리킨다. 김근중(金斤重)의 아들이다. 풍산류씨(豊山柳氏)와의 사이에 아들 혁(革)과 생(生)을 두었다.

를 내왔으며, 밤이 깊어서야 자리를 파했다. 동성의 아전 가운데 김원명金遠鳴이란 이가 있는데, 효행이 탁월했다. 지금 상중에 있으므로 죽을 마시고 겨울인데도 따뜻한 곳에 거처하지 않으며 상례의 제도를 극진히 실천하고 있었다. 사람들마다 칭송하지 않는 이가 없었다. 그 아들인 김천균金千均도 찾아와 만났다.

26일辛巳. 아침에 부백이 찾아와 조용히 이야기를 나누었다. 할아버님의 서간시西磵詩를 시판에 새겨 중대사에 걸어놓도록 허락했다. 식사를 한 후, 시조묘始祖廟에 예를 올렸다. 시조묘는 안동부 관아의 뒤편에 있었다. 김태사金太師*의 위패가 동쪽에 있고 권태사權太師**는 가운데 있으며, 장태사張太師***는 서쪽에 있었다. 모두 '고려벽상삼중대광아부공신김모, 권모, 장모高麗壁上三重大匡亞父功臣金某,權某,張某'라는 글이 쓰여 있었으며, 세 위位에 모두 향안香案이 있었다. 뜰 왼쪽에 권태사의 비각이 있었다. 강당을 중건하였는데, 벽 위에 퇴계退溪의 기문이 새로 걸려 있었다.

유사有司 권태시權泰時와 권씨 성의 호장戶長이 접대했다. 태사께서 남기신 오랜 유물로 금대金帶 두 띠 및 고기古器를 꺼내어 보여주었다. 또 옥피리가 있었는데, 피리 부는 아이로 하여금 여러 곡을 불어보게 했더니 그 소리가 맑고 밝아 들을 만했다. 권씨 문중 사람들은 이것들이 권태사의 유물이라고 말하지

---

* 　김태사(金太師): 안동김씨의 시조 김선평(金宣平)을 가리킨다. 신라 말에 고창군(古昌郡: 안동의 옛 이름)의 성주(城主)였는데, 930년(고려 태조 13) 권행(權幸: 안동권씨 시조), 장길(張吉: 안동장씨 시조) 등과 함께 후백제의 견훤(甄萱)을 격파하여 고려 태조로부터 개국공신에 녹훈되고 대광태사(大匡太師)에 임명되었다.

** 　권태사(權太師): 안동권씨의 시조 권행(權幸)을 가리킨다.『고려사』「태조세가(太祖世家)」에는 이름을 '행(行)'이라 했다.『신증동국여지승람(新增東國輿地勝覽)』권 24 안동조(安東條)에 의하면, 견훤이 고창군을 포위하여 전세가 고려에게 매우 불리했는데, 유검필(庾黔弼)의 주장으로 공격을 감행하여 대승을 거두었다. 이 전공으로 태조는 본래 김 씨이던 그에게 "행(幸)은 기미를 밝히 알고 권도(權道)에 통달했다"라고 하여 안동을 본관으로 삼게 하고 권 씨의 성을 내렸다고 한다.

*** 　장태사(張太師): 안동장씨의 시조 장길(張吉)을 가리킨다.『안동장씨대동속보(安東張氏大同續譜)』에 의하면, 888년(신라 진성여왕 2) 대사마장군 장원(張源)의 아들로, 중국 절강성 소흥부(蘇興府)에서 태어나 아버지와 함께 망명했다. 930년 고창군에서 성주 김선평 및 판관 권행과 함께 고려 태조를 도와 견훤을 격파한 공으로 고창군(古昌君)에 봉해졌다. 그리하여 후손들이 본관을 안동으로 하여 세계를 이어 왔다고 한다.

만, 이미 문헌에 근거할 만한 기록이 없으므로 알 수는 없다. 또 공민왕恭愍王의 교서와 복주부사福州府使*의 편지 한 통은 필적이 완연했다.

성을 나와 지나는 길에 영장營將 서문진徐文縉을 만났다. 서문진은 또한 비안 선조의 외손이다. 길을 돌려 영호루映湖樓에 이르렀다. 정면으로 낙강을 마주 바라보니, 강가의 교외와 숲이 누대의 주위를 두르며 비춰고 있어 높은 곳에 올라 멀리 바라보는 정취가 자못 있었다. 부사府使 맹주서孟冑瑞가 중창했다. 처마에 포은圃隱 정몽주鄭夢周, 좨주祭酒 우탁禹倬, 퇴계退溪 이황李滉, 백담柏潭 구봉령具鳳齡, 저헌樗軒 박민헌朴民獻 등 제현의 시판이 걸려 있었으며, '영호루映湖樓'의 큰 세 글자는 공민왕의 어필이었다.

안기역安奇驛을 지나 연자원燕子院에 도착했다. 원루院樓가 백 자나 되었고 연결하여 지은 것이 매우 기이했다. 중앙에 큰 돌부처가 있었는데, 아마도 신라나 고려 때 처음 만들었을 것이다. 시골 늙은이, 김경진, 김계성, 김주안, 동성 아전 김진방金振邦, 김천균 등이 먼저 와 여기에서 기다리고 있었다.

조금 쉰 후에 함께 고대장古台莊으로 갔다. 안동부로부터 여기까지는 30리이다. 근처에 촌락이 많이 있었다. 말에서 내려 자리를 깔고 앉아 예전에 찾아간 시조의 묘소가 있는 곳을 손으로 가리켰다. 그리고 촌로를 불러 근처에 고총古冢이 있는지를 물어보았다. 이른바 '고대장'이라는 곳은 너비와 길이가 불과 10리와 5리 사이이며, 산세가 천등산天燈山으로부터 내려와 구불구불 둘러 있다.

신유년1621에 할아버님께서 집안사람들과 함께 이곳에 와서 고총을 찾아보셨으며, 산신山神에게 올린 제문을 따로 기록해놓으셨다. 그 후 집안사람이 다시 찾아보았지만 발견하지 못했다. 그리고 그때 마을사람인 이반李礬이 고총을 지목하여 발굴해보니, 금권자金圈子는 발견했지만 표석과 지석誌石은 없어 흙을 덮고 돌아갔다. 이반이 꿈을 꾸었는데 어떤 사람이 꾸짖어 말하길, "김태사

---

* 복주부사(福州府使): 복주는 안동군의 옛 이름이다.

의 묘소는 저기에 있다. 그리고 나는 너의 조상인데, 어찌 감히 사람들이 무덤을 파헤치게 했느냐?"라고 했다. 잠에서 깨어나자 병을 얻어 얼마 후 죽었다고 하니, 매우 기이한 일이다. 이른바 '저기에 있다'는 말은 멀지 않은 곳이라고 말한 듯한데, 알 수가 없다.

또한 묘소를 찾을 때 집안사람이 촌가에 묵었는데, 깜깜한 밤중에 산비탈에서 홀연 불과 같은 빛이 있어 솔잎도 헤아릴 수 있을 정도였으므로, 사람들이 신령하고 기이하다고 여겼다. 지금까지도 마을사람 가운데 본 적이 있다고 전하는 자가 있다. 이것이 곧 주자朱子가 말한 '땅의 기운이 그렇게 했다'라는 것이구나. 전해지기를 김태사의 묘소는 대장台莊 유점동鍮店洞에 있다고 하는데, 이른바 '유점동'은 여기에서 1리 간이므로 기대하는 소망이 없지는 않다.

수 리를 가서 봉정사鳳停寺에 이르렀다. 봉정사는 천등산 아래에 있다. 앞뒤의 산골짜기에 해송海松 천백 그루가 둘러싸고 있으니, 이곳이 바로 관가의 측백나무 밭[柏田]이다. 봉정사는 모두 수백 칸이며 선당禪堂의 앞에는 누대가 있었다. 골짜기 입구에 수석이 있으니, 일찍이 퇴계가 노닐던 곳이다. 그것을 기념하여 사림이 작은 누각을 지었는데, 지금은 없어지고 다만 퇴계의 시판만이 남아 있다. 절의 오른편에 누각이 하나 있으니, 할아버님의 문집 책판을 보관하고 있다. 여러 판을 가져다 살펴보니, 마모되거나 결손된 부분이 없었다. 절의 누대 밖에 새로이 누각 하나를 짓고 있었으니, 장차 그곳에 판본을 옮겨 놓으려 한다고 했다.

저녁에 왼쪽 요사채에서 묵었다. 예천에 사는 친족 김유정金有精이 찾아왔다. 선비 류세림柳世霖과 권시망權時望도 왔었다. 류세림은 삼학사三學士를 모신 장암서원壯巖書院의 일을 맡아보고 있는데, 서원의 일에 대한 이야기가 나오자 쉴 새 없이 말을 하였다.

27일읜오. 진눈깨비가 내렸다. 아침에 동성의 아전들이 두붓국을 차려 대접했다. 식사를 마치고 여러 집안사람과 작별한 후에 눈을 무릅쓰고 봉정사 오른쪽의 작은 언덕을 넘었다. 영천에 이르러 말에게 여물을 먹였으며, 저물녘에 풍기豐基의 읍내에서 유숙했다. 봉정사로부터 여기까지는 80리가 됨 직했다.

28일계미. 아침 일찍 출발해서 죽령竹嶺에 이르렀다. 고개 위로는 쌓인 눈이 깊었고 운무 때문에 어두컴컴했다. 단양丹陽에 도착해서 점심을 먹었다. 수령 이비중이 찾아와 보고서 저녁에 관아로 돌아갔다.

원문 原文

丙寅正月二十日乙亥. 自淸風府發行. 秣馬水山驛. 夕宿丹陽. 見主守李棐仲.
二十一日丙子. 平明發行. 踰竹嶺. 氷雪塞路. 間關跋涉下嶺. 秣馬鐵橋村. 遙望小白. 一帶亘天. 雪色崢嶸. 是亦壯觀. 夕投豐基盧棧村. 訪李忠義挺新. 李卽先祖掌令公彌坍也. 記昔己卯. 陪先君. 自安東作原城之行. 到此. 主人李惟新. 卽挺新之兄. 兄弟款接. 餉以水梯. 今其弟挺新年八十六云. 嘗喪子潤霖. 又哭姪傳霖. 貧病垂死. 昔年梯木. 皆已枯死. 其子用霖. 其姪說霖. 並出待. 掃外舍而處之. 舊時山川. 行路依稀. 令人愴然.
二十二日丁丑. 天氣甚寒. 早發行三十里. 過甘泉縣到沙川邊獐項村. 朝飯. 流澌滿川. 里人以籃輿護涉. 夕至素耀山. 直到三龜亭. 亭前猶有喬木一株. 三龜石巍然. 而老松太半摧折. 仍入舊居屋宇. 朽敗傾側. 幾不可支. 東樓數間. 是庶尹先祖讀書處. 余兄弟兒時. 亦嘗讀書於此. 樓下小房. 是王考所處. 今守莊奴 入處. 房室庭除. 荒穢無着足處. 家右有井. 井邊棗木一株依舊. 崇禎丁丑春. 王考自南漢來寓. 戊寅. 入西美洞. 庚辰. 有瀋陽之

行. 辛巳. 王母捐世. 壬午春. 先君奉喪返葬石室. 余輩隨行. 今至四十五年. 而始尋故里. 村巷依然. 人事變遷. 不勝悲慨. 金直長景晉. 卽來相對扰涕. 仍與之往宿其外舍. 里中族人多來見. 景晉舊家. 余於兒時. 日日來遊. 此是掌令先祖所創. 歲久頹圮. 某年. 景晉將新創. 毀拆其舊樑. 樑上有我先祖庶尹府君手跡. 藏之於家. 出而示之. 有曰維弘治十三年庚申仲春. 家君患舊屋壞陋. 悉撤去. 平其地. 因其舊基. 作新屋. 增其舊制. 至秋纔立柱蓋瓦而止. 其冬. 家君拜金郊之命. 越明年辛酉春仲乃粧. 金某書. 噫. 自弘治至今將至二百年. 而得見先祖遺墨. 亦可幸也.

二十三日戊寅. 朝往驛洞先塋. 展拜判官掌令先祖墓兩位. 松柏比前稀疏. 曾見有松鼠. 今無見矣. 食後. 與景晉, 野叟及他宗人. 往訪西美洞. 由新村. 歷樊村新寧村入洞中. 路邊有大巖斗起. 名隱者巖. 到中臺寺下. 有人家八九. 此非舊時所有. 轉過一崖. 到舊基. 王考於戊寅. 構二間小堂. 房內壁上. 揭以萬石山房 四字. 房外揭以木石居三字. 皆韓山堂叔筆 庭際有桑木一株. 綿竹一叢. 今無復存者. 僅辨某水某丘. 轉上中臺寺. 寺僧有若干人. 餉以酒果. 少坐禪房. 移席寺樓. 年前. 僧人道文. 訪余於淸風郡齋. 余書贈王考石室先生一角巾之詩矣. 今見此詩附諸樓壁矣. 金壃, 金胄安追到. 仍與諸人下山. 歷萬雲村金壃家. 主人纔過女婿. 酌以數杯. 近處鄉人權誼. 携酒致款. 誼之祖. 故處士杠也. 王考曾題其幽居. 有谷口來尋鄭子眞之句. 今見集中. 又有數三鄉人來見. 夕還素耀山. 過南家村. 林木蔚然. 村居頗盛.

二十四日己卯. 與景晉諸人. 往稷谷先塋. 山內新構齋舍而未粧. 四面稚松向長. 展拜比安先祖墓. 設奠. 告文曰. 少小離鄉. 久遺塋城, 人事推遷. 今始來謁. 不勝感愴. 用申虔告謹告. 祖考墓. 卯坐酉向. 或云庚坐 龍虎翼翼. 遠近山川. 拱揖環抱. 形勢極佳. 墓前安床石. 立短表纔

117

數尺. 刻曰宣敎郎比安縣監金某之墓. 旁刻成化元年十月葬七字. 左右立
翁仲纔三尺. 祖妣墓. 在前一丈地. 安床石無表石. 前後纍纍. 有子孫墓.
金經歷族長之墓. 亦在右. 旁親大司諫金公係行之墓. 在數百步相望之地.
還到驛洞. 設奠判官先祖墓. 告文上同 祖考墓巽向. 墓前立表. 刻曰
朝散 大夫漢城判官金某之墓. 床石坼裂傾側. 祖妣墓. 在後百餘步. 立
表. 刻曰令人醴泉權氏之墓. 又刻弘治丁巳三月立八字. 字樣頗大. 表
陰. 刻子孫錄. 刓弊不可詳. 床石甚大. 又就掌令先祖墓設奠. 告文上同
祖考墓. 無表石. 左有碣石. 成俔撰. 洪彦國書. 祖妣墓. 在後. 安床石
立表. 刻曰令人江陵金氏之墓. 表陰. 又刻正德十五年九月初七日葬. 掌
令公墓. 在前. 始終年月銘碣二十三字. 字頗大. 奠訖. 坐齋室. 同宗數
十人咸集. 少飲而罷. 曾於昔年奉王母. 避病於此. 追憶愴懷. 齋舍側有
守護人數家. 族人金培. 貧困無比. 草屋僅 二間. 不蔽風雨. 無一奴一
婢. 無田可耕. 無家可居. 取便樵汲. 來寓于此. 有三丈夫子. 長者年過
三十. 未冠未娶. 室中柷然. 夫妻四父子. 無以聊生. 其窮苦之狀. 見之
惻然. 世之不能知足而喜說貧者. 見此可以自寬也. 轉訪金均家. 此卽故
族人金萬戶興世家. 興世無子. 其姪希胤. 承其先祀. 昔年. 吾兄弟與之
遊戲. 王考曾寓其外舍. 花木頗佳. 階上有烏竹. 墻下有石榴紫薇花. 園
中有百日紅. 今來見之. 竹榴無復存者. 紫薇百日紅猶存. 物色依然. 希
胤作故已久. 其子金均, 金坤能守家. 均則識字業儒. 距此數百步東南. 有
一 家. 先君曾寓於此. 今成空基. 龜亭南岸上. 通望江郊. 王考曾作草
屋四五間. 亦作荒墟. 岸下有小井. 廢塞無處矣.
二十五日庚辰. 早食. 至豐山縣里驛洞. 舊有孝子侍墓於此. 故亦名爲侍墓
洞. 設奠奉禮先祖墓. 雙墳午向. 安床石立表石. 此則王考在瀋陽時. 出
物力使宗人豎表. 刻曰通仕郎閤門奉禮金某安東權氏之墓. 因石品麤惡. 字

118

畫細微. 年未久而已至刓弊. 殘不可辨. 墳上莎草盡枯. 只有土色. 墓前有一墓. 此亦同宗之葬而有石物. 卽孝子之父之墓. 曾聞王考之敎. 其 孝子欲作石物. 貧不能辦. 忽有所不知僧人來請造成. 不受價而去. 鄕黨皆稱其孝感所致. 今問鄕人. 則此實其墓. 而孝子姓名. 金時佐也. 奠訖. 里中宗人金橈等十餘人. 來見而罷. 金啓成方爲鄕任. 自府中來到. 轉至小異洞. 設奠典農正先祖墓墓坤向. 有床石表石. 刻曰中顯大夫典農正金某之墓. 石品刻字. 如奉禮祖考墓. 又轉至水洞. 自素耀山至此. 十五里許. 典農正祖妣墓. 別葬于此. 石築午向. 安床石. 地師稱形勢與稷谷相伯仲. 而洛水來自巽方. 案山如往而復此. 又似華麗云. 但案山之外. 有千百家大村. 樵斧 相尋. 四面濯濯. 衆塚纍纍. 逼近塋域. 表刻亦與小異. 豐山一般. 不可不改. 而防禁不容少緩也. 設奠. 告文上同仍與野叟輩入府內. 拜府伯. 愼景尹 退與野叟及景晉, 金啓成, 金啓興, 金胄安, 金處安, 金忠立同坐. 淸道居族人金遠鳴. 春陽石浦居金震耉, 金希烈, 金希允. 開寧金南重. 醴泉金補. 偶然來會. 府中同姓吏老少幷八十餘人. 而其中金孝傳等二十餘人來見. 進以杯盤. 夜分乃罷. 姓吏中有金遠鳴者. 孝行卓異. 今方居喪. 啜粥. 冬不處溫. 喪制克盡. 人無不稱道. 其子千均亦來見.

二十六日辛巳. 朝. 府伯來話從容. 許以王考西磵詩刻板. 揭諸中臺. 食後展謁始祖廟. 廟在府衙後. 金太師位牌在東. 權太師在中. 張太師在西. 皆書曰高麗壁上三重大匡亞父功臣金某, 權某, 張某. 三位皆有香案. 庭左有權太師碑. 重建講堂. 壁上新揭退溪記文. 有司權泰時, 戶長權姓人接待. 出示太師舊物金帶二圍及古器. 又有玉笛. 使笛童吹數曲. 其聲淸亮可聽. 權門人. 謂是權太師物. 而旣無文籍可據. 未可知也. 又有恭愍王敎, 福州府使書一紙. 手跡宛然. 出城. 歷見營將徐文縉. 文縉亦是比安先祖彌甥也. 轉 至映湖樓. 前對洛江. 江郊林藪. 映帶欄檻. 頗

有登望之趣. 府使孟胄瑞. 重創. 楣間有圃隱, 禹祭酒, 退溪, 柏潭, 樗軒
諸賢詩板. 映湖樓三大字. 即恭愍王筆也. 過安奇驛. 到燕子院. 院樓百
尺. 結構其奇. 中有大石佛. 蓋羅麗時創制也. 野叟, 景晉, 金啓成, 金胄
安, 姓吏金振邦, 金時彦, 金千均. 先待於此. 少歇. 偕到古台莊. 自府內
至此. 三十里. 近處多有村落. 下馬班荊而坐. 指點舊日尋覓始祖墳塋處.
且招村老. 問近處古塚有無. 蓋所謂古台莊. 廣袤不過十里五里間. 山勢
自天燈山而來. 透迤周遭. 辛酉年. 王考與同宗諸人. 來此 尋覓. 其祭山
神文. 別錄. 其後宗人又尋覓而不利. 且其時村人李磐指示古塚. 掘得金
圈子而無表誌. 掩土而還. 李磐夢有一人訶責曰. 金太師墓在彼. 而我是
汝祖先. 何敢教人掘塚乎. 覺而得病仍死云. 事甚異也. 所謂在彼者. 似
是不遠之謂而未能知也. 且尋墓時. 宗人宿村家. 黑夜山阿. 忽有光如火.
松葉可數. 人以爲靈怪. 至今村氓亦有見而傳之者. 此即朱子所謂地氣使然
者歟. 且相傳金太師墓. 在於台莊鍮店洞. 所謂鍮店洞. 在此一里間. 不
無庶幾之望也. 行數里. 至鳳停寺. 寺在天燈山下. 前後山谷. 海松千百
株擁立. 此即官家柏田. 寺凡數百間. 禪堂之前有樓. 洞口有水石. 此是
退溪曾遊處. 士林爲建小閣. 今廢. 只有退翁詩板. 寺右一閣. 安王考文
集板. 取見數板. 無刓缺處. 寺樓外方. 新構一閣. 將移置板本云. 夕宿
左寮. 醴泉居族人金有精來尋. 士人柳世霖, 權時望亦來. 柳則幹事三學士
壯巖書院者. 說及院事. 嘖嘖不已.
二十七日壬午. 雨雪. 朝. 姓吏等設軟泡以待之. 食後. 與諸宗人作別.
冒雪由寺右小峙. 至榮川秣馬. 暮宿豐基邑內. 自鳳停至此. 可八十里.
二十八日癸未. 早發至竹嶺. 嶺上雪深. 雲霧晦冥. 到丹陽中火. 主守李
棐仲來見. 夕還衙.

출전: 金壽增, 『谷雲集』, 「花山記」

___
10
___

흥림산기

興霖山記

이숭일

이숭일(李嵩逸): 생몰은 1631~1698년이다. 조선 후기의 문신이자 학자로, 자는 응중(應中)이며, 호는 항재(恒齋)이다. 본관은 재령(載寧)이다. 부친은 이조판서에 추증된 이시명(李時明)이며, 모친은 안동장씨로 장흥효(張興孝)의 딸이다. 그는 아버지와 형 이휘일(李徽逸)·이현일(李玄逸)을 비롯하여 부덕이 출중하였던 어머니를 둔 훌륭한 교육적 환경에서 성장하였다. 젊은 시절부터 과거공부에는 뜻을 두지 않고, 경학연구와 심성수련에 심혈을 기울였다. 1689년(숙종 15) 세자익위사세마(世子翊衛司洗馬)에 임명되었으나 나아가지 않았고, 그로부터 2년 뒤 다시 장악원주부(掌樂院主簿)를 거쳐 의령현감에 제수되자, 자신의 포부를 펼 수 있는 길이라 여기고 흔쾌히 받아들여 부임했다. 그는 모든 행정을 백성을 위하는 방편으로 수립하고, 민폐를 혁신시켜 고을사람들에게 '이불자(李佛子)'라 불렸다. 한편 교육을 통해 인재를 양성하고 여씨향약(呂氏鄕約)을 권장하여 그 영향이 이웃 고을에까지 미쳤으며, 시국의 변동으로 인하여 2년 뒤 고향으로 돌아가 후진양성과 저술로 여생을 마쳤다. 저서로 『항재집』 8권 4책이 있다. 그중에 「존재형안성유씨우선설변후(存齋兄安城劉氏右旋說辨後)」를 비롯한 몇몇 작품이 『동유학안(東儒學案)』 「도산사숙학안조(陶山私淑學案條)」에 수록되어 있다.

해제 解題

「흥림산기興霖山記」는 항재恒齋 이숭일李嵩逸: 1631~1698이 1661년 7월에 지은 것으로 흥림산은 영천永川의 북서쪽에 있는데, 예부터 '흑림黑林'이라 불리던 것을 조자체趙子體가 산 북쪽에 집을 짓고 산의 변태變態를 관찰하여 '흥림興霖'으로 개명하였다. 이에 대해 개명하게 된 전말을 적은 것으로 흥림의 실질이 없더라도 주인의 현부賢否에 따라 명명할 수 있다고 하였다.

국역 國譯

흥림산興霖山은 익양현益陽縣*의 읍치로부터 서북쪽 5리쯤에 있다. 예로부터 흑림산黑林山이라 일컬어졌으니, 산에 잡목이 많아 빽빽이 우거지고 가리어 멀리서 바라보면 안팎이 검푸르기 때문이다. 그러므로 그 빛깔로 인해 이름 붙인 것이다. 그렇게 전해져 온 시간이 이미 오래되었으니, 어느 누구도 바꾸는 사람이 없었다.

처사處士 조자휴趙子休**가 흥림산의 북쪽에 집을 지어 조석으로 마주 보며 산의 변화하는 모습을 모두 감상할 수 있었다. 그리하여 산의 이름을 '흥림'으로 바꾸었으니, 이 산이 가뭄을 당하였을 때 혹 구름기운이 산허리로부터 무럭무럭 피어오르면 마침내 임우霖雨***를 이룬다. 그런 징조로 점을 쳐서 맞지 않

---

*   익양현(益陽縣): 경북 영양군의 옛 이름이다.

**   조자휴(趙子休): 조병(趙頩, 1633~1686)을 가리킨다. 자가 자휴이며, 호는 임수(霖叟)이다. 본관은 한양(漢陽)이며, 조정형(趙廷珩)의 아들로 영양군 일월면 주곡리에서 태어났다. 조카들에게 학문을 가르쳤는데, 조카 조덕순(趙德純)·조덕린(趙德鄰)이 문과에 급제했다. 맏아들 조덕후(趙德厚)·둘째아들 조덕구(趙德久)가 연이어 소과에 급제한 것도 그의 가르침에 힘입은 것이다(『영양군지』 제10편 인물·인맥, 「제1절 유행·학행·사환·충의·문예·선행·향행·향현」 참조).

***   임우(霖雨): 가뭄을 푸는, 사흘 이상 내리는 비를 말한다.

은 적이 없었다. 그래서 그 능력으로 인해 이름을 붙인 것이다.

내가 작년[1660] 겨울에 조군을 따라 이웃에 집터를 잡았다. 이윽고 산과 익숙하게 되고 또 날마다 조군의 이야기를 들으니, 홍림산이 영험함이 있다는 것을 더욱 믿게 되었다. 다음 해에 마침 큰 가뭄이 들어 무지개를 간절히 바랐다. 나는 산의 이름을 생각했기 때문에 구름이 무럭무럭 피어오르리라는 희망을 가지고 있었다. 그런데 산의 모습이 타들어갈 뿐, 비가 올 기색은 막막했다. 그래서 내가 조군을 힐난하길, "그대가 '홍림'으로 이 산을 이름 붙인 것은 아름답다고 말할 만합니다. 그런데 한 해 동안 큰비가 내리느냐 가뭄이 드느냐에 따라 한때의 풍흉이 관계되며 한때의 풍흉은 실로 백성의 행불행에 관련됩니다. 이런 점으로써 말한다면, 그 가뭄과 큰비가 관계되는 것이 매우 중대하여 일개의 산이 마음대로 할 수 있는 것이 아닙니다. 게다가 군자가 사물을 명명할 때, 사실로써 이름 붙이고 공허한 것으로 하지 않습니다. 지금 체험해 보니, '홍림'의 뜻이 어디에 있습니까? 이 산을 거짓되게 말한 것에 가깝지 않겠습니까?"라고 했다.

조군이 무안해하며 아무런 답변을 하지 못했다. 내가 다시 해명하길, "상심하지 마십시오. 예로부터 산천의 명칭 가운데 혹 그 주인의 현명함과 그렇지 못함에 따라 영화와 욕됨이 가해진 경우가 있으니, 예를 들자면 우계愚溪·한림석翰林石·승지암承旨巖 등과 같은 호칭입니다. 이런 종류는 매우 많습니다. 혹 다른 날 이 산 아래에 집을 짓고 사는 사람이 흥기할 수 있어서 상가商家의 임우*가 될 수 있을는지요. 이것은 아직 알 수 없는 일입니다"라고 말했다. 그러자 조군이 흔연히 웃으며 말하길, "훌륭합니다. 원컨대 그대는 이것을 기록해 주십시오"라고 했다.

---

*   상가(商家)의 임우: 『서경(書經)』 「열명상(說命上)」에 은(殷)나라 고종(高宗)이 신하 부열(傅說)에게 "만약 큰 가뭄이 들면 너를 임우로 삼겠다"라고 한 데서 유래한 말로, 훌륭한 재상을 뜻한다.

신축년1661 7월 흥림정사興霖精舍에서 적다.

원문 原文

山在益陽縣治西北五里許. 自古稱黑林. 蓋山多雜木. 蒙密薈翳. 望之表
裏黝暗. 故名之以其色也. 流傳旣久. 莫有易者. 處士趙君子休結屋於山
之陰. 日夕相對. 凡山之變態. 皆得以領略之. 於是易名以興霖. 蓋是山
也當旱時. 或有雲氣從山腰饋餾. 則遂成霖雨. 以之占. 無不驗. 故名之
以其能也. 余於前年冬. 從趙君而卜隣焉. 旣與山相熟. 又日聽趙君言.
益信山之有靈驗也. 粵明年. 歲適大旱. 雲霓望切. 余因念山名. 庶幾有
滃浡之望. 而山顏焦燥. 雨意漠如. 余乃詰趙君曰. 子以興霖名是山. 可
謂美矣. 然歲之澇旱. 時之豐歉係焉. 時之豐歉. 實關民物之休戚. 以此
言之. 其旱其霖. 所係甚大. 非一山所得以權柄也. 且君子之命物也. 以
實不以虛. 以今驗之. 興霖之義安在. 不幾於誣玆山乎. 趙君憮然無以應.
余又解之曰. 無傷也. 自古山川之稱. 或有因其主人之賢否而榮辱加焉者.
如愚溪, 愚谷, 翰林石, 承旨巖之號. 此類甚多. 或者他日家於是山之下者.
有能興起而作商家霖者乎. 是未可知也. 於是趙君欣然而笑曰. 善哉. 願
吾子記之. 歲辛丑孟秋日. 書于興霖寓舍.

출전: 李嵩逸, 『恒齋集』, 「興霖山記」

125

11

울진산수기

蔚珍山水記

김창흡

김창흡(金昌翕): 생몰은 1653~1722년이다. 조선 후기의 학자로, 자는 자익(子益), 호는 삼연(三淵), 시호는 문강(文康)이다. 본관은 안동(安東)으로, 좌의정 김상헌(金尚憲)의 증손자이며, 영의정 김수항(金壽恒)의 셋째아들이다. 모친은 안정나씨(安定羅氏)로 나성두(羅星斗)의 딸이다. 형은 영의정을 지낸 김창집(金昌集)과 예조판서 등을 역임한 김창협(金昌協)이다. 15세에 이단상(李端相)의 문하에 나아가 수학했다. 과거에는 관심이 없었으나 부친의 명으로 응시하여 1673년 진사시에 합격한 뒤 과거시험장에 발을 끊었다. 백악(白岳) 기슭에 낙송루(洛誦樓)를 짓고 벗들과 글을 읽으며 산수를 즐겼다. 1681년 김석주(金錫胄)의 천거로 장악원주부(掌樂院主簿)에 임명되었으나 나가지 않았고, 1689년 기사환국 때 아버지가 사사되자 영평(永平)에 은거했다. 『장자(莊子)』와 사마천(司馬遷)의 『사기』를 좋아하고 시도(詩道)에 힘썼으며, 친상을 당한 뒤에는 불교 서적을 탐독하면서 슬픔을 잊으려 했다. 그 뒤 주자의 글을 읽고 깨달은 바 있어 유학에 전심했다. 1696년 서연관(書筵官)에 초선(抄選)되고, 1721년 집의에 제수되었으며, 이듬해 영조가 세제(世弟)로 책봉되자 세제시강원(世弟侍講院)에 임명되었으나 모두 사임하고 나가지 않았다. 신임사화로 절도에 유배된 형 김창집이 사사되자 지병이 악화되어 죽었다. 형 김창협과 함께 성리학과 문장으로 널리 이름을 떨쳤으며, 이황(李滉)의 주리설(主理說)과 이이(李珥)의 주기설(主氣說)을 절충하고자 한 형 김창협과 같은 경향을 띠었다. 저술로『삼연집』을 비롯해『심양일기(瀋陽日記)』 등이 있다.

해제 解題

「울진산수기蔚珍山水記」는 삼연三淵 김창흡金昌翕: 1653~1722이 경북 울진의 불영
사佛影寺와 성류굴聖留窟 그리고 주변의 경관과 내력 등을 기록한 것이다. 천축
산天竺山 사계절의 경치와 봉우리, 계곡의 이름을 낱낱이 소개하고, 불영사의
창건동기와 의상법사義相法師 등 신라시대부터 구전되어 오는 이야기, 기문에
얽힌 이야기 등과 조선조에 신임군수가 부임하려 오다가 불영사 앞에서 갑자
기 사망하여 부인이 3일 밤낮으로 기도하여 환생하였기 때문에 환생전이라고
이름 하였다는 등 신빙성이 없는 이야기도 모두 기술하였다. 성류굴은 승려의
안내를 받으며 굴 안으로 들어가 보고 느낀 감상을 기록하였고, 종유석의 신
기함과 굴의 끝까지 가면 평해가 나올 것이라는 등의 감상도 기술하였다.

국역 國譯

경술년1670 10월 초 4일, 선사仙槎*의 집에서 말을 타고 출발했으며 문아文兒
도 따라왔다. 수산교水山橋를 넘어 임천서재臨川書齋를 지나 10리쯤 가니 송정松
亭의 맑게 갠 하늘이 우리를 맞이했다. 탱천굴撑天窟** 아래에 이르러 북쪽으로

주천대^{酒泉臺}*를 바라보았으니, 서하^{西河}**가 은둔했던 곳이다. 산수를 둘러보니, 굽이굽이 아름다운 풍경을 담고 있어 멀리서 바라볼 때 사랑스러웠다.

남산^{南山}의 물은 모두 세 줄기이다. 하나는 미고촌^{米庫村}에서 나오니, 천축산^{天竺山}*** 아래로 흘러간다. 다른 하나는 지장촌^{智藏村}에서 나오는데, 조현^{鳥峴} 아래로 흐른다. 또 다른 하나는 후중촌^{朽衆村}에서 나오니, 왕피천^{王避川} 아래로 흘러간다. 다섯 번 물을 건너 한현^{漢峴} 아래에 당도했다.

승려 4~5명의 무리가 나무로 만든 남여^{藍輿}를 메고 와서 맞이했다. 한 현을 넘어 골짜기로 들어가 세 번 물을 건넌 후 단하동^{丹霞洞} 입구에 이를 수 있었다. 우러러 종암봉^{鍾巖峯}과 해운봉^{海雲峯} 두 봉우리를 바라보니 구름 끝에 닿을 듯 우뚝이 서 있었는데, 푸른 전나무와 소나무가 즐비하게 이어져 울창했다. 쏟아지는 물방울이 옥처럼 부서지며 방울 소리와 패옥 소리가 절도에 맞으니,

---

* 주천대(酒泉臺): 경북 울진군 근남면 행곡리 구미마을에 있는 돈대이다. 서쪽으로부터 흘러내린 물이 산허리를 뚫었다고 해서 수천대(水穿臺)라고 불리다가, 1628년 임유후(任有後)가 집안의 화를 입어 23년간 여기에 와 있을 때 이곳의 경치를 사랑하여 선비들과 술을 마시고 놀면서 주천대로 고쳤다고 전한다. 주천대의 상하에는 팔경이 있는데, 무학암(舞鶴巖)·송풍정(松風亭)·족금계(簇錦溪)·창옥벽(蒼玉壁)·해당서(海棠嶼)·옥녀봉(玉女峰)·비선탑(飛仙榻)·앵무주(鸚鵡洲) 등으로 모두 임유후가 명명한 것이다.

** 서하(西河): 임유후(任有後, 1601~1673)를 가리킨다. 조선 후기의 문신으로, 자는 효백(孝伯), 호는 만휴(萬休), 시호는 정희(貞僖)이다. 본관은 풍천(豊川)으로, 판서 임국로(任國老)의 손자이며 홍문관교리 임수정(任守正)의 아들이다. 1626년 문과에 급제하였다. 1627년 정묘호란 때 가주서로 척화를 주장했다. 이듬해 반란을 음모하던 아우 임지후(任之後)와 숙부 임취정(任就正) 등이 죽음을 당하자 벼슬을 그만두고 울진 천축산으로 내려가 은거했다. 그 뒤 조정의 신하들이 그가 문장이 뛰어나고 지행(至行)이 있다고 건의하여 1653년 장령에 특채되었다. 이어 1658년 종성부사가 되어 수항루(受降樓)를 세우고 학사(學舍)를 지었다. 1661년 담양부사로 부임하였고, 1663년 승지를 거쳐 예조참의가 되었다. 1669년 다시 담양부사로 나가 재난에 처한 백성들을 잘 구휼하여 청백리에 녹선되었으며, 관품도 올랐다. 이듬해 병조참판이 되자 정언 윤지선(尹趾善)이 전에 아우가 저질렀던 역모사건을 들어 그를 탄핵했으나 본인이 저지른 죄가 아닐뿐더러 문제와 행의가 뛰어난 관리임을 내세운 왕의 비호로 인해 무사하였다. 이어 1672년 경기감사로 나갔다가 돌아와 호조참판을 역임했다. 은퇴한 뒤 유유자적하며 「목동가(牧童歌)」를 지었다고 한다. 만년에는 『주역』을 깊이 연구하였다. 울진의 고산서원(高山書院)에 제향되었다.

*** 천축산(天竺山): 경북 울진군 근남면 수곡리와 서면 왕피리·하원리의 접경 지점에 있는 산이다. 해발 653m이다. 651년(신라 선덕여왕 5) 의상대사가 이곳을 지나가다 인도의 천축산(天竺山)과 닮은 산세를 보고 이름을 똑같이 지었다는 유래가 전한다. 북쪽의 근남면 행곡리에서 하원리에 이르는 불영계곡은 군립공원으로 지정되어 있으며, 계곡 한쪽에는 신라시대의 유서 깊은 사찰 불영사(佛影寺)가 자리 잡고 있다. 산 일대에 오래된 굴참나무가 많은데, 의상대사가 불영사를 창건할 때 심었다고 한다.

제천諸天*이 멀지 않다고 생각되어 호쾌한 흥이 솟아올랐다. 향로봉香爐峰 아래로 가서 범종루梵鍾樓로 들어가 대웅전에서 잠시 쉬었다. 차를 마신 후 남여를 타고 좌망대坐忘臺로 나갔다. 아래로 오룡추五龍湫를 내려다보니, 맑은 물이 콸콸콸 흐르고 하얀 돌이 촘촘히 깔려 있으며, 삼각봉三角峰의 물그림자를 담고 쌍학의 구름 둥지를 진정시키고 있다. 참으로 빼어난 곳이었다.

다음으로 의상전義相殿에 올라가니, 의상의 진상眞像이 보존되어 있었다. 굽이굽이 돌아 금탑봉金塔峰 정상에 이르렀다. 기이한 모양의 바위가 하늘로 날아오를 듯하며 곳곳마다 운치를 이루고 있었다. 참말로 흉금을 풀어헤치고 신선처럼 한가로이 노닐며, 홀로 금화산金華山** 정상에 서서 돌을 꾸짖어 양으로 모는 무리와 만날 수 있을 듯했다.***

대체로 산의 형세는 사람이 서 있는 듯하기도 하고 병풍이 둘러쳐져 있는 듯하기도 하며, 창검 모양으로 빙 두르며 성처럼 푸르게 솟아 있어 마치 연꽃이 우뚝 솟아오른 듯하기도 했다.**** 조금의 흙도 용납하지 않고 골짜기에는 돌기운뿐이며, 맑아서 머무는 구름도 가린 안개도 없었다. 물의 쪽빛은 푸른 옥 같고 바위에 부딪히는 격랑은 화살 같으며 구불구불 휘어진 모양은 용을 닮았다. 양쪽 벼랑에 하늘 높이 솟은 대나무가 숲을 이루었는데, 비취빛이 흘러내

---

* 제천(諸天): 삼계(三界) 이십팔천(二十八天)을 제천이라고 한다. 즉, 청정광결(清淨光潔)하고 최승 최존(最勝最尊)한 신계(神界)를 의미한다.

** 금화산(金華山): 신선의 석실(石室)이 있다고 전해지는 산 이름이다.

*** 돌을 꾸짖어 양으로 모는 무리: 갈홍(葛洪)이 지은 『신선전(神仙傳)』에 다음과 같은 이야기가 전한다. "황초평(黃初平)이 양을 기르고 있었는데, 어떤 도사(道士)에게 이끌려서 금화산(金華山) 석실(石室) 안으로 들어가 40여 년 동안이나 돌아오지 않았다. 그의 형 황초기(黃初起)가 동생을 찾아 산에 이르러서 양이 있는 곳을 물으니, '산의 동쪽에 있다'고 대답했다. 형이 가서 보니, 단지 흰 돌만 보이고 양은 보이지 않았다. 황초평이 '양이 있는데, 형이 눈으로 보지 못하는 것이다'라고 하고서는 그곳으로 가서 '이놈, 이놈, 양아 일어나라'라고 하니, 흰 돌이 모두 일어나 몇 만 마리의 양으로 변했다."

**** 김창흡의 『삼연집습유(三淵集拾遺)』 권 23에 수록된 「울진산수기」에는 여기까지의 내용이 결락되어 있다. 그런데 한국학중앙연구원 장서각 소장 『와유록(臥遊錄)』 권 9에 실려 있는 작자 미상의 「유천축산록 울진(遊天竺山錄 蔚珍)」이라는 작품은 김창흡의 「울진산수기」와 동일한 것이며, 결락된 부분도 기록되어 있다. 따라서 『와유록』에 실려 있는 작품을 바탕으로 결락된 내용을 보충하여 번역했다.

릴 듯했다. 조용히 감탄하고 탄식하는 가운데 천지의 맑은 기운을 가까이 느끼며 이리저리 거닐 무렵 해가 이미 어두워져 있었다. 마침내 산을 내려와 적묵당寂默堂으로 가서 묵었다.

다음 날, 다시 남여를 준비하도록 해서 향로봉으로 올라갔다. 달리 구경할 만한 것이 없어 그 길로 다시 의상대義相臺로 올라가 어제 미처 다하지 못한 구경을 모두 보았다. 나를 따라온 승려는 9명이니, 경욱慶旭 · 처관處觀 · 해임海稔 · 법현法玄 · 초암草嚴 · 탁륜卓倫 · 청간青澗 · 상문尙文 · 경찬敬燦 등이었다.

해임 등의 무리가 낱낱이 가르쳐 준 여러 곳이 모두 눈 속에 펼쳐져 있었다. 동쪽의 수구水口에 의젓이 서서 누선樓船처럼 생긴 것은 해운봉海雲峰이다. 조금 떨어진 남쪽에 뾰족이 솟은 것은 종암봉鍾巖峰이다. 그 아래 깊숙하고 그윽한 가운데 구름과 나무가 서로 섞여 있는 곳은 단하동丹霞洞이다. 정남쪽에 날개를 펼친 듯 공손히 서서 소조산小祖山*이 된 것은 남암봉南巖峰이다. 가까이 팔 안에 있으면서 부드러운 곡선으로 원만한 것은 향로봉이다. 서쪽에 옹립하여 늘어서서 그 모습이 호위병과 흡사한 것은 부용성芙蓉城이다. 가까운 앞쪽에 대여섯 걸음을 걸어가면 우뚝이 서서 사람을 맞이하는 것으로, 기울어질 듯하면서도 그대로 서 있는 봉우리는 금탑봉金塔峰이다. 위쪽은 완만하고 아래쪽은 험준하며 사방으로 둘러보면 중앙에 자리하고 있는 것은 의상전義相殿이다. 조금 떨어진 북쪽에 우뚝 솟아 가파른 모양으로 왕피천에 걸쳐 앉아 있는 것은 학소암鶴巢巖이다. 이것들은 모두 산에서 왕피천 남쪽에 있다.

시내를 가로막고 있는 벼랑이 입을 쫙 벌리고 성루의 문처럼 움푹 파여 있는 것은 원효굴元曉窟이다. 정북쪽 마주 보이는 곳에 너울너울 춤추는 듯한 것은 청라봉青螺峰이다. 조금 떨어진 동쪽에 세 개의 뿔이 함께 솟아 구름 끝에 들어가 있는 것은 삼각봉三角峰이다. 이것들은 모두 산에서 왕피천의 북쪽에 있다.

---

*   소조산(小祖山): 태조산(太祖山)에서 주산(主山) 사이에 이르는 동안 태조산 다음으로 높고 큰 산을 말한다.

삼각봉 아래에 오룡추가 있는데, 검푸른 빛으로 밑바닥이 보이지 않을 만큼 깊다. 오룡추 서쪽의 바위는 물결치는 수면에 박혀 있는데 아래쪽에 지게문 같은 굴이 있다. 이것은 용혈龍穴이다. 주렴 같은 폭포가 마구 쏟아져 내리며 우레처럼 진동하는 것은 금강연金剛淵이다. 서쪽 위에 파란을 일으키며 물가에 자리하고 있는 바위는 수십 명이 앉을 만하니, 좌망대坐忘臺이다. 바위 모양이 거북이가 기어가는 것처럼 생긴 것은 귀암龜巖이다. 금강연의 곁에 가마솥처럼 생긴 못으로 두레박줄을 넣으면 끝없이 내려갈 것 같은 것은 부담釜潭이다. 부담 가에 오룡대五龍臺가 있다. 오룡대 위에 조암槽巖이 있는데, 중앙의 움푹 파인 모습이 구유같이 생겨 물을 저장하면 마르지 않는다.

전각殿閣의 명칭은 법당의 중앙에 세워진 건물이 대웅보전大雄寶殿이고, 좌우에 선승이 묵는 집은 적묵당寂默堂·심검당尋劍堂·향로전香爐殿·영산전靈山殿이다. 서쪽에는 서상실西上室이 있고 동쪽에는 동상실東上室이 있다. 터만 있고 건물이 없는 것은 환생전還生殿·청련전靑蓮殿·남암南菴이다. 종각은 범종루梵鍾樓이다. 산 정상에 있는 전각은 의상전義相殿이다. 탑은 무영탑無影塔이다. 뜰에 있는 돈대는 제석대帝釋臺이다.

대솔사大率寺의 경계는 양쪽 산이 물을 끼고서 한 굽이를 돌아 구역을 이루고 있으니, 술가術家가 말하는 '산의 맥이 빙 돌아 주봉主峯과 마주 대하고 있는 형국[回龍顧祖]'과 꼭 같았다. 우뚝한 조화가 이처럼 위대하고 오묘하니, 진정 '용상특지龍象特地'*라 말할 만하다.

만약 고적을 논해본다면, 홍무洪武 3년1370 한림학사翰林學士 유백유柳伯濡**가

---

*　　용상특지(龍象特地): 용상은 물속의 용과 육상의 코끼리처럼 위력이 대단하다는 뜻으로, 보통 학덕이 높은 승려를 가리키는 불가(佛家)의 용어이다. 특지는 특별한 곳이라는 뜻이다. 여기에서의 뜻은 매우 빼어나고 특별한 곳이라는 정도로 이해해 볼 수 있다.

**　　유백유(柳伯濡): 원문에는 '백(伯)'자가 '박(泊)'자로 되어 있는데, 아마도 오기인 듯하다. 유백유(?~?)는 고려 말 조선 초의 문신으로, 자는 순부(淳夫), 호는 저정(樗亭), 시호는 문정(文靖)이다. 본관은 서산(瑞山)으로, 금헌(琴軒) 유방택(柳方澤)의 아들이다. 1369년(공민왕 18) 문과에 장원으로 급제했다. 춘추관수찬으로서 박실(朴實)·김도(金濤) 등과 함께 명나라 과거에 참여했다. 우왕 때 판내부시사(判內府寺事)에 임명되었다.

쓴 기록*에, "신라고비新羅古碑에 의하면, 당나라 영휘永徽 2년[651] 의상법사가 동경東京**으로부터 연안을 따라와 단하동丹霞洞으로 들어왔다. 다섯 부처의 그림자를 보고서 북쪽을 바라보며 탄식하길 '인도의 천축산이 바닷가에 옮겨온 듯 닮았구나'라고 했다. 금탑봉金塔峰 아래로 올라갈 때 독룡毒龍이 사는 못이 있었는데, 의상법사가 땅을 청하자 용이 수긍하지 않았다. 이에 금강대주金剛大呪를 짓자 용이 갑자기 산을 뚫고 바위를 깨뜨리면서 떠나갔다. 즉시 못을 메우고 이곳에다 사찰을 세웠으며, '천축산 불영사天竺山佛影寺'라고 편액에 썼다. 의봉연간儀鳳年間, 676~678 초에 의상법사가 다시 서산西山으로 들어가 부석사浮石寺·각화사覺華寺 등의 사찰을 창건한 뒤 15년 동안 두루 돌아다니다가 다시 불영사로 들어왔다. 그때 선사仙楂에 사는 어떤 노인이 기뻐하면서 '우리 부처님께서 돌아오셨구나'라고 말했으니, 이로부터 사람들이 '불귀사佛歸寺'라고 전했다" 적혀 있다.

또 영락永樂 6년[1408] 안동판관安東判官 이문명李文命이 지은 환생전還生殿의 기문을 살펴보자면, 대략 다음과 같이 기록하고 있다. "옛날 광산光山 백극제白克齊 선생이 울진현에 제수되었는데, 부임한 지 석 달 만에 갑작스레 죽었다. 부인 이씨李氏가 '이 지역에 기도할 만한 곳이 있습니까?'라고 물으니, 한 아전이 '불영사라는 절이 있습니다'라고 대답했다. 부인이 급히 수레에 시신을 싣게 하고 찾아가 향을 피우고 불상 앞에서 울며 기도를 올렸다. 3일 동안 밤낮으로 기도

창왕 때 조준(趙浚)의 전제개혁안(田制改革案)이 주장되자, 시중(侍中) 이색(李穡)이 옛 법을 가벼이 고치는 것은 옳지 않다고 반대하는 데에 찬성하여 결국 신구(新舊)의 대립이 일어났다. 1391년 판전의시사(判典儀寺事)로서 전제개혁을 비난하였기 때문에 광주(光州)로 유배되었다가, 조선왕조 개창 후 1407년 좌사간대부(左司諫大夫)가 되었다.

*   홍무(洪武) 3년(1370) 한림학사 유백유(柳伯濡)가 쓴 기록: 1611년 황동명(黃東溟)이 지은 「천축산 불영사기(天竺山佛影寺記)」의 첫머리에 유백유가 쓴 불영사의 창건에 대한 기문이 인용되어 있다. 유백유는 신라의 옛 비석에 근거해 기록했다고 밝혔다. 유백유의 기문은 불영사에 관한 가장 오래된 기록으로, 불영사의 창건 역사를 알려주는 귀중한 자료이다. 불영사에 1810년 만든 45.2×31.5cm 크기의 필사본 「천축산 불영사기」가 근래에까지 전해져 내려오다가 지금은 잃어버려 행방을 알 수 없으며, 다만 그 내용만 전해지고 있다.

** 동경(東京): 경북 경주시의 옛 이름이다.

를 올리자, 문득 다시 살아났다. 즉시 탑이 있던 건물을 환희료歡喜寮라 하고 불전을 환생전還生殿이라 했다. 인하여 금자연경金字蓮經 일곱 두루마리를 베껴서 우러러 부처님의 은혜에 감사드렸다."

또 서하西河 임유후任有後가 지은 소지小誌를 살펴보면 대략 다음과 같이 기록되어 있다. "예전에 쌍학이 절의 북쪽 부용성芙蓉城 아래에 둥지를 틀었다. 임진년1592 정월 초하룻날 남쪽 뜰의 소나무 위에 앉아 끼익끼익 길게 울고는 선회하면서 여러 바퀴 돌고난 후 하늘로 날아갔다. 우물과 샘이 전부 붉게 변하여 사흘 동안 먹지 못했다. 이해에 왜란이 일어나 사찰의 건물들이 모두 불탔는데, 오직 서쪽 전각인 영산전靈山殿만 덩그러니 서 있었다."

앞뒤 문인文人과 달사達士의 필적이 이처럼 명료하여 도무지 증거가 없다고 말할 수 없으니, 산에 불영사가 있게 된 것이 아! 또한 신령하고 기이하도다. 이전에 내가 본 사찰의 건물은 대부분 사방이 꽉 막힌 산의 깊숙한 곳이나 깎아지른 듯한 벼랑의 험준한 곳에 자리를 잡아 유람객의 발길이 도달하기 힘들었다. 어찌 이곳처럼 산으로 막고 물로 경계를 쳐서 기이하고 빼어난 모습이 천연적으로 이루어졌으며, 깊게 하지 않았는데 절로 그윽하며 험준하게 하지 않았어도 절로 우뚝할 수 있으랴. 용 구유와 학 둥지의 유적이 여전히 남아 있으며, 법사法師와 시승詩僧이 창제한 것이 의연히 보존되고 있다. 바위와 봉우리의 우뚝 선 형상은 위대한 이의 모습을 꼭 빼닮았다.* 숲의 맑고 고요함은 표훈사表訓寺**보다 뒤지지 않고, 시냇물이 맹렬하게 내달리는 것은 장안사長安寺***보다 더 빼어나며, 풍경의 아름다움은 유점사楡岾寺****보다 더 곱다. 사람들이 천축산을 소금

---

* 　바위와 봉우리의 …… 꼭 빼닮았다: 원문에는 '혹초마하(酷肖摩訶)'라 되어 있으니, 직역하자면 마하를 꼭 빼닮았다는 정도로 번역할 수 있다. 그리고 마하는 마하가섭(摩訶迦葉)을 가리키는 듯하지만, 분명하게 확정할 수는 없다. 따라서 번역문에는 '위대한 이'로 풀이하였다.
** 　표훈사(表訓寺): 강원도 회양군 내금강면 장연리 금강산 만폭동(萬瀑洞)에 있는 절을 말한다.
*** 　장안사(長安寺): 강원도 회양군 장양면 장연리 금강산 장경봉(長慶峯)에 있었던 절을 말한다.
**** 　유점사(楡岾寺): 강원도 고성군 서면 백천교리 금강산(金剛山)에 있었던 절을 가리킨다.

강小金剛이라고 일컫는 것이 또한 실정보다 지나치게 과장한 것이 아니리라.

인하여 글을 써서 기록해 와유臥遊에 보탬이 되는 자료로 삼는다고 말한다. 나는 이번 유람에서 네 계절의 풍광을 모두 볼 수 있었다. 그 까닭은 때가 바야흐로 초겨울이어서 된서리가 아직 내리지 않았고 산속의 나뭇잎은 푸른빛과 붉은색이 섞여 시들어 떨어지지 않은 상태였으므로, 여름과 가을 즈음의 풍경과 흡사했다. 날씨가 따뜻하며 철쭉이 피고 두견새가 울어대며 혹 바위 틈새에 꽃이 피어 있기도 한 것은 봄과 닮았다. 돌아오는 길에는 저물녘에 눈이 내려 멀리 구름 밖의 여러 봉우리들을 바라보니 정상이 완전히 하얗게 덮여 있었으니, 또 겨울과 닮았다. 한 산의 기후가 하루 동안에도 똑같지 않으니, 아! 기이하구나.

원문原文

庚戌歲十月初四日　發馬于槎齋　文兜從焉　越水山橋　過臨川書齋十里　松亭霽色迎人　至撑天窟下　北望酒泉臺　乃西河肥遯之所　川原紆曤　曲曲藏聚望之可愛也　南山之水凡三派　一出米庫村　卽天竺下流　一出智藏村　卽鳥峴下流　一出朽棠村　卽王避川下流　五渡水而抵漢峴下　闍梨四五輩　以木藍輿迎之　踰峴入㟽　凡三渡水而淂至丹霞洞口　仰視鍾崟海雲兩峰　卓立雲際綠杉蒼官　聯幢植葆　迸溜碎玉　鑾佩中節　諸天不遠　逸興飛動　行香爐峰下入梵鍾樓　少憩于大雄殿　茶罷輿出坐忘臺　俯瞰五龍湫　淸流激激　白石齒齒　蘸以三角峰影　鎭以雙鶴雲巢　眞奇境也　次上義相殿　義相眞像在焉　回繞至金塔峰頂　奇崟飛矗在所成趣　正如披襟汗漫　獨立于金華頂上　叱石駈羊之徒　若將遇馬

大槩山形 如人立如屛障 釖戟周迴若城靑削 如若蕖皆拔地而生 不容寸土

谷中石氣 淸無留雲障霧 水靛如綠玉 磯激如箭 宛曲如龍 兩崖矢竹成林

翠色欽流 悄然嘻呬 灝氣逼人 彷徨之際 日己昏黑 遂下至寂默堂 宿焉

출전: 작자미상, 『臥遊錄』 9, 「遊天竺山錄–蔚珍」

缺 削如芙蕖. 皆拔地而生. 不容寸土. 谷中石氣淸. 無留雲障霧. 水靛

如綠玉. 磯激如箭. 宛曲如龍. 兩崖天竹成林. 翠色欲流. 悄然嘻呬. 灝

氣逼人. 彷徨之際. 日己昏黑. 遂下至寂默堂宿焉.

翌日又命輿登香爐峰. 無異玩. 因復上義相臺. 以盡昨日未盡之觀. 從我

者緇流九人. 曰慶旭曰處觀曰海稔曰法玄曰草嚴曰卓倫曰靑澗曰尙文曰敬

燦. 海稔輩歷指諸處. 森然皆在眼中. 東之儼立水口若樓船者曰海雲峰.

稍南之尖秀者曰鍾巖峰. 其下之深僻窈夐雲木相參者曰丹霞洞. 正南之翼

然拱立爲小祖者曰南巖峰. 近 在臂內. 嬾巧而圓者曰香爐峰. 西之擁立

森列. 狀類羽衛鉤陳者曰芙蓉城. 近前五六步. 卓立迎人. 欲傾復留者曰

金塔峰. 夷上峻下. 四望而中處者曰義相殿. 稍北之穹崇巖業. 跨于川上

者曰鶴巢巖. 此皆山之在川以南者也. 隔川有崖广. 呀然靁門嵌空者曰元

曉窟. 正北對峙. 蹲蹲如舞者曰靑螺峰. 稍東三角高幷入雲際者曰三角峰.

此皆山之在川以北者也. 三角之下有五龍湫. 黝黑深不見底. 湫西有巖. 揷

入波面. 下有穴若戶者曰龍穴. 瀑簾散射. 雲雷噴薄者曰金剛淵. 西上有

磯臨水. 可坐數十人者曰坐忘臺. 石狀似龜赴水者曰龜巖. 金剛之側有潭

若釜. 垂緪無際者曰釜潭. 潭上有五龍臺. 臺上有槽巖. 中坎爲槽形. 貯

以水不涸也. 殿閣之號則法堂中建曰大雄寶殿. 左右禪僧堂曰寂默曰尋劍

曰香爐殿曰靈山殿. 西曰西上室東曰東上室. 有基無宇者曰還生殿曰靑蓮

殿曰南菴. 鍾閣曰梵鍾樓. 殿之在山頂曰義相殿. 塔曰無影塔. 庭中有臺

曰帝釋臺. 大率寺之境界. 兩山夾水. 回成一區. 正似術家所謂回龍顧祖
之勢. 停峙造化. 若是瓊巧. 眞所謂龍象特地也. 若論其古跡則洪武三年.
翰林學士柳泊濡所記新羅古碑 云唐永徽二年. 義相法師自東京沿海入丹
霞洞. 見五佛影. 北望嘆曰天竺山彷彿移來于海表. 及登金塔峰下. 有毒
龍湫. 法師爲請地. 龍不肯. 乃作金剛大呪. 龍忽穿山裂石而去. 卽塡湫
而建刹焉. 額曰天竺山佛影寺. 儀鳳初. 又入西山創浮石覺華等寺. 周遊
十五年. 還入佛影寺. 仙槎有老翁喜曰我佛歸矣. 自是人傳曰佛歸寺. 又
按永樂六年. 安東判官李文命作還生殿記略曰. 昔光山白先生克齊除蔚珍
縣. 下車三月. 忽然而逝. 夫人李氏問此境有可禱處否. 一吏曰有佛影寺
在. 夫人趣令轝櫬焚香. 泣祝於佛前 三日三夜. 奄然還生. 卽以塔寮爲歡
喜寮. 佛殿爲還生殿. 因寫金字蓮經七軸. 仰謝佛恩云云. 又按西河任有
後作小誌. 略云舊有雙鶴巢于寺北芙蓉城下. 壬辰元朝止南庭松樹上. 嘎
然長鳴. 盤翔數匝而上天. 井泉赤渾. 不食三日. 是年倭作亂. 寺宇盡
燒. 惟西殿靈山殿歸然云. 前後文人達士之筆蹟. 若是瞭然. 不可都謂之
無徵. 則山之有寺. 吁亦靈異也哉. 余以所見凡伽藍殿宇. 例側於窮山僻
隅. 懸崖鳥道. 遊人杖屨之所難到. 孰如斯境遮山界水. 奇秀天成. 不幽
深而自幽深. 不險絶而自險絶. 龍槽鶴巢. 遺跡尚在. 法師韻釋. 刱制
依然. 巖巒之逈峯. 酷肖摩訶. 林樾之淸幽. 不下表訓. 溪流之奔猛. 勝
於長安. 風氣之粧點. 巧於楡岵. 人之稱之爲小金剛者. 亦非僭越矣. 因
書以記之. 以資臥遊之助云. 余於是行. 得兼四時之觀. 盖時方孟冬. 嚴
霜未下. 山中木葉. 或靑或丹. 皆未凋落. 似乎夏秋之際矣. 日氣溫隆.
躑躅杜鵑. 或有開花巖罅者. 又似乎春矣. 回程暮雪. 望見雲表群峰. 渾
然白頭. 又似乎冬矣. 一山氣候. 不齊於一日之頃. 吁可奇也已.

출전: 金昌翕, 『三淵集拾遺』, 「蔚珍山水記」

12

소백유록

小白遊錄

권정침

권정침(權正忱): 생몰은 1710(숙종 36)~1767년(영조 43)이다. 조선 후기의 문신이다. 정침의 자는 자성(子誠), 호는 평암(平菴), 본관은 안동(安東)이다. 대대로 봉화(奉化)에서 살았다. 이광정(李光庭)·강재항(姜再恒)의 문하에서 수업하였으며, 1754년 사마시에 합격하고, 1757년에 문과에 급제하였다. 영조의 신임을 받아 세자시강원설서(世子侍講院說書)에 제수되었고, 장헌세자(莊獻世子)를 가르치기도 하였다. 1757년에 형조판서(刑曹判書) 나경언(羅景彦)이 세자의 비행을 영조에게 고하여 처벌될 단계에 이르렀을 때, 그가 사서(司書) 임성(任珹), 검열(檢閱) 임덕제(林德躋)와 함께 그 무고함을 밝혀 일단 무사히 풀려 나오게 하였다. 그러나 다음 달 영조가 세자를 폐하여 서인(庶人)으로 하고 곧 뒤주에 넣어 죽게 하자 이를 극력 반대하였다. 이 때문에 그는 형장에까지 끌려갔다가 특지(特旨)로 풀려나와 고향으로 돌아가 두문불출 은거하였다. 그 후 정조가 즉위하여 여러 번 불렀으나 나아가지 않고 조용히 여생을 보냈다. 정조는 아버지 사도세자를 추모해 『현궁지(玄宮誌)』를 지을 때 그의 사적도 넣고자 하였다. 그러나 영조가 사도세자의 신원을 하지 못하도록 해놓았으므로 할 수 없이 세자의 인적 사항만 기록해 넣었다. 은거하는 동안에 『연설기사(筵說記事)』·『서연강의(書筵講義)』·『중용총론』·『근사록강의』·『사단칠정변(四端七情辨)』 등의 저서를 남겼으며, 1878년(고종 15) 그의 현손 영하(泳夏)가 저서와 문집을 모아 『평암문집』으로 출간하였다.

해제 解題

「소백유록小白遊錄」은 권정침權正忱: 1710~1767의 『평암선생문집平菴先生文集』 권 3
에 수록되어 있으며, 소백산 일대를 유람하고 보고 느낀 점을 기록한 유람록이
다. 그는 소백산과 태백산 사이에 살고 있으면서 소백산 유람을 하지 못한 것
을 한스러워하다가 경신년1740 4월 9일 취암에 가서 10일 동안 머무는 동안에
소백산 유람을 약속한 후 5월 병오일7일에 마침내 소백산 유람을 하게 된다. 산
수를 유람하는 동안 주변의 풍광에 대해서 매우 자세하게 표현하고 있다. 병
오일7일에서 임자일13일까지 7일 동안의 유람을 마친 그는 산수에 대한 평가
를 단순히 좋은 경치만 구경해서는 안 되고 산수유람을 통해 그동안 속세에
서 쌓인 마음의 찌꺼기를 제거하고 넓고 밝은 마음으로 살아가야 함을 역설
하고 있다.

국역 國譯

내가 태백산太白山과 소백산小白山 사이에 살고 있어 일찍부터 소백산의 승경
에 대해 들었는데, 아직도 산에 올라 유람하며 통쾌해하지 못한 것을 한스럽
게 여겨왔다. 경신년1740 4월 19일 형 중도仲道 씨가 종제從弟 상백常伯 · 퇴언退彦
과 함께 책을 들고 취암鷲庵에 들어갔는데 나도 뒤를 따랐다. 한가한 날에 늙은
중을 따라 산수의 기이함을 논하는데, 수성守成이라는 자가 소백산의 뛰어난
형세에 대해 제대로 설명하였다. 그러자 중도 씨가 수성에게 이르기를, "내가
만일 소백산에 간다면 그대는 마땅히 따라야 할 것이오" 하니, 수성이 사양하
지 않았다. 취암鷲庵에 열흘 머물고 돌아왔다. 돌아오는 길에 소백산을 가기로

약속하고 5월 을사6일에 등정하기로 기약하였는데, 이날은 비가 와 실행에 옮기지 못하였다. 다음 날 병오7일에도 가랑비가 내려 나는 분명 중도 씨가 오지 않을 거라 생각했는데, 비가 그치자 김시청金始淸이 기약하지 않았는데도 와서 함께 가기를 청하였고, 중도 씨도 노비를 보내 나를 불렀다. 내가 즉시 김생의 무리와 걸어서 호현虎峴으로 나가니 중도 씨가 벌써 중지仲至·상백·퇴언을 따라왔다.

드디어 서로 팔짱을 끼고 앞으로 나아가 압동鴨洞을 거쳐 만가현萬駕峴에 올라 비로소 소백산을 바라보니, 우뚝하고 아득하여 마치 기다란 구름이 허공을 가로지르고 있는 것 같았다. 고개를 내려와 백여 보를 가니 손세웅孫世雄도 소백산에 가려고 길머리에 서서 기다리고 있었다. 행보가 소천韶川에 이르러 주점에서 밥을 먹는데 맛있는 문단文丹, 감귤의 일종을 맛보았다. 저물녘에 백운동白雲洞에 도착해 묵었다.

정미8일. 초암草庵을 향해 가다가 경렴정景濂亭에 올라 주신재周愼齋*의 시에 차운次韻하였다. 기천基川 안인택安仁宅도 오래전에 한 약속을 지키기 위해 왔다. 동행은 모두 8인으로 서로 함께 죽계竹溪를 거슬러 올라갔다. 10여 리쯤 가니 좌우로 시내와 골짝이 나오며 조용한 가운데 급히 흐르는 물소리가 들리고 하얀 바위가 은은하게 비치는데, 수풀 사이로 혹 거꾸로 매달려 폭포를 이루고 혹 모여들어 깊은 못을 이루었다. 수중의 바위 면에 번번이 '제 몇 곡曲'이라고 써놓은 글씨는 순흥부사順興府使 신필하申弼夏의 글씨라고 한다.**

---

*   주신재(周愼齋): 주세붕(周世鵬, 1495~1554)을 가리킨다. 주세붕의 본관은 상주(尙州), 자는 경유(景游), 호는 신재(愼齋)이다. 1543년 백운동서원을 건립할 때 강학과 풍류를 위한 공간으로 정문 앞 동편에 경렴정(景濂亭)이라는 정자를 세웠다. '경렴(景濂)'은 북송의 철학자 염계 주돈이(濂溪 周敦頤)를 경모한다는 뜻을 취한 것이다.

**   수중의 …… 글씨라고 한다:『순흥지(順興誌)』에 따르면 신필하(申弼夏)가 1728년(영조 4) 4월에 순흥부사로 부임하였다. 그가 소백산을 유람하면서 금당(金堂) 앞에 큰 글씨로 '죽계제일수석(竹溪第一水石)'이라 써서 새겼으며, 송나라 주자의 무이구곡(武夷九曲)을 본떠 죽계구곡(竹溪九曲)의 반석에 '1곡(一曲)'이라 새기고 시내를 따라 내려오면서 마지막으로 배점[梨店]에서 '9곡(九曲)'을 새겼다고 한다.

안간교安干橋을 건너 초암草庵에 이르니 물과 돌이 더욱 기이하고 뛰어나 바위에 구멍이 쩍 벌어진 채로 격한 물줄기를 쏟아내고 있었다. 두 기슭의 우거진 숲의 짙은 그늘 사이로 햇빛이 살짝 비추고 있었다. 위태로운 바위에 앉아 맑은 물에 씻으니 세상을 벗어난 듯한 생각이 갑자기 들었다. 시내를 건너 수십 보를 가 청운대青雲臺에 올랐다. 청운대는 본래 백운대白雲臺였는데 퇴도 선생退陶先生, 이황 1501~1570이 백운암白雲庵과 서로 혼동되는 걸 싫어하여 청자青字로 바꾼 것이다. 누대 곁에는 장송長松이 곧게 자라 구름 위로 솟고 휘어진 가지는 아래로 드리우고 있었다. 누대 아래 깊은 못은 맑고 깨끗해 피라미와 물고기 수십 마리가 그 안에서 헤엄치고 있으니 실로 산속의 승경이었다. 시를 읊조리려 뜻을 펴 보여 사람들에게 함께 화답할 것을 청하였다.

잠시 후 수성守成도 벌써 지팡이를 짚고 누대 아래에 이르렀다. 마침내 누대를 내려와 계곡을 따라가다가 제1곡曲에 이르렀는데 거대한 바위가 시내 중간에 우뚝 서 있고 '신필하申弼夏'와 '한덕필韓德弼'이라는 이름이 그 위에 쓰여 있었다. 계곡은 모두 9곡으로 이곳에 이르러 벌써 다하였다. 이에 여러 사람들과 시내를 건너 암자로 들어가 묵었다. 이틀간의 쉼 없는 산행에 어림잡아 50리나 먼 길을 왔다.

무신9일. 암자 오른쪽 작은 길을 따라 비스듬히 들어가니 석류동石崙洞인데 숲이 깊고 길이 험하였다. 재 아래에 이르러 두세 명의 농부를 만났는데 깎아지른 벼랑을 따라 땅을 파 밭을 일구고 있어 산골 사람들의 수고로움을 상상할 만하였다. 작은 시내를 건너 왼쪽으로 돌아 재의 층층이 진 벼랑을 오르는데 험하게 끊긴 돌길이 마치 허공에 매달려 있는 것 같았다. 사력을 다해 오르고 매달리며 한 치 나아갔다 한 자 물러나니, 거의 우리가 학문을 할 때 깊은 성찰을 일으키는 과정과 같았다.

5리쯤 가서야 산허리 중간에 올랐는데 길이 점점 평평해졌다. 철쭉이 길가에 활짝 피어 난만히 아름다운데, 7, 8리에 걸쳐 잇달아 피어 있어 참으로 볼만하였다. 재의 오른쪽 골 안에 석륜암石崙庵 옛터가 있는데, 거친 풀만 뒤덮여 있고 앞에는 고탑古塔이 숲 위로 솟아 있었다. 그 북쪽으로 바위가 매우 기이하게 돋아 있는데, 그 머리는 떨쳐 일어날 기세였다. 이름을 봉두암鳳頭巖이라 한 것은 아마 그 형상이 비슷해서 취한 것 같다. 그 서쪽으로 재의 허리쯤에 우뚝 서 있는 바위가 있는데, 높이는 거의 6, 7길丈에 이르고 위에는 5, 6인이 앉을 만하니, 신재愼齋, 주세붕가 말한 광풍대光風臺라는 것이다. 어떤 이가 말하기를 철암哲庵과 명경암明鏡庵이 석륜암 아래에 있다는데 숲이 깊고 길이 끊어져 찾을 수가 없었다.

재로부터 환선암喚仙庵으로 들어가니 암자는 텅 빈 지 이미 오래되었고, 바위틈에서 다만 물이 졸졸 흘러 대통 안으로 쏟아져 들어가는 소리만 들렸다. 바위 서쪽에 작은 산등성이가 높고 가파른데, 그 위에는 흰 바위가 우뚝 서서 하늘을 떠받치고 있으면서 천고의 세월토록 내려앉을 기색이 없으니 참으로 공경스러웠다. 산등성이 서쪽 가장자리에 두 개의 낭떠러지가 마주 보고 서서 문을 이루고 있었다. 문 안쪽은 두 개의 층층이 진 암대巖臺를 이루고 있는데 위에는 칠성단七星壇이 있고 아래에는 신선의 바둑판이 있으니, 선생이 말한 백운봉白雲峯이 아마 이 산등성이를 두고 말씀하신 것 같은데 안타깝게도 식별할 방법이 없었다. 위태롭고 가파른 바위 아래로는 땅이 보이지 않아 두려워 오랫동안 머무를 수 없었다. 마침내 남쪽 절벽에 이름을 쓰고 바위를 내려왔다.

1리쯤 내려오자 중가타암中伽陀庵과 하가타암下伽陀庵이 있는데, 중가타암은 무너져 내렸고 하가타암도 텅 비어 사람이 없었다. 모로 걸으며 고개 마루를 넘어 상가타암上伽陀庵에 들어가 보니 이 암자도 무너져 내렸다. 뜰 가운데 기이한 바위가 뾰족하게 서 있고 풀이 얽혀 자라는데 바위틈에서 나는 향기가 방안에 가득했다. 수성守成 손가락으로 가리키며 향암香嵒이라 하였다. 그 나머지 기괴한 바위와 돌들이 혹 동서로 마주 보고 서 있고 혹 바위 뒤로 깎아지른 듯 서 있는데, 터진 것은 입을 쩍 벌린 채 벼랑이 되고 무너진 것은 움푹 패여 구멍이 나고, 노한 것은 사람이 서 있는 듯하고, 웅크린 것은 범이 엎드려 있는 듯하고, 날짐승이나 그릇 같기도 하고 안석이나 소반 같기도 하여 거의 그 형상을 갖추어 설명할 수 없었다. 이른바 자하대紫霞臺, 금강대金剛臺, 화암대華嚴臺 등의 돈대와 백학봉白鶴峰, 백련봉白蓮峰, 연좌봉宴坐峰과 같은 여러 봉우리들이 응당 이 사이에 있건만 제대로 그 위치를 가리키는 자가 없고, 또 백운암白雲庵, 보제암普濟庵, 진공암眞空庵의 세 암자와 같은 것도 모두 그 이름은 있지만 그 처소는 없어졌다. 관음굴觀音窟도 하가타암 근처에 있는데 역시 찾을 겨를이 없었다. 절구 한 수를 읊조리며 상가타암의 샘 곁으로 가 점심을 먹었다.

오른쪽 언덕을 따라 재에 오르다 동쪽으로 수십 보 가 국망봉國望峯에 다다랐다. 봉우리 꼭대기는 기이한 바위들이 뒤섞여 늘어서 있는데, 하늘을 뚫고 꼿꼿이 서서 아득한 곳을 향하고 있어 마치 허공을 가로지른 구름에 내가 그 위에 올라탄 듯하였다. 이날은 바람이 가볍고 해도 맑아 구름 한 점 없어 하늘 끝 땅 끝이 훤하게 모습을 드러내고 있었다. 동남쪽으로 고개를 돌리니 푸른 산이 많은 이슬처럼 천 겹 만 겹 포개져 있는데, 그중에 모습을 구별할 수 있는 것은 태백산太白山, 오대산五臺山, 청량산淸凉山, 학가산鶴駕山, 팔공산八公山이었다. 서북쪽으로 치악산雉岳山, 용문산龍門山, 월악산月岳山 등의 여러 산도 모두 눈 아래 아름답게 펼쳐져 있었다. 그 밖에 많고 적은 봉우리들이 차례대로 우뚝 서 끝 간 데 없이 아득하여 마치 큰 바다가 둘러싸고 있는 것 같으니 참으로 장관이었다.

수성이 용문산 밖 아득한 한가운데를 가리키며 이곳이 삼각령三角嶺이라고 하였다. 그 위는 높고 추워 수목이 자라지 않고 다만 보이는 것이라곤 더부룩한 잡초뿐이었다. 이따금 암석이 가지런히 서 있는데 모두 볼만하였다. 재의 중간 허리 위로 고목枯木이 쓰러져 서로 포개져 있고, 늙은 나무는 울퉁불퉁 구부러져 일 년을 자라도 분촌分寸도 못 되었다. 그러나 바위틈으로 두견화가 피고 꽃나무에 새 잎이 돋아나니 이는 모두 또 다른 경계였다. 산을 돌아 등성마루를 따라 약 수리數里쯤 내려오니 또 층층 바위가 하늘에 닿아 수명을 피해 있는데 천주암天柱巖이라 하였다. 그 아래에 이름을 썼다.

숲을 헤치고 백여 보를 가 문박령文博嶺에 올랐다. 문박령은 가장 높은 곳인데 넓고 후중한 모습으로 여러 봉우리 위에 우뚝 서 엄연히 덕을 지닌 군자의 기상이 있었다. 나는 세상에서 소백산의 승경을 논하는 자들이 국망산의 기굴奇崛함에 대해서는 반드시 칭송하면서 다만 문박산에 대해서는 들은 바가 없음을 유독 안타깝게 여긴다. 일찍이 제일의 웅대한 경관이 여기에 있고 저기에 있지 않음을 모르는 것과 뭐가 다르겠는가. 내가 시속을 보건대 기이함을 숭상하고 괴이함을 좋아하여 드높은 것이 도리어 세상에서 칭송을 받지 못한다. 혹 대인군자가 도를 지닌 채 홀로 서서 세상에 널리 알려지기를 구하지 않으면 그를 알아보는 자가 없으니, 이것과 무엇이 다르겠는가. 그 또한 개탄스러울 뿐이다.

한번 산꼭대기에 기대어 위아래의 형승을 굽어보며 대략 헤아려보겠다. 대개 이 산의 유래는 태백산 남쪽에서 일어나 백병산白屛山을 이루고, 서쪽으로 달려 봉황산鳳凰山을 이루고, 또 서쪽으로 30여 리를 가 불쑥 솟은 곳이 국망봉國望峯이다. 국망봉에서 조금 낮아지며 6, 7리를 가다 점점 일어나며 우뚝 솟은 게 문박령文博嶺이다. 또 오르락내리락 4, 5리를 가면 안팎으로 교내산橋內山과 연화봉蓮花峰과 하문박령下文博嶺을 이룬다. 또 조금 내려오면 죽령竹嶺이고, 또 남쪽으로 나와 우뚝 선 것이 도솔봉兜率峰이다. 또 넘실넘실 서남쪽으로 가면 그 밖의 기이한 봉우리와 높은 산줄기를 일일이 헤아릴 수 없다.

볼만한 물줄기로는 죽계竹溪가 구성龜城의 앞 내를 이루고, 도담곡島潭曲이 한강漢江의 상류를 이룬다. 그 나머지 가로누워 끌어당기는 물줄기가 마치 흰 깁을 펼쳐놓은 것 같아 끊어질 듯 이어지며 길었다가 짧아지는데 모두 또렷하게 손꼽아 셀 수 있다.

하늘을 올려다보고 내려다보는 사이에 흔연히 즐거워져 돌아갈 줄을 모르고, 훨훨 허공에 기대어 바람을 타고 천지의 혼몽昏濛의 세계를 넘어 태초太初에 다가서는 듯하였다. 산꼭대기에서 거센 바람이 갑자기 일어 한기로 살을 에는 듯해 두꺼운 옷을 입더라도 견딜 수 없었다. 이에 재를 내려와 등성마루를 따라 십여 리를 가 교내산에 이르렀다. 동행 중에 누군가 말하기를, "이 아래 깊은 골 안에 밥 짓는 연기가 나는 것을 보니 아마도 촌가가 있는 것 같으니, 어찌 가서 묵지 않겠습니까" 하기에, 내가 말하기를, "이 산은 큰 언덕과 골이 가장 많고 길이 깊고 험해 지나갈 수 없습니다. 해도 저무는데 험한 길로 가다가 낭패를 볼까 걱정됩니다. 내가 듣기에 희방사喜方寺가 근처에 있다고 하니 거기서 투숙하고 내일 아침에 다시 오더라도 늦지 않을 것입니다" 하였다. 동행 중에 한두 사람이 누워 일어나지 않다가 결국 의견에 따랐다. 연화봉蓮花峯을 넘고 험준한 비탈을 내려오며 초암草庵을 돌아보니 벌써 5, 60리였다. 희방사의 북쪽 암자 뒤쪽 언덕에 이르러 잠시 쉬는데 곰이 우는 소리가 그 밑에서 들려 급히 몸을 던져 암자로 들어갔다. 암자의 승려 신혜信慧는 시로 명성이 있었다. 막 수십 명의 중들을 모아놓고 연화경을 전수하는 설법을 하고 있었는데, 능히 들은 게 많고 도리를 알고 있었다. 희방사로 내려와 쉬는데 한 노승이 앞뜰의 작은 탑을 가리키며 말하기를, "옛날 신라 때 두운杜雲이라는 승려가 있었는데, 호랑이를 꾸짖어 유 호장劉戶長의 딸을 살렸다고 합니다. 호장은 경주慶州 사람으로, 두운 법사의 은혜에 감동하여 경주의 미석美石을 운반해와 이 탑을 세워 은혜를 갚았다고 합니다" 하였다. 신령스럽고 기이한 일에 가까웠지만 진정 믿을 건 못 되었다.

기유10일. 아침에 물가로 내려와 폭포를 구경했다. 푸른 절벽의 산문이 깎아지른 듯 서 있고 기이한 바위가 뒤섞여 있는데 그 가운데서 물이 쏟아져 나와 10여 길을 떨어져 내리고, 그 물이 모여 깊은 못을 이루고 있었다. 물방울이 튀어 숲에 뿌려지니 밝은 대낮에 비가 내리는 것 같았다. 승려의 말이 신기하고 괴이해 후세에 확실하게 전할 말은 못 되었다. 다시 북쪽 암자 쪽으로 길을 잡아 한낮에 재를 넘어 교내산을 내려가면서 여덟 명을 두 개의 대오로 나눴다. 나와 중도 씨는 동쪽 언덕을 따라 내려가고 상백과 퇴언을 비롯한 여러 사람들은 서쪽 언덕을 따라 내려가, 서로 부르고 응답하며 중간 골짝에서 만나기로 했다. 고목과 등 넝쿨이 얼기설기 우거지고 좁은 길은 끊어져 갈 수 없었다. 왕왕 층층 절벽이 높이 끊어져 올라갈 길이 없으면 돌고 돌며 내려왔다. 숲 사이로 이따금 큰 돼지가 놀라 달아나는 것이 보였다. 깊은 곳을 뚫고 험한 곳을 넘으며 일곱 번 구르고 여덟 번 자빠지며 15리를 가니 비로소 중간 골짝에 도착했다. 상백과 퇴언은 벌써 도착해 있었다. 냇가에서 잠시 쉬었다가 출발하려는데 상백이 난색을 보이며 말하기를, "제 발이 부르트고 정신도 피로해 갈 수가 없습니다. 여기서부터 길을 되돌아가 다시 희방사에서 묵고 돌아갔으면 합니다" 하기에, 내가 말하기를, "옛날에 자네가 비로봉毗廬峯을 내려올 때 기개가 얼마나 날랬는데 지금은 어찌 이리도 기운이 빠졌는가. 내가 들은 '힘이 부족한 자는 중도에 그만둔다*는 것이 이런 유일 것이네. 어찌 다만 오늘의 산행을 나아가지 못하고 그만둔단 말인가" 하니, 상백이 웃으며 일어났다. 시내를 따라 천천히 걸으며 직동直洞을 나가니, 쓰러진 나무와 어지러운 돌들이 곳곳에 널려 있었다. 서쪽을 향해 10여 리를 가니 지세가 점점 평평해졌다. 서너 명의

---

* 　힘이 …… 그만둔다:『논어(論語)』「옹야(雍也)」편에 공자의 제자 염구(冉求)가 "저는 선생의 도를 좋아하지 않는 것이 아니라 힘이 부족해서입니다" 하자, 공자가 "힘이 부족한 자는 중도에 그만두는 것이니, 지금 너는 스스로 한계를 긋는 것이다[求曰 非不說子之道 力不足也 子曰 力不足者 中道而廢 今女畵]"라고 한 대목에서 인용한 것이다.

농부가 그 위에 마^麻를 심고 있었는데, 한 노인을 불러 길을 물었다. 계속 전진하여 대사태동^{大沙汰洞}과 소사태동^{小沙汰洞}을 지나 5리쯤 가니 거병봉^{車屏峰} 아래 한 촌가가 보이는데, 사립문이 둘러쳐져 있고 그 위에서 닭이 울고 있었다. 그 집에 들어가 점심을 먹었다. 주인 김익찬^{金益贊}이 대접하면서 스스로 말하기를 자신은 척주^{陟州} 사람으로 올봄에 이 산으로 들어왔다고 하였다. 내가 수성을 머물려 산나물을 공궤하게 하고 즉시 여러 사람들과 지름길로 해서 물가 어귀로 갔다.

5리도 채 못가 길 오른쪽에 2층의 돌계단이 덩그러니 놓여 있는 것을 보았는데 옛 절의 남은 터 같았다. 그 아래로 드문드문 보리가 더부룩하게 자라고 바위틈에 자란 조와 벼는 크기가 손가락만 해 그 비옥한 땅에 눌러앉을 만하였다. 여기서부터 돌은 더욱 기이해지고 물은 더욱 깊어져, 다섯 걸음에 폭포 하나가 나올 정도로 굽이굽이 기이하고 장대했다. 입암동^{立巖洞}을 지나고 갈유동^{葛踰洞}에 이르니 목수 서너 집이 살고 있었다. 동구 밖에 흰 바위 하나가 있어 높이가 두 자 되고 길이는 석 자쯤 되는데, 표면이 고르고 매끄러워 쪼아 다듬은 듯해 이채로웠다. 시내를 건너 10리를 가니 기이한 바위가 떡하니 길을 막고 있었다.

대산개동^{大山芥洞}과 소산개동^{小山芥洞}을 지나 물가 어귀에 이르니, 왼쪽에는 돌 봉우리가 삼각^{三角}으로 대치하여 구름을 뚫고 깎아지른 듯 서서 계곡물을 가로지르고, 오른쪽에는 층층 절벽이 험하게 일어나며 잇달아 솟아 거세게 시내를 막고 서서 돌 봉우리와 대항하고 있었다. 그 사이로 몇 자인지 헤아릴 수 없는 시내물이 바위틈으로 몰려들며 3, 4길을 떨어져 내려 돌 위의 못을 이루고, 또 10여 길 흩어져 떨어져 하나의 크고 깊은 못을 이룬다. 못의 물이 뒤집혀 오르고 튀는 물방울이 흩뿌려지는데, 구슬을 흩뜨리며 안개를 뿜어내는 것 같았고, 햇빛이 거기에 닿자 눈부시게 반짝여 똑바로 쳐다볼 수 없었다. 빙 돌아가 시내 가운데 있는 바위에 앉아 맑은 노래 여러 곡조를 부르자 벼랑과 골짝에 울려 퍼지며 바람이 일고 물이 솟구쳐 황홀하게 뗏목을 타고 은하수를 떠가는 것 같으니, 일찍이 속세의 구속이 나의 참된 본성을 빠뜨리고 내 마음을 어지럽힌 줄을 몰랐다. 시내의 바위들이 바둑돌처럼 펼쳐지고 별처럼 벌려 있는데, 머리는 모두 내폭內瀑 어귀를 향해 있었다. 좌우로 흰 바위가 개의 어금니처럼 맞물려 서로 그 안쪽을 견제하고 있었다. 크고 작은 봉우리와 언덕들도 이와 같았다.

못의 북쪽 벼랑은 높이가 수십 길이나 되는데, 그 아래 서 있는 두 그루의 주목株木이 위로 벼랑 꼭대기에 기대어 횡목橫木을 매달아 그 위로 백 층 사다리를 만들어 사람을 통행하게 하였다. 만약 발을 헛디디면 구슬이 소반 위를 구르듯 천 길 깊은 못에 빠질 것이다. 한번 다리 끝에 가서 잠깐 아래 못을 내려다보니 끊어진 골짝과 가파른 바위에서 폭포가 우렁차게 울렸다. 다리 위 층층 절벽은 떨어질 듯 허공에 솟아 있는데, 목이 움츠러들고 발목이 묶인 듯 넋이 빠지고 마음이 어지러워 두려워 머무를 수 없었다. 내가 두려워하며 깊이 생각하기를, "만일 우리들이 항상 지금처럼 깊은 골에 임했을 때의 마음을 보존한다면 영웅이 되는 일에 있어 알지 못할 게 뭐 있겠는가. 훗날 평탄한 길을 활보할 때 내가 이 마음을 갑자기 잃어버릴까 두려울 뿐이다" 하였다. 이것으로 스스로 경계하고 또 이 생각을 상백과 퇴언과 여러 사람에게 이야기하였다. 내가 교산橋山을 들어올 때 여러 사람들과 교로橋路를 넘어 단양丹陽에서 구담龜潭과 도담島潭 두 담潭을 구경하기로 약속했는데, 북쪽 벼랑을 지나 마아령馬兒嶺을 넘어 다시 교산에 이르자 두려워 감히 오를 수 없었다. 저물녘에 교산에서 시내를 따라와 다시 김익찬의 집에 들어갔다. 산 안의 기이한 승경을 물어보고 또 세상 사람들이 일컫는 금계촌金鷄村에 대해 물으니, 익찬이 말하기를, "제가 이곳에 온 지 오래되어 눈과 귀로 두루 미쳤으나 금계촌은 그 이름만 들었지 장소는 아직 보지 못했습니다" 하였다. 밤이 깊어서야 침소로 들었다.

경술11일. 아침에 출발하면서 절구 두 수를 지어 익찬과 헤어졌다. 다시 사태동沙汰洞을 지나 내교산 백병동白屛洞으로 들어가니 숲의 나무가 우거지고 암석이 위태로운 게 직동直洞에 비해 다를 바 없었다. 중간 허리쯤에 이르러 비를 만났다. 오후에 비로봉毗廬峰에 올라 아래를 내려다보니 짙은 구름이 뭉게뭉게 피어올라 숲과 골짝을 집어삼키는 듯 토해내는 듯하였다. 이윽고 한 줄기 광풍이 불며 서쪽 산봉우리로부터 비가 몰려와 옷깃을 다 적시니 한기가 엄습했다. 숲 속에서 눈앞의 길이 어슴푸레하니 어디로 가야 할지를 몰랐다. 엉금엉금 기어 산을 내려오는데 산길이 미끄럽고 층층 절벽은 위태로워 굴러 넘어지듯 절로 내려가 멈추고 싶어도 멈출 수 없었다. 해를 보며 산에 오르는 것에 비해 험난함이 전혀 다르다는 것을 새삼 깨달았다. 고인의 '선을 따르는 것은 높은 곳에 오르는 것과 같고, 악을 따르는 것은 산이 무너져 내리는 것과 같다[從善如登 從惡如崩]'*고 한 경계가 나를 속이지 않았음을 더욱 믿게 되었다. 재를 내려와 10여 리를 가 정안동正眼洞을 나오니, 골짜기 물이 맑은데 바위를 만나 폭포가 되었다. 물가 어귀는 매우 깊숙한데 그 가운데는 편평하게 텅 비어 있어 터가 완연히 남아 있는데, 어떤 이가 옛날에는 절이 있었다고 하였다. 시내를 따라 15리 내려와 왼쪽 고개를 넘어 비로전毗廬殿 뒤쪽 암자로 들어가니, 백동白洞의 빙옹-聘翁. 장인이 마침 같은 고을의 장로 10여 명과 함께 와서 아랫방에 모여 있었다. 이날 시 세 수를 지었다.

신해12일. 비가 그쳤다. 내가 여러 사람과 함께 비로전을 내려가며 빙옹에게 인사를 드렸다. 암자 앞길에서 비스듬히 왼쪽 골로 들어가 재를 넘으니 공교동空橋洞에 이르렀다. 골 안에 과연 우적암牛迹巖이 있고 그 아래 돌 위에 또 거인

---

* 선을 따르는 …… 쉽다: 옛날부터 전해지는 속담으로 『국어(國語)』 권 3 주어 하(周語下)에 나오는 말이다. 선을 따르기는 어렵고 악을 따르기는 쉽다는 경계를 뜻한다.

의 발자국이 있는데, 유 호장劉戶長이 탑을 실어온 곳이라고 한다. 10여 리를 가 석륜동石崙洞에 들러 초암草庵 응벽루凝碧樓에서 잠시 쉬었다. 정오에 운동雲洞의 촌가에 도착했다. 안인택安仁宅이 여기에서 돌아가 나와 동행 여섯 명이 호문재 好文齋에서 묵었다.

임자13일. 사동沙洞에 도착해 호현虎峴 밖 길에서 헤어지고, 나는 호현을 넘어 계곡의 우거寓居로 들어갔다. 병자로부터 임자에 이르기까지 모두 7일 동안 험한 길을 수백 리 오르내렸다. 그간의 경물의 승경을 어찌 이루 다 서술할 수 있겠는가마는, 가장 볼만했던 것으로는 높고 큰 것은 문박령文博嶺이고, 기이하고 수려한 것은 백운봉白雲峯*이다. 희방사喜方寺와 용추龍湫의 수석도 기이하지만, 유독 교내산의 폭포가 제일 기이한 승경이다. 대저 소백산이 멀리 동남쪽 궁벽한 곳에 있어서 천고의 세월을 지나도록 아는 사람이 없다가 한 번 도옹陶翁, 이황과 신재愼齋, 주세붕의 품제品題를 거쳐 그 승경이 기록되면서 비로소 산수로 이름이 났다. 그리하여 우리 동쪽의 풀 한 포기 나무 한 그루가 여전히 산을 찾는 사람들의 옷소매에서 총광寵光을 입고 사람의 입에 오르내리며 향기를 발하고 있다. 지금 우리가 두루 유력하고 실컷 관람하여 비록 혹 두 선생이 지팡이를 짚고 신발을 끌면서 미처 이르지 못한 곳에 가봤다 하더라도, 두 선생이 다니며 구경한 즐거움으로 말할 것 같으면 실로 우리가 감히 헤아릴 수 있는 바가 아니다. 그러니 이 또한 어찌 능히 모사摸寫하여 이 산의 경중을 가릴 수 있겠는가. 다만 이로 인하여 가슴이 툭 터지고 사사로운 찌꺼기를 씻어버려, 저 산의 고대高大하고 후중厚重한 기상으로 하여금 오래도록 내 마음과 눈 사이에 두어 단지 보고 유람하며 구경한 것에 그치지 않는 것이 바로 내가 오늘 모아서 기록하는 참뜻이다. 무릇 나와 동유同遊하는 사람은 힘쓰고 힘쓸지어다.

---

* 원문에는 '백설봉(白雪峯)'으로 나오는데 백운봉의 오기이므로 바로잡았다.

150

원문 原文

余在兩白間、蚤聞小白之勝、恨未得登覽爲快也. 歲庚申孟夏十九、兄仲道氏與其從弟常伯、退彦、携卷八鷲庵、余亦後之. 暇日從老、釋論山水之奇、有守成者、能言小白形勝. 仲道氏謂守成、吾若往白山、汝當前後、守成不辭. 留鷲庵十日而歸. 歸路約白山行、期以五月之乙巳登程. 是日、雨、不果、翌日丙午、且微雨. 余意仲道氏必不來已. 而雨歇、金生始淸亦不期而來、請偕往. 仲道氏又送奴速余、余卽與金生徒步出

虎峴. 仲道氏已從仲至常伯、退彦來. 遂與交臂前進、歷鴨洞、登萬駕峴、始望白山. 嵯峨縹渺、若長雲橫空. 下峴、行百餘步、孫生世雄、亦以白山行立路頭以待. 行至韶川飯酒店、歷好文丹、日暮、抵宿白雲洞. 丁未、將向草庵、登景濂亭、次周愼齋韻. 基川安仁宅、亦踐宿約而來. 同行者凡八人、相與溯竹溪而上. 可十餘里許、左右谿壑、窈窕鳴湍、白石隱映、林樾間或懸而飛瀑、或匯而深潭. 水中巖面、輒書第幾曲申順興弼夏筆云. 踰安干橋、至草庵、水石益奇勝. 巖竇呀然、瀉出激湍. 兩岸穹林陰翳、日光微透、坐危巖、濯淸流、頓

覺有超然意. 踰溪行數十步、登靑雲臺. 臺素稱白雲退陶先生嫌其與白雲庵、相混易以靑字. 臺畔長松、直上干雲、樛枝下垂. 臺下深潭、泓渟潔淨. 有儵魚數十尾、游泳其中、實山間勝界也. 吟詩以遣意、請諸人共和. 少焉、守成亦已携筇及臺下、遂下臺、沿溪而行. 至第一曲、有巨石、屹立谿心、申弼夏、韓德弼、題姓名其上. 溪凡九曲、而到此已窮矣. 乃與諸人越溪、入庵止宿. 兩日徑行、槩五十里而遠. 戊申、從庵右小路、迤而入石崙洞、林深路險.

至嶺下、見二三田夫、緣懸崖掘土起畬. 峽民勤苦、可想. 踰小溪左轉、上嶺層崖、陡

斷石路如懸. 極力躋攀、寸進尺退、殆類吾爲學、亦足發深省也. 行五里許、始登中腰、路稍平直躑躅、夾路盛開、爛熳綽約、連亘七八里、儘可玩. 嶺右洞裏、有石崒庵舊址. 荒草蕪沒、前有古塔出林表. 其北、巖石甚奇昂、其頭奮然欲攀、名以鳳頭、蓋取其形似也. 其西、有石特立嶺腰、高幾六七丈. 上可坐五六人、愼齋所稱光風臺者也. 或云哲庵明鏡在石崒庵下、而林深路絶、不可尋. 由嶺入喚仙庵. 庵空已久、巖間惟聞水聲淙淙、瀉入箭中. 巖西小岡嶄截. 其上、白石屹立撐空、千古不肯下、可敬也. 岡西畔兩辟、對立爲門、門內

爲兩層巖臺、上有七星壇、下有仙人棊局. 先生所稱白雲峯者、疑是岡之謂、而恨無由識別也. 危石巉岊、下臨無地、悚然不能久留、遂題名南壁、而下巖. 下一里許、有中下伽佗庵. 而中伽頹圮、下伽虛無人. 橫步踰陵脊、入上伽佗庵、庵亦頹廢、庭中奇巖簇立、有草蘩生、喦隙香臭滿室. 守成指之謂香喦. 其他奇喦怪石、或東西對峙、或削立巖後. 其缺者、嵱呀. 爲崖陷者、嵌空爲竇、怒則人立、蹲則虎伏、如禽如器、如几如案、殆不可具狀. 如所謂紫霞、金剛、華嚴等臺、白鶴、白蓮、宴坐諸峰、應在此間、而無人指的者. 且如白雲、普濟、

眞空三庵、亦皆有其名、而無其處矣. 觀音窟、在下伽近地、而亦不暇尋、吟詩一絶. 就上伽庵泉傍、午飯. 由右陵上嶺、向東行數百步、臨國望峯. 峰頭奇巖錯列、直立中霄、向之縹緲、若撗空雲者、吾已踞乎其上矣. 是日也、風輕日晴、無一點雲翳、乾端坤倪、豁然呈露. 回顧東南、則積翠如濃、萬疊千重、就其中可以識其面目者、太白、五臺、淸凉、鶴駕公山也. 西北則雉岳、龍

門、月岳諸山、亦皆森羅於眼底. 其外多少峯巒、次第峭立、茫然不知所極.
若大瀛海環之、眞壯觀也. 守成指龍門外蒼茫中云、是三角嶺. 上高寒、樹
木不生. 惟

見雜草、離離往往、巖石矗立、皆可觀. 嶺中腰以上、枯木僵仆相枕、老樹臃
腫拳曲、一年所長、不過分寸. 巖罅杜鵑始、花木葉新抽、儘是別境界也. 回
步循脊而下約數里許、又得層巖逼天、遯命之曰、天柱巖、題名其下. 披林行
百餘步、上文博嶺. 嶺爲最高處、磅礴厚重、特立衆峯上、儼然有有德君子氣
像. 余獨恨世之論小白形勝者、必稱國望之奇崛、而惟文博無聞焉. 曾不知
第一雄觀在此、而不在彼、豈不異哉. 余觀時俗、尚奇好怪、嶢嶢者反見稱於
世、而其或有大人君子抱道獨立、不求聞達、而人無有知之者、與此何異、

其亦可慨也已. 試倚嶺頭、臨眺領略上下形勝、蓋是山也來. 自太白南起爲
白屛山、西走爲鳳凰山、又西行三十餘里、崛起爲國望峯. 自國望稍低行六七
里、漸起穹崇爲文博、又起伏行四五里爲内外橋内山、爲蓮花峰、爲下文博嶺、
又稍下爲竹嶺、又南出屹立爲兜率峰、又蹲蹲然向西南行. 其外奇峰峻嶺、固
不可一二數. 水之可見者、竹溪之水. 爲龜城之前川、島潭之曲爲、漢江之上
流、其餘橫拖若素練者、或斷或續、或長或短、歷歷皆可指數也. 俛仰穹霄、
欣然樂而忘返. 飄飄乎若憑虛御風、超昏濛而隣太初矣. 嶺頭

獰風忽起、寒氣凜冽、加厚衣猶不能支. 乃下嶺、循脊行十餘里、至橋内山.
同行或云、此下深谷中有人烟、疑村家在、盍往宿焉. 余謂、是山陵谷最多、又
深險路不可通. 暮日徑往、狼狽可悶. 吾聞喜方寺在近地、宜投宿、翌朝復
來尚未晚. 同行中一二人、臥而不起、卒乃從之. 踰蓮花峯、下峻、坂回望草

庵、己五六十里、至北庵後岡. 少憩、有熊鳴於其下、急投入庵. 庵僧信慧、
有詩聲. 方會數十緇徒、授蓮華經. 與之語、能多聞識道理、下喜. 方止歇、
有一老僧、指前庭小塔而言、昔在羅代、有道釋杜雲者、叱虎活劉戶長女. 戶
長慶州人、

感雲師恩、運慶州美石築是塔以償之事. 近靈異、固不足信也. 朝、下水口、
觀瀑. 山門蒼壁削立、奇嵒錯置、水瀵湧其中、飛流十餘丈. 渟滀爲深潭、噴
沫灑林、白日成雨. 僧言其神怪、亦不足傳信也. 又取路北庵、日午踰嶺、將
下橋內山、分八人爲兩隊. 吾與仲道氏、自東陵而下、常伯、退彥諸人、自西陵
而下、呼聲相應期會于中谷. 古木蒼藤、軥轕蔥鬱、逕斷不可行往. 往層崖、
嶄截捫緣、推轉而下. 林間時見大猪驚走. 穿深越峻、七顚八倒、行十五里、
始達中谷. 常伯、退彥已到. 至溪小歇、臨發、常伯有難色、曰、吾足繭神疲、
莫之能往、

願自此復路還宿、喜方以歸. 余曰、昔君之下毗廬氣、何銳也. 今又何憊也.
吾聞力不足者、中道而廢、推此類也、豈但今日山行之不進而已耶. 常伯笑
而起、隨溪緩步出直洞、僵木亂石、在在皆然. 向西行十餘里、地勢稍平、有
三四農夫、種麻其上. 招一老翁問路、前進、歷大小沙汰洞. 行五里許、見一
村舍、在車屛峰下、環以柴扉、鷄鳴其上. 入其家、午飯. 主人金益贊見待、
自言陝州人. 今年春、流入此山. 余止守成供山蔬、卽與諸人徑往水口、不
能五里、見路右宛然有二級石階、若古寺遺址. 其下往往牟麥離離、巖間粟
藁、其大

如指、可占其土沃也. 自此石益奇、水益深、五步一瀑、曲曲奇壯、過立巖洞.

154

至葛踰洞、木匠三四家、居之. 洞門外、有一白石、高可二尺、長三尺許. 方面均正滑澤、若琢磨然、可異焉. 踰溪、行十里、有奇巖穹然覆路. 歷大小山芥洞、至水口、左邊石峰、三角交峙、削立干雲、橫截谿流、右邊層壁、陡起崩男、贔屭當溪、而止距石峯. 其間不能數尺溪水、束流巖隙、飛注三四丈、爲石上潭、又散落十餘丈、爲一大深潭. 潭水飜騰、飛沫濺灑、如散珠噴霧、日光燭之、璀璨奪目、不可正視. 回步坐溪中石、放淸歌數曲、響振崖谷、風起水湧、怳然若

乘槎泛銀河. 曾不知世累之汩吾眞、而亂吾思也. 溪嵒之蟇布星羅者、頭皆向内瀑口、左右白石、交錯如犬牙、相制其内. 大小峰岡、亦如之. 潭之北崖、高可數十丈、其下立兩株木、上倚崖頭. 繫橫木、其上作百層架、以通行人. 若失足、則如丸走盤、投入千仞深潭、試就橋頭、乍臨下潭、瀑流喧騰、絶壑巉嵒、橋上層壁、跨空若墜、縮頸累足、魂心悸、凜乎其不可留也. 余惕然深思、以爲若使吾輩常存得此時臨深之意、其於做英雄也、何有未可知者. 異日坦道闊步、吾恐此心遽忘、爾旣以自警、且以語常退諸人. 余之入橋山、約

諸人踰橋路、丹陽觀龜島兩潭. 過北壁、越馬兒嶺、而還及至橋、畏不敢躋. 日暮、自橋溯溪而來、復入金益贊家. 問山内奇勝、又問世人所稱金鷄村者. 益贊云、僕是來已久、耳目遍及. 惟金鷄村只聞其名、不見其處. 夜深、始就寢. 庚戌、朝發吟兩絶詩、別益贊. 又過沙汰洞、入内橋内山白屛洞、其林木之茂密、巖石之危險、較直洞無異. 至中腰、遇雨. 午後、登毗廬峰、下視、陰雲瀰漫、呑吐林谷. 俄而、一陣狂風吹、雨自西嶺來. 衣襟盡濕、寒氣逼人. 林藪中、前路茫然、不知所從矣. 匍匐由嶺而下、嶺路泥滑、層崖发業、推轉自下、欲住不

得. 其視向日、攀登斗覺、艱易頓殊、古人從善如登、從惡如崩之戒、益信其不我欺也. 下嶺行十餘里、出正眼洞. 洞水淸澈、遇嵒爲瀑、水口甚密. 其中平曠、基址宛然、或言古有佛舍云. 沿溪下十五里、踰左峴入毗盧殿之後庵、白洞聘翁、適與同郡長老十餘人來會. 于下房、是日、題詩三章. 辛亥、雨歇. 余與諸人、下毗盧殿、辭聘翁、由庵前路、進入左洞. 踰嶺至空橋洞. 洞裏果有牛迹巖、其下石上、又有巨人跡、劉戶長載塔處云. 行十餘里、過石嵓洞、少憩于草庵凝碧樓. 午、抵雲洞村舍安生仁宅自此還. 余與同行六人、歷宿于好文齋舍. 壬子、至沙洞、分路于虎峴外. 余踰峴入溪寓、自丙午至壬子、凡七日、徑行上下數百餘里、其間景物之勝、蓋不可殫紋、而最其可觀者、高大則文博嶺、奇秀則白雪峯. 喜方龍湫水石亦奇、而獨橋內瀑沛爲第一奇勝也. 夫以小白之山、遠在東南窮僻處、歷千古、人莫之知、一經陶翁、愼齋品題、而紀其勝、始以山水名. 吾東其一草一木、猶衣袂寵光、馨人牙頰. 今吾輩遊歷之遍、觀覽之富、雖或到兩先生杖屨之所未及處、而至若兩先生遊觀之樂、實非吾輩之所敢窺測也. 其亦何能有所摸寫、以爲玆山之輕重也哉.

特因是而開廓其胸肚、蕩滌其私穢、使夫山之高大厚重氣像、長在心目之間、而不專爲遊觀而止者、乃吾今日哀錄之意也. 凡我同遊之人、勉之哉、勉之哉.

출전: 權正沈, 『平菴集』, 「小白遊錄」

13

유일월산기

遊日月山記

강운

강운(姜橒): 생몰은 1772(영조 48)~1834년(순조 34)이다. 조선 후기의 문신이다. 본관은 진주(晉州)이며, 자는 경하 (擎廈), 호는 송서(松西)이다. 부친은 첨지중추부사(僉知中樞府事) 색(?+策)이며 모친은 남양홍씨이니 빈(?)의 딸 이다. 1798년(정조 22) 생원시에 합격하였고, 1807년 정시문과에 급제, 정자(正子), 전적(典籍), 지평(持平), 이조정 랑 등을 역임하였다. 그가 관생(館生)으로 있을 때, 정조가 사생문답(師生問答)을 시켜보았는데, 그의 총명함을 보 고는 강운의 성명을 어병(御屛)에 써놓고 잊지 않으려 하였다. 1821년 이후로 관직에서 물러나 여러 강회(講會)에 참석하여 『심경(心經)』·『근사록(近思錄)』등을 강의하였으며, 여러 곳의 명승지들을 두루 유람하였다. 그는 『근사 록집해』와 『주서차의(朱書箚疑)』수십 권을 남겼고, 칠서(七書)에 대한 훈고와 의례에 대하여 깊은 연구를 하였으 며, 후진을 양성하는 데 힘썼다. 죽은 뒤 홍문관부제학에 추증되었다.

해제 解題

「유일월산기遊日月山記」는 강운姜橒: 1772~1834의 시문집인『송서집松西集』권 7에 수록되어 있다. 영양군 일월면에 있는 해발 1,219m의 일월산을 오르면서 느낀 일들을 적은 기문記文이다. 오리梧里에 있는 친구 조회백趙晦伯을 만나 평소부터 마음속에 두고 있었던 일월산을 오른다. 산을 오르니 곳곳의 여울물, 폭포 그리고 기이한 산세들과 언뜻언뜻 발아래를 지나는 자욱한 구름은 지나는 이로 하여금 감탄을 자아내게 하기에 충분하다. 세상에 용납됨은 적고 거슬림은 많은 자신에게도 이러한 감탄을 문장으로 표현하며 즐거워할 수 있는 낙樂이 있음을 보여주고 있다. 특히 산을 내려오며 만난 김군金君을 은군자隱君子로 이해하면서 자신들의 기행이 의미 있었음을 적고 있다.

국역 國譯

일월산日月山이 휘늘어진 꽃을 차지하고 눌러앉아 바다와 나란히 하여 높이 솟아있으니, 해와 달을 가장 먼저 받는 곳이라 하여 이것으로 이름을 삼았다. 대개 작약芍藥 가지 하나가 서북쪽에서 거의 백리를 와 이곳에 이르면 땅이 우뚝하니 만 길이나 솟구친다. 바위를 등지고 앞을 가로막고 서있는 산꼭대기가 일자봉一字峯으로, 홀로 우뚝 서 사방에 빼어나니 수백 리를 둘러봐도 따를 자가 없다. 산의 왼팔과 오른팔의 허리가 교차하는 곳은 위아래가 넓고 편평해 삼대三臺가 모이는데, 마치 거인이 팔을 늘어뜨리고 높이 가부좌를 틀고 있는 것과 같다. 산의 오른쪽 팔뚝은 앞에 솟아 있는 돌 봉우리를 감싸며 곧장 돈대로 내려오며 안산案山을 이룬다. 남쪽으로 20리를 등지고 달리면 오리현梧里峴

이고, 또 서남쪽으로 10리를 가서 막힌 곳이 매한梅閑 조군趙君이 거처하는 곳이다. 산의 왼쪽 팔뚝을 동쪽으로 돌면 칠성봉七星峯이고 북쪽으로 꺾어지면 수비首比이다. 또 남쪽으로 달려 강을 건너면 부용봉芙蓉峯인데 봉우리 아래에는 초선대招仙臺와 열선대列仙臺가 있다. 이를 등지고 가지 하나가 서쪽으로 달리면 청량산淸凉山이고, 가지 하나가 북쪽으로 가 낙동강을 거슬러 올라가면 부적缶磧과 슬적瑟磧으로, 서덜[磧]이 바람을 만나면 진秦나라와 조趙나라가 싸우는 소리가 들리는 듯하다. 동쪽으로 가지 하나가 산에 이르러 바다를 쫓아 돌면 동쪽은 신라新羅의 옛 도읍지이고 서남쪽은 큰 바다에 이르게 된다. 산은 집에서 백 리 떨어져 있다.

봄에 일이 있어 오리梧里에 가보니 벗 조회백趙晦伯의 사우社友들이 먼저와 있었다. 내가 말하기를, "일월산은 꿈에도 그리던 곳이네. 오늘 거기에 오를 것이니 그대도 따라오시게" 하였다. 함께 가는 이는 회백과 주인 세 사람 합해 다섯 사람이었다. 1리쯤 걸어가니 바위 계곡이 나왔다. 혹은 소용돌이를 이루고 혹은 못을 이루고 혹은 폭포를 이루었다. 계곡을 따라 10리를 가 초가집 한 채를 만났는데, 곁에 산에 해가 떠오르고 있어 맑은 운치가 사랑스러웠다. 주인이 낡은 의관을 입고 나와 맞이하는데, 성은 김金이고 이름은 잊었다. 지름길로 산을 빠져나오느라 벼랑을 나란히 하면서 갔다. 벼랑 위에는 크고 작은 바위들로 즐비한데, 말[斗]같이 생긴 것, 안석[几]같이 생긴 것, 받침대[几]같이 생긴 것, 소반[盤]같이 생긴 것들이 다 그대로 이름을 붙일 만하였다. 벼랑 아래로 너른 바위 하나가 계곡에 걸터앉아 있는데 5, 60명은 족히 앉을 만하였다. 계곡물이 그 안에서 나와 와폭臥瀑을 이루는데 폭포의 길이는 10길丈이다.

이곳에서부터 계곡물은 더욱 얕아지고 산은 더욱 깊어지고 벼랑은 더욱 위태로워져 길이 혹 끊어졌다가 다시 나왔다. 고개를 숙이며 우거진 곳을 들어가니 숲이 위로 높고 옆으로 이어지며, 어지러운 바위가 포개져 뾰족하고, 긴 사다리와 짧은 돌 비탈길에, 아래는 움푹 들어가고 위로는 불쑥 튀어나와, 한 치 올라갔다 한 자 물러서며 거의 10여 걸음에 한 번 쉬었다. 거의 끝나갈 즈음에 한 부서진 암자를 만났는데 봉불암奉佛菴이라는 암자였다. 오른팔 쪽의 돌 봉우리가 우뚝 솟아 앞을 가로막았는데, 벼랑을 세우고 골을 굽어보고 있어 위태로워 거처할 만한 곳이 못 되었다. 다만 동쪽 언덕이 시원하고 환하게 트여 있어 휘둘러보면 줄지은 여러 산이 모두 발아래 있었다. 하늘이 어둑하고 자욱한 기운이 깔려 있는데 노을과 따오기가 그 위로 출몰하니, 나로 하여금 훨훨 세상을 벗어난 듯한 느낌이 들게 하였다. 흰 구름이 허리 아래에서 일어나더니 어지럽게 사방으로 흩어져 나왔다. 산 밖으로 한 줄기 검은 구름이 뭉게뭉게 오면서 서로 이어졌다. 함께 온 이가 말하기를, "비가 올 것 같습니다. 여기는 정상까지 거의 반으로 위험천만하고 볼만한 것도 거의 다 봤습니다. 위도 마찬가지일 테니 어찌 돌아가지 않겠습니까" 하였다. 내가 말하기를, "아주 장관입니다. 반인데도 벌써 이와 같으니 나머지 반만 더 가면 그칠 수 있을 것입니다. 이 위로 정상이 아니면 멈추지 않겠습니다" 하고 드디어 떨치며 일어나니, 함께 온 이가 말하기를, "대장부이십니다. 갓을 숙이고 옷을 벗어젖히고 다리에 행전을 치고 들메끈을 조여 맵시다" 하였다. 이에 덩굴을 헤치고 바위에 기대며 올라가 1,400여 보쯤 걸어가자 비로소 백운암白雲庵 옛터가 나타났다. 허리 아래의 돈대에 나아가니 우뚝 솟은 돌 봉우리를 향해 있었다. 또 굽어 살펴보니 짙은 구름이 갑자기 걷히며 하늘이 맑아져 온 산이 초연하고 들판이 훤히 보였다. 서로 함께 두루 본 것은 이른바 삼대三臺인데, 상대上臺는 정상까지 걸어서 수백 보이고, 중대中臺는 상대와 떨어진 거리가 10길丈이 안 되었고, 하대下臺도 이와 같아서 어림잡아 동서로 수천 길丈이고 남북은 오분의 이 정도 되었다. 흙은 검은색으로 둑이거나 혹은 밭이었다. 나무는 모두 가죽나무와 상수리나무로 우거져 쭉쭉 뻗었으며, 가지 위에는 이따금 곰이 살 만한 곳도 있었다. 땅이 비옥하여 한 주먹 돌도 가로막는 게 없으니 열에 여덟 식구는 족히 먹여 살릴 만했다.

암자 서쪽으로 몇 이랑의 땅이 진펄이라 작은 못을 이루어 간수가 절로 나오는데 맑고 차가워 마실 만하였다. 산은 안으로 넓고 바깥으로 에워싸며 양지를 향해 바람을 막고 있으니, 절로 보잘것없는 한 노인으로 늙어가 세상에 아무런 뜻 없이 운곡雲谷*의 남긴 제도를 본받아 백운암 옛터에 집 몇 칸을 짓고 화전을 일구고 술을 올리며 고기 먹듯 맛있게 채소를 먹으며 구름과 노을 속에 자취를 감추고 싶은 생각이 들었다. 내가 이 세상에 허용된 것은 적고 거스른 것은 많으니, 또 어찌 저 대자연 속에 팔탄금八彈琴의 악장樂章이 없겠으며, 또 세상에 혹 나와 같은 자가 있어 그 악장을 이루는 자가 없겠는가.

상대上臺를 따라 오른팔 위쪽을 감싸고 있는 것은 일자봉一字峯이다. 여기부터는 대개 산이 없고 삼면이 험한 바위이고 측면이 벼랑인데 만 길丈 낭떠러지라 아래를 내려다보면 사람으로 하여금 뒷걸음질 치게 한다. 정상은 넓게 뚫려 있어 마치 견고한 숫돌 같았다. 사방을 바라보니 각각 백천百千 리나 되고 옹기종기 운산雲山이 늘어서 있어 마치 파도가 일렁이는 듯, 갈매기와 해오라기가 오르내리는 듯, 호랑이가 웅크린 듯 봉황이 날아오르는 듯, 옥구슬이 둥근 듯 칼이 뾰족한 듯하였다. 동쪽 일대를 바라보니 푸른빛이 하늘에 닿아 서로 떠 있는데 함께 온 이가 바다라고 외쳤다. 해가 밝고 구름 한 점 없는데 높은 구릉과 삼산三山이 띠를 맨 듯 곧게 서 있는데, 동쪽 산 틈새에서 불어오는 먼지바람이 눈에 몰아쳐 쳐다볼 수 없었다. 서남쪽으로 마을과 촌락을 바라보니 저 멀리 서로 이어진 집들이 손가락으로 가리켜 셀 수 있을 정도였다.

산의 오른팔 서쪽 옆구리 쪽으로 명적암冥寂菴이라는 암자가 있는데 승려 서

너 명이 살고 있었다. 왼팔 동쪽 아래 옆구리 쪽을 따라가니 모두 평탄한 곳이라 밭 갈 만하였다. 옆구리 아래로 작은 암자가 있고 울타리를 만들어 놓았다. 울타리 아래에 돈대가 있고 돈대 곁에는 물이 위로 나와 웅덩이를 이루었는데, 물은 가뭄에도 마르지 않고 흘러 넘쳐 작은 정자를 꾸밀 만했다. 옛날에는 절집이 있었는데 곧 폐허가 되었고 고을 사람들이 그곳에 제터를 만들어 기우제를 지냈다고 한다. 산의 옆구리를 돌아 남쪽으로 꺾어지니 작은 오솔길을 만났다. 모두 아흔아홉 굽이 길을 돌아 내려오니 김군金君이 밥을 하고 차를 끓이며 기다리고 있었다. 그의 얼굴빛을 보니 아무것도 구하는 뜻이 없기에 그의 세대를 물어보니 웃으며 묵묵부답이었다. 그러자 함께 온 이가 말하기를, "옹翁은 대대로 신천信川에서 살다가 산에 들어온 지는 벌써 삼대째입니다. 대대로 직접 노동을 하여 자급하고 있으며, 지나는 객이 있으면 비록 푸성귀와 국이라도 반드시 정성을 다해 대접합니다. 한번은 걸인이 왔는데 상자 속에 있던 새 옷을 꺼내 입혔는데도 부인이 성내는 말이 없었다고 합니다" 하였다. 아, 그는 은둔군자로구나. 이번 산행에 칠성봉七星峯과 부용봉芙蓉峯을 가보려 했는데 가지 못했다. 월록月麓으로 매한梅閒을 방문하고 사흘 머물다 돌아왔다.

원문 原文

日月跨花英爲鎭、竝海而高、 受日月、最先名以此. 蓋芍藥一枝、 西北來幾百里、至此拔地萬尋、 背石面土、 頂一字孤絶秀員、 環數百里、 莫之京臂、 左右交腰、 曠夷上下、 合三臺、 若巨人垂手高趺、 右臂繞前起石峯直下臺爲案背、 走南二十里爲梧里峴、 又西南十里而盡、 梅閒趙君居之左臂、 東回爲七星峯、 北折爲首比、 又南走渡江爲芙蓉峯、　峯下有招仙　列仙臺、　背一枝西走爲　淸涼、　一枝北去溯洛水、　爲缶磧瑟磧磧、　遇風作秦趙聲東一枝、　及山而循海、　而東爲新羅、　故都、　西南至大海、　山距家百里、　春有事、　往梧里. 趙友晦伯社友也. 　先至、　余曰日月所寤寐焉、　今日其上、　子其從之. 從者晦伯與主人三人合五人、　步里許、　得石澗、　或渦或潭或瀑、　緣澗十里、　得一岕广傍、　山面旭蕭爽可愛、　有主人弊衣冠出迎、　姓金忘其名.　徑出山足竝厓、　厓上石大小縈縈、　斗者几者开者盤者、　皆可名、　厓下一盤陀跨澗、

可坐五六十、　澗出其中、　作臥瀑、　瀑數十丈、　自此澗益淺山益深厓益懸、　徑或斷或出、　俛入薈翳、　上偃傍綴、　亂石疊稜、　長梯短磴、　低凹仰凸、　上寸尺退、　殆十數步一休、　凡幾休、　得一廢菴、　曰奉佛. 向右臂之石峯者、　突兀當前、　垂厓俯鑿、　危不可居、　惟東皁超爽曠埏、　回望歷歷群山、　已皆脚下、　空曚晻靄、　出沒霞鶩外、　使人飄飄有出世想.　白雲從腰下起、　梦然四出、　山外黑雲一朵、　溶溶來相接、　從者曰雨矣、　此去頂殆半之、　險百之、　且觀盡矣、　上亦如之.　盍反諸. 　余曰觀壯矣、　半而已

如此、　盡其半、　而將止、　此上不頂不止、　遂振而起、　從者曰夫也、　俛爾冠、　脫爾衣、　偏爾脚、　絢爾綦、　乃披藤梯石而上、　步得千四百餘、　始得白雲庵故址、　卽腰之下臺者、　向石峯之突兀者、　又俯視之、　陰雲倏開、　晴空萬山、　超然昭曠、　原相與周視所謂三臺者、　上步頂數百中、　上距劣十丈下、　如之計東西數千丈、　南北五之二、　土黑色、　或墳或壤、　木盡樗櫟、　扶疏昂莊、　枝上往往有熊羆棲地、　沃厚加鋤犁、

不礙石一拳、 可十八口産. 菴西數畝、 地沮洳、 爲小池澗之、 自出清
冽可食、 山內寬外

圍、 面陽阻風、 自爲一區老矣、 無當世意、 可傚雲谷遺制、 縳數間白
雲墟、 燒藟酌洞、 供蔬當肉、 以減景雲霞、 而余於世小容多忤、 又
安知無水雲之八彈章. 抑世或有同我者、 樂成之否乎. 循上臺、 繞右
臂上、 卽一字峯、 至此蓋無山、 三面陡巖側壁、 隤下萬丈、 俯瞰使人
後步、 頂寬兗、 若周砥、 四眺面各百千里、 簇簇雲山、 若海波起伏、
鷗鷺沈浮、 虎蹲鳳矗、 珠圓刀尖、 東望一帶、 蒼光接天相浮、 從者
曰海也. 日朗雲淨、 于陵三山、 束束從直、 東山缺處來、 今風埃撲目
不可見、 西南望村

墟、 井落遠遠、 從從者手指去處可數、 右臂西脅有菴曰冥寂、 緇髡
三四徒居之. 循左臂東下脅、 平衍皆可耕、 脅下有小巖作屏、 屏下有
臺、 臺傍有水、 上出成坎、 水旱不渴溢、 可小亭、 古有梵宇旋廢、
縣人壖其地、 而禱旱焉. 繞脅南折、 得小徑、 凡九十九回乃下、 金君
炊粟煮茗待之、 觀其色、 無求意、 問其世、 笑不答、 從者曰翁世居信
川、 入山已三世、 世勞筋骨、 以自給、 客過、 雖蔬羹必誠、 嘗有乞
人、 出篋中新衣裳衣之、 婦無慍言云. 噫、 其隱君子也、 是行也、
欲往七星芙蓉不果、 訪梅

閒於月麓、 留三日歸.

출전: 姜樗, 『松西集』, 「遊日月山記」

14

금오산유록

金烏山遊錄

장복추

장복추(張福樞): 생몰은 1815(순조 15)〜1900년(고종 37)이다. 조선 말기의 학자이다. 장복추의 자는 경하(景遐), 호는 사미헌(四未軒), 본관은 인동(仁同)이다. 굉(삼수변+宏)의 아들이며, 여헌(旅軒) 장현광(張顯光)의 9세손으로 칠곡에 거주하였다. 가학으로 학문에 정진하고 대산 이상정과 정재 유치명을 존경하여 사숙(私淑)하였는데 당대의 선후배와 깊은 토론과 강론으로 자신의 학문을 더욱 심화시켰다. 서산(西山) 김흥락(金興洛), 계당(溪堂) 유주목(柳疇睦)과 함께 당시 영남삼징사(嶺南三徵士)로 명망이 높았다. 400여 명의 문하생을 양성하였고 고종 때 훼철된 우복(愚伏) 정경세(鄭經世)를 배향한 서원을 복원하려고 상서하였으며 여러 차례 관직이 내렸으나 모두 사양하였다. 그는 일정한 스승 없이 독학으로 공부하여 영남 유학에서 일가를 이루었고, 계속 재야에 머물며 후진 양성에 주력하여 4백여 명의 제자를 배출하면서 예학(禮學)과 경학(經學) 등에 많은 저술을 남겼다. 저서로는 성리학의 기본적인 쟁점에 속하는 태극의 개념 파악을 주목한 「태극도설문답(太極圖說問答)」, 사부모(事父母)·우형제(友兄弟) 등 9조목에 걸쳐 제가(齊家)의 주요 문제를 뽑아 그 실천 방안을 제시한 「훈몽구잠(訓蒙九箴)」, 「성학십도(聖學十圖)」의 「숙흥야매잠」에 관련된 주해(注解)들을 모아 체계적으로 집약한 뒤, 그것을 정리하여 퇴계의 철학을 심화·발전시킨 「숙흥야매잠집설(夙興夜寐箴集說)」, 어린아이들의 초학교육, 그 가운데서도 특히 윤리 도덕 교육을 깊이 있게 탐구하고 해설한 「훈몽요해(訓蒙要解)」·「동몽훈(童蒙訓)」 그리고 「삼강록간보(三綱錄刊補)」 등이 있다. 그 밖의 저서로는 경학과 예학에 관한 핵심적인 사항 58조를 골라 요약·정리한 「문변지론(問辨至論)」과 「사서계몽(四書啓蒙)」·「가례보의(家禮補疑)」·「독서쇄록(讀書瑣錄)」·「월천강의(月川講義)」·「모원당강의(慕遠堂講義)」·「흑방강의(墨坊講義)」 등이 있다.

해제 解題

　「금오산유록金烏山遊錄」은 장복추張福樞: 1815~1900가 임자년 8월에 탑동塔洞의 선조 산소를 참배하고, 신경현申景賢, 박사진朴士震, 이원중李元仲 등 여덟 명이 금오산을 유람하고 기록한 것이다. 금오산의 둘레와 금오산을 둘러싸고 있는 여러 읍들과 산 아래의 넓은 들에서 생산되는 식량이 많음을 기술하고, 묘향산이나 풍악산에 비하면 낮은 언덕에 불과하지만 남쪽지방에서는 결코 낮은 산이 아니며 현인군자가 은둔하여야 유명한 산이 됨을 말하고, 허유許由가 기산箕山에 은거하고 자릉子陵이 부춘富春에 은거한 사실을 예를 들어 설명하고, 임진란에는 저자의 선조 문강공文康公이 난을 피하였음을 밝히고, 사계절 내내 아름다움을 간직하고 있으며, 야은굴冶隱窟과 약사암藥師庵이 금강산의 보덕암普德庵보다 아름다움을 극찬하는 내용을 기록하였다.

국역 國譯

　대저 금오산金烏山은 주위로 45리里를 내달려 수삼數三 읍에 웅건하게 자리잡고 있으며 높거나 크지 않은 것이 없다. 묘향산妙香山이나 풍악산楓岳山에 비교하면 언덕이나 개밋둑과 같은 점이 있지만, 그러나 특별히 우뚝하게 우리 영남에서 일컬어지는 것은 진실로 산의 높고 큼에 있지 않고 산의 형세가 뛰어나기 때문도 아니다. 현인과 군자의 은거를 얻어 이름이 드러났기 때문이니, 곧 허유許由의 기산箕山*과 자릉子陵의 부춘富春**과 더불어 세대는 달라도 같이 부

---

*　　허유(許由)의 기산(箕山): 허유는 중국 상고(上古) 시대의 고사(高士)로서 요(堯)가 천하를 양보하려 하자 거절하고 기산(箕山)에 숨었다고 한다.

**　　자릉(子陵)의 부춘(富春): 자릉은 동한(東漢) 때 광무제(光武帝)와 함께 유학(遊學)했던 친구 엄광(嚴光)의

합되는 점이 있는 것이다.

　나는 일찍이 한 번 오르고 싶은 마음이 있었으나 느슨하고 게을러 아직 가
보질 못했다. 임자년^{1852. 철종 3} 가을 8월에 탑동^{塔洞}의 묘도^{墓道}에 일이 있었는
데, 돌아오는 길에 목성^{木城}을 두루 찾아다니다가 금오산에 대한 이야기가 나
오자 나도 모르게 두 겨드랑이에 날개가 돋아날 것만 같았다. 같이 한 번 유
람해보자고 하니, 신경현^{申景賢} · 박사진^{朴士震} · 이원중^{李元仲}이 앞장서고, 김치가
^{金致可} 어른과 신유현^{申幼賢} · 김명윤^{金明允}도 흔쾌히 나아왔다. 약간의 돈을 보따
리에 챙겨 숭산촌^{崇山村}으로 가는 길을 취했다. 점심을 먹은 뒤 산 밑에 이르러
바라보니 높은 산 한 봉우리가 반쯤 하늘에 가려 있는데, 좁은 길은 중간이
끊어졌고 바위의 기세는 들쭉날쭉하였다. 서로 돌아보며 놀라 눈이 휘둥그레
지며 말하기를, "험한 곳에 오르고 높은 곳에 오르려면 급하지도 말고 느리지
도 말아야 한다. 급하면 피로해지기 쉽고 느리면 도달하기 어려우니, 천천히 걸
음을 옮겨 항상 부족한 듯이 여긴다면 뒤를 돌아보면 점차 멀어질 것이고 앞
을 바라보면 더욱 가까워질 것이다" 하였다. 해가 채 지기 전에 홀연히 산 정상
에 오르니, 문득 한 문공^{韓文公}이 헛되이 애만 쓴 것에 쓴웃음이 나며* 주 부자
^{朱夫子}가 전에 행했던 기이한 구경을 비로소 얻게 되었다.** 산 기운이 꿈틀거리
며 구불대고 돌 기운이 기이함과 씩씩함을 다투는 모습이 모두 내 눈앞에 있
어 마치 아이를 안고 있는 듯 범이 웅크린 듯, 사람이 서 있는 듯 용이 서린 듯,
큰 옹기를 쪼개어 놓은 듯 천궐^{天闕}을 드리운 듯하였다. 한 조각의 낙조가 곧장

호이다. 광무제가 즉위한 뒤 그를 맞아 간의대부(諫議大夫)를 삼고자 하였으나, 완곡하게 거절하고 부춘산
　　(富春山)에 은거하여 낚시로 일생을 마쳤다고 한다.
*　　한 문공(韓文公)이 …… 나며: 한 문공은 송(宋)의 문장가 한유(韓愈)를 가리킨다. 한유가 등왕각(滕王閣)에
　　오른 적이 없으면서 기문(記文)을 지은 일이 있는데, '헛되이 애만 썼다'는 것은 직접 눈으로 보지 않은 것을
　　마치 본 것인 양 글을 쓰는 행위를 뜻하는 것으로 보인다.
**　주 부자(朱夫子)가 …… 구경: 송(宋)의 주희(朱熹)가 무이산(武夷山)에 정사(精舍)를 짓고 강학하며, 무이
　　산 계곡의 뛰어난 경치를 구곡(九曲)으로 나누어 「무이구곡가(武夷九曲歌)」를 지은 일을 가리킨다.

붉은 벼랑과 푸른 바위 사이를 비추니, 마치 신루蜃樓*가 가로로 뻗어 있고 월주月柱**가 물결에 빛나는 듯하여 눈이 아찔하고 정신이 혼미하여 이루 다 형용할 수 없었다. 고개 하나를 돌아 지나니 산세가 평평하고 넓은데 사방의 길이 험하고 멀어, 난세를 당해 병사를 숨겨 도둑을 막을 만하였다. 옛날 임진왜란 때 우리 선조 문강공文康公***이 일찍이 이곳으로 피난하셨는데, 남긴 자취를 징험할 수 없어 감회를 부칠 곳이 없다. 걸어서 성 동문東門으로 내려와 투숙하였다.

다음 날 아침 성의 서남쪽을 두루 살펴보았다. 산성山城은 대체로 임진왜란 뒤에 세운 것이었다. 성에는 별장別將이 있는데, 그 영헌鈴軒****과 공해公廨가 제법 읍의 형태와 비슷했다. 기름진 밭과 평평한 언덕은 수백 호의 민가를 수용할 만하였고, 구정九井과 칠택七澤이 있는데 만 천의 군사와 말을 마시게 할 정도였다. 세 읍의 창고가 있는데 수년간의 군량을 지탱할 만하였고 땅의 이로움은 천험의 요새이니 진실로 우리 영남의 제일이었다. 사계절의 경치로 말하면 봄에는 꽃이 알맞게 피고 겨울에는 눈이 알맞게 내리며, 여름이면 아름다운 나무들이 푸릇푸릇하여 사랑스러우니, 이 모두가 내가 귀로 들은 것이지 눈으로 본 것은 아니었다. 사방 산의 단풍잎이 붉게 타고 있는 것으로 말하면 바로 비단으로 수놓은 세계를 이루고, 흘러 거울 같은 물에 비치면 너울진 푸른빛과 어지러운 붉은빛이 그야말로 옅게 단장한 살아 있는 그림이다. 가을에 이 산의 풍경을 삼분의 일을 얻었으니, 이는 필력으로 도저히 본뜰 수 있는 게 아니다.

---

* 　신루(蜃樓): 신기루(蜃氣樓)를 뜻함. 바다 위나 사막에서 기온의 이상한 분포 때문에 광선이 굴곡하여 먼 데 물체가 거꾸로 보이는 현상을 말한다.
** 　월주(月柱): 달빛이 수면 위로 길게 비쳐 그 그림자가 마치 사물을 묶어 세워놓은 기둥처럼 보이는 것을 형용한 것이다.
*** 　문강공(文康公): 장현광(張顯光, 1554~1637)을 가리킨다. 장현광의 본관은 인동(仁同), 자는 덕회(德晦), 호는 여헌(旅軒), 시호는 문강(文康)이다.
**** 　영헌(鈴軒): 관청에서 지방 수령이 집무하는 곳이다. 영각(鈴閣)이라고도 한다. 여기서는 별장의 집무처를 뜻한다.

흰 구름이 사방에서 일어나면 영롱한 기운이 마치 안개가 베를 다려놓은 듯 펼쳐지고, 미친 듯 달려 서로 만나면 만나자마자 문득 무리지어 바다를 이루니, 저 변태變態의 무상無常함을 더욱이 어떻다 하겠는가. 단풍나무 숲과 천석泉石과 수많은 촌락이 아득한 곳으로 빠져 들어가는데, 다만 은은하게 상투를 튼 것이 잠시 구름 사이로 드러나는 게 있으니, 이는 서진산西鎭山이 하늘과 더불어 우뚝 솟은 것이 아닌가. 가야산伽倻山의 한 줄기가 푸르게 비껴 있는 것이 아닌가. 삼학산三鶴山이 뛰어오르는 듯하며 팔공산八公山이 조회하며 팔짱을 끼고 있는 것이 아닌가.

지팡이와 신발 사이로 밝은 해가 맑게 비추는데, 다리 아래의 온 세상은 땅이 열리기 전 혼돈의 상태처럼 아득하기만 하였다. 이보다 앞서 내가 동해의 큰 바다를 본 적이 있는데, 놀란 물결과 성난 파도가 흰 포말을 뿜어 허공에 뒤집히는 것이 거의 오늘 보는 것과 같으니 이게 산인가 바다인가. 산에 놀며 바다를 겸하고 있으니 구름인가. 한참을 둘러보며 스스로 생각하기를 '잔치에서의 즐거움은 산꼭대기에서의 끝없는 즐거움만 같지 못하다'고 하였다. 마침내 여러 친구를 재촉하여 동쪽 후망대候望臺로 돌아가니 누대의 높이가 만 길丈이나 되고 형세는 하늘을 갈아내려는 듯 아득하여 쳐다볼 수 없었다. 이에 눈을 감고 정신을 가다듬어 나지막이 "평지가 때 없이 꺼질까 근심하다가, 중천에 해가 반이나 떠 있음을 문득 깨닫네[直愁平地無時下 頓覺中天半日浮]"라는 시 한 구절을 읊조렸다. 시 짓기를 마친 뒤 잠시 쉬면서 멀리 바라보자 구름과 안개가 걷히기 시작하면서 하늘이 휑하니 열려, 시력을 다하여도 바라보이는 형세는 끝이 없었다. 기록할 수 있는 것은 좀 전에 언급했던 가야산, 서진산, 팔공산, 삼학산 등의 여러 산이 올망졸망한 언덕과 개밋둑처럼 보였다. 낙동강 물 한 줄기가 멀리 제비꼬리처럼 갈라져 마치 산을 걸터앉아 남쪽으로 흘러가는 것 같았다. 저 밖으로 멀리 보이는 봉우리와 섬들이 소가 기어가듯

뱀이 꿈틀대듯 하였다. 저것은 무슨 강이고 이것은 무슨 산이냐고 말하는 이가 있었는데, 나는 그때 당황해하면서 제대로 분별하지 못하고 그저 '예예' 할 뿐이었다.

누대 왼쪽에 크고 위태로운 바위 하나가 허공에 들려 높이 솟아 있는데, 가운데가 터져 휑하니 큰 구멍이 나 있었다. 비좁은 곳에 석문이 나 있어 뚫고서 수십 보 들어가니 약사암藥師菴이었다. 암자는 암혈로 얽어져 있어 용마루와 기와가 없어도 비를 가릴 수 있고 창문이 없어도 바람을 막을 수 있었다. 암자 안에 있던 한 늙은 스님이 문에서 맞이하며 말하기를, "이곳은 금강산이 아직 소유하지 못한 곳이다. 금강산에는 보덕암普德菴이 있고 동주銅柱와 철쇄鐵鎖가 있어 기이하긴 기이하나 이곳에 비하면 그 풍경이 못 미친다" 하였다. 어떤 호사가가 무슨 연유로 이곳에 와서 이렇게 위태로운 곳을 얽어 수많은 서까래를 올렸는지 모를 일이다. 그 밑으로 약천藥泉이 맑게 돌 틈 사이로 흘러나오고 있었다. 여러 벗들과 함께 표주박으로 물을 떠 마셨다. 다시 석문으로 나와 진남사鎭南寺를 들렀는데 무너지고 오래되어 볼만한 게 없었다. 절에서 대혜창大惠倉으로 내려오니 대혜창 뒤로 100척의 폭포가 있는데 비가 안 온 지 오래되어 이미 쏟아져 내리는 물줄기가 끊어졌다. 폭포 아래 구멍이 있는데 구멍은 암벽 위 십수十數 길仞 되는 곳에 있어 걸음이 민첩한 자가 아니면 높고 위험해 들어갈 수 없으니, 곧 세상 사람들이 말하는 야은굴冶隱窟이었다. 문집 속의 「한거閑居」 시로 상고해보니, 고려의 사직社稷이 폐허가 되던 날 선생은 의리상 새로운 조정에 머물기를 원치 않아 이 굴에 거처한 것이 아니었던가.

몇 리를 가니 날아갈 듯 시내 위에 서 있는 것은 채미정採薇亭이었다. 찬란하도다 수양首陽의 맑은 절개여, 환하도다 송경松京의 해와 달이여.* 정원에 대나

---

*　찬란하도다 …… 달이여: 백이(伯夷)가 주(周) 나라의 불의(不義)한 곡식을 먹지 않겠다고 하고 수양산(首陽山)에 들어가서 고사리를 캐어 먹다가 죽은 고사를 인용하여, 고려가 망하자 선산(善山)으로 낙향하여 여생을 마친 야은(冶隱) 길재(吉再, 1353~1419)를 백이의 절개에 비유한 것이다. 송경(松京)은 고려의 수도였던

무가 있으니 어전御田에 심고 남은 뿌리이고, 섬돌에 국화가 있으니 백이伯夷에게 제사지내고 남은 향기이다. 어루만져 느끼며 회상하며 우러르는 사이에도 오히려 사람으로 하여금 백세의 뒤에서 완악한 사람을 청렴하게 하고 나약한 사람을 흥기시키니,* 금오산의 승경이 선생의 우뚝하게 드러난 절개를 얻어 선생의 이름이 금오산과 함께 나란히 높아질 것을 참으로 알겠다. 저물도록 소요하며 우리 선조의 "대나무에는 당시의 푸르름이 그대로 있고, 산은 옛날과 다름없이 높구나. 청풍에 아직도 머리털 쭈뼛해지니, 누가 고인을 멀다 말하는가 [竹有當年碧 山依昔日高 淸風猶竪髮 誰謂古人遙]" 절구 한 수를 세 번 반복하며 읊조리니 서로 더불어 강개한 마음이 일었다.** 하루 묵고 돌아왔다.

아, 나는 혜계醯鷄***와 같은 자로 30년을 술 단지나 지키다가 다행히 한두 동지에 힘입어 한가한 날에 산에 올라보니 분주한 심사를 펴기에 충분하였다. 그러니 산의 요령을 터득하지 못하고 물의 근원을 터득하지 못하고, 또 선현이 남긴 자취를 실컷 구경하지 못한 채로 신심身心의 공부에 바탕을 삼는다면 그 견식이 나무꾼이나 목동과 무엇이 다르겠는가. 부끄러울 뿐이다.

원문 原文

夫金烏之爲山. 周馳四五十里. 雄鎭數三邑. 非不高且大矣. 譬之妙香楓岳. 則有若邱垤者. 然而特表表稱於吾南者. 固不在山之高大也. 亦不爲

---

* 오히려 …… 흥기시키니: 『맹자(孟子)』「만장하(萬章下)」에 "백이(伯夷)의 풍도를 들은 자는, 완악한 이는 청렴해지고 나약한 이는 뜻을 세우게 된다[聞伯夷之風者 頑夫廉 懦夫有立志]"는 내용이 있다.

** 우리 선조의 …… 절구 한 수: 장현광(張顯光)의 오언절구 「금오산을 방문하다(訪金烏)」라는 시로 『여헌집(旅軒集)』권 1에 실려 있다.

*** 혜계(醯鷄): 술 단지에 생겨서 뜨는 초파리 종류의 하루살이 벌레로, 초파리가 술독에 있는 것처럼 견식이 아주 좁은 사람이나 보잘것없는 생활을 비유하는 말로 쓰인다.

山之形勝也. 得賢人君子之隱而名著焉. 卽與許由之箕山. 子陵之富春. 有異世同符者矣. 余嘗有一登之願. 拙懶未之屐焉. 歲壬子秋八月. 有事于塔洞墓道. 歸路歷抵木城. 語到金烏. 自不覺兩腋欲羽. 要與一遊. 申景賢, 朴士震, 李元仲倡之. 金丈致可申幼賢, 金明允. 亦樂赴. 囊若干銅. 取路崇山村. 午餪. 至山下望見. 高峰一朵. 半沒天際. 微逕中斷. 石氣參差. 相顧愕眙曰. 陟險升高. 宜勿急勿緩. 急則易倦. 緩則不達. 乃寸寸移趾. 恒若不足. 而顧後漸遠. 仰前彌近. 日未暮. 忽躋冡頂. 却晒韓文公爲枉用力. 而始得朱夫子前行奇觀. 山氣之蜿蜒盤屈. 石氣之爭爲奇壯. 擧在吾目前. 如抱兒如蹲虎. 如人立如龍蟠. 如剖大甕. 如垂天闕. 一片落照. 直射于丹崖蒼壁之間. 若屢樓之橫亘. 月柱之流耀. 目眩神迷. 不可俱象. 轉過一嶺. 山勢平曠. 四路阻遠. 當亂世. 可藏兵以禦寇也. 在昔龍蛇. 吾先祖文康公. 嘗避地于此. 而遺躅莫徵. 寓感無地. 步下城東門. 投宿. 翌朝遍觀城西南. 盖山城. 壬辰後設也. 城有別將. 其鈴軒公廨. 頗類邑樣. 其沃田平邱. 足容數百民戶. 有九井七澤. 可飮萬千兵馬. 有三邑倉庫. 可支數歲軍糧. 地利天險. 誠吾南之一. 四時之景. 春宜花. 冬宜雪. 夏焉而嘉木葱蘢可悅. 皆余之以耳而不以目者也. 至若四山楓葉紅酣. 直成錦繡世界. 而流照鏡波. 展碧撓紅. 則淡粧也. 活畵也. 在秋得三之一焉. 此非筆力可攀模而已. 白雲四起. 英英若烟橫練鋪. 狂馳相遇. 遇輒族而成海. 尤何變態無常也. 楓林泉石. 千村萬落. 沒入杳冥. 而但隱隱螺髻乍露雲隙者. 非西鎭之與天屹立者乎. 非伽倻之一抹橫翠者乎. 非三鶴之若跳若躍. 八公之若朝若拱者乎. 杖屨之間. 白日清朗. 而脚底乾坤. 茫如混沌未竅時也. 前此余觀東海之大洋. 驚波怒濤. 噴白翻空. 殆類今日之見. 山耶海耶. 山遊而兼海者雲耶. 流眄久之. 自以爲樂于燕. 不若窮于巓. 遂促數友. 行東轉于堠望臺. 臺高萬丈. 勢摩九霄. 茫不可俯視. 乃合眼定神. 微吟直愁平地無時下. 頓覺中天半日浮一句. 吟罷小憩騁望時. 雲烟初霽. 洞天寥廓. 目力有盡而望勢無際. 所可記者. 向所稱倻鎭公鶴諸山. 累累如邱垤. 洛水一帶. 遙分燕尾. 有似跨山而南注. 外他遙峯遠嶼之牛伏蛇行. 有云彼爲某水. 此爲某山. 而余時惝悅. 未能辨. 第唯唯而已. 臺左一大危巖. 擎空陡立. 中坼呀然爲大穴. 窄窄爲石門. 穿入數十步. 爲藥師菴. 菴結巖穴. 無甍瓦而雨可庇矣. 非窓櫳而風可禦矣. 中有一老釋. 迎候於門曰. 此則金剛所未有金剛. 有普德菴. 銅柱鐵鎖. 奇則奇矣. 譬之於此. 風斯下矣. 未知何物好事者. 緣何着手足. 搆此危懸數椽耶. 其下藥泉泠泠出石竇中. 同諸伴瓢而飲. 回從石門出. 過鎭南寺. 弊古不足觀. 自寺下大惠倉. 倉後百尺瀑. 無雨久. 已絕飛流矣. 瀑下有穴. 穴在巖壁上十數仞. 非步捷者. 高危不得入. 卽世所稱冶隱窟也. 以集中閒居詩攷之. 無乃麗社將屋之日. 先生義不欲屋處. 而處此窟耶. 行數里. 翼然臨于川上者. 採薇亭也. 炳炳乎首陽之淸節. 昭昭乎松京之日月. 園有竹. 種御田之餘根. 階有菊. 祭伯夷之遺馥. 拊感想仰. 尚能使人廉頑立懦於百世之下. 儘知金烏之勝. 得先生尤著. 而先生之名. 與金烏齊高矣. 竟夕逍遙. 三復吾先祖竹有當年碧. 山依昔日高. 淸風猶竪髮. 誰謂古人遙一絕詩. 相與感慨一宿而還. 噫. 余醢鷄也. 守甕三十年. 幸賴一二同志. 暇日登臨. 有足暢叙卒卒. 山未得領要. 水未得窮源. 又未得飽賞先賢遺躅. 以資身心之工. 其見與樵牧奚異. 可愧也己.

출전: 張福樞, 『四未軒集』, 「金烏山遊錄」

15

유금오산기

遊金烏山記

송병선

송병선(宋秉璿): 생몰은 1836(헌종 2)~1905년이다. 조선 말기의 학자·순국지사이다. 송병선의 본관은 은진(恩津), 호는 연재(淵齋), 자는 화옥(華玉), 시호는 문충(文忠)이다. 학행(學行)으로 천거받아 좨주(祭酒)에 기용된 뒤 서연관(書筵官)·경연관(經筵官)·대사헌을 지냈다. 1905년 을사조약이 체결되자 시정개혁과 일본에 대한 경계를 건의하여 왕의 동의를 얻었다. 뒤에 다시 대궐에서 왕에게 상소하려다가 경무사(警務使) 윤철규(尹喆圭)에게 속아 일본 헌병대에 의해 고향으로 이송 당하자 망국의 울분을 참지 못하고 음독 자결했다. 의정(議政)이 추증되었고, 1962년 대한민국 건국공로훈장 단장(현 건국훈장 독립장)이 추서되었다. 저서로는 『무계만집』이 있고, 문집으로 『연재집』이 간행되었다.

해제 解題

「유금오산기遊金烏山記」는 병인년1866 가을 송병선宋秉璿: 1836~1905이 동생 동옥東玉과 외사촌 김성예金聖禮 등 몇 사람과 구미의 금오산을 유람하고 기록한 것이다. 주자의 원유편遠遊篇을 읽다가 동생으로부터 금오산을 유람할 것을 제의받고 기뻐하며 출발하기에 앞서 천마산天摩山을 다녀오는 등 철저한 준비를 한다. 좋은 날을 택하여 출발하여 지나는 길에도 선유들의 발자취나 서원 등을 탐방하여 배알하고 묵적을 살피기도 하며 유자의 본심을 잃지 않았다. 선산의 야은 길재 선생의 유허지와 채미정採薇亭의 기둥에 걸려 있는 백세청풍중류지주百世淸風中流砥柱 등의 글이나 숙종이 야은의 인품을 흠모하여 지어 보낸 시도 기록하였으며, 금오산 정상에서 바라본 사방의 경치와 돌아오는 길에 매학정梅鶴亭을 탐방하고 고산 황기로와 율곡 이이, 옥산 이우 등의 글도 기록하였다.

국역 國譯

병인년1866 중추에 가제家弟 동옥東玉이 두세 명의 동지同志와 약속하여 교남嶠南, 영남의 산수를 유람하기로 하고 날짜를 잡은 뒤 알려주었다. 내가 주 선생朱先生, 朱熹의 「원유편遠遊篇」을 읽다가 이 말을 듣고는 기뻐하였다. 드디어 18일에 행장을 꾸려 오산梧山에 도착했다. 외제外弟인 성례聖禮 김영응金永膺도 함께 가기로 약속했는데 일이 생기는 바람에 기약을 물렸다. 그대로 머무르며 한가한 날을 기다렸다가 천마산天摩山을 가서 구경하는데 산세가 끝없이 펼쳐지고 높고 험준하였다. 수목이 높이 솟아 있고 등나무 덩굴이 서로 얽혀 있어 곱사등이마냥 허리를 구부리면서 갔다. 제일 꼭대기에 올라 잠시 쉬는데, 따르는 이가 마침 머루를 내와 먹었다. 산등성이를 따라 내려오며 고개를 돌려 바라보니 암석과 소나무가 울창하고 푸르러 마치 구름 속을 따라온 것 같았다.

25일 신해辛亥. 길을 떠났다. 동옥東玉과 족숙族叔인 치견致堅 정수廷洙와 함께 갔다. 영동읍永同邑에 도착해 남전藍田 이주하李疇夏 어른을 뵙고 그대로 머무르며 성례聖禮를 기다렸는데, 성례가 백씨伯氏의 병 때문에 편지를 보내와 산행을 그만두어야겠다고 하였다. 몹시 무료하다는 생각이 들었지만 일을 이미 벌인 터라 그만둘 수 없었다.

계축癸丑. 일찌감치 출발했다. 벗 호선好善 이인희李寅僖도 따라와 한서서원寒泉書院에 도착해 봉심奉審하였다. 밖으로 나와 명숙당明淑堂에 앉았는데 벽에 팔경八景이 걸려 있었다. '사군봉使君峯'·'냉천정冷泉亭'·'산양벽山羊壁'·'용연대龍淵臺'·'월유봉月留峯'·'화헌악花軒嶽'·'청학굴靑鶴窟'·'법존암法尊菴'으로, 모두 선친이 쓴 글씨였다. 앞 시내로 걸어 나오니 수석이 맑고 빠르게 흘러 보기 좋았다. 선친이 제명題名한 곳을 보려고 바위를 오르고 벼랑을 넘는데 기름칠한 듯 미끄럽고 길도 기울어 발을 딛기가 몹시 어려웠다. 절벽을 따라 오르니 석면이 움푹 파인 곳에 선친의 함자가 새겨져 있고 옆에는 도정都正 황도黃鍍의 이름이 있었다. 이때 양구洋寇가 강화江華에 깊이 쳐들어와 나라 안팎이 진동하였다. 길에서 소식을 들었는데 날로 더욱 위태롭다고 하였다. 동행이 이 일로 인해 속히 돌아가고자 하였으나 내가 억지로 이끌며 길을 갔다. 추풍령秋風嶺을 넘으니 금산金山의 경계가 나왔다.

을묘乙卯. 이로현二老峴에 도착해 벗 범오範五 조익영曹翼永을 방문했는데 만나지 못해 편지를 남기고 금천金泉으로 향했는데, 잠시 후 범오가 뒤를 따라왔다.

병진丙辰. 서둘러 새벽밥을 먹고 감호鑑湖를 건너고 대령大嶺을 넘어 산골짝을 따라 10여 리를 가 선산善山 경계의 남쪽인 통촌通村에 도착했다. 이곳은 바로 금오산 동쪽 기슭의 길 야은吉冶隱*의 유허遺墟였다. 채미정採薇亭으로 달려 올라갔다. 앞 대청에 '백세청풍 중류지주百世淸風中流砥柱'**라고 쓴 글씨가 걸려 있었다. 약간 서쪽에 경모각敬慕閣이 있는데 어필御筆 상덕첩尙德帖을 모셔두고 있다. 이 첩은 숙묘肅廟께서 무자년1708. 숙종 34에 지은 어제시御製詩로, 시는 "금오 산 아래 돌아와 은거하니, 맑은 풍모는 자릉子陵. 嚴光의 자에 비견되네. 성주가 그 의 아름다움을 이루려 함은, 사람을 권면하여 절의를 일으키려 함일세[歸臥 烏山下 淸風比子陵 聖主成其美 勸人節義興]"라는 내용이다.*** 누각 뒤로 쭉쭉 뻗은 대나무가 천 줄기나 되는데, 이는 임금이 하사한 밭에 선생이 직접 심으 신 것이라고 한다. 감개무량하여 서성이며 오래도록 자리를 뜨지 못하는데 어 느덧 해가 벌써 기울었다. 방향을 틀어 서쪽으로 들어가니 산세가 점차 비스듬 해지며 계곡물이 나란히 흘렀다. 물길을 거슬러 멈추지 않고 가니 흰 바위가 펀펀하고 푸른 벼랑이 우뚝 서 있어 매우 기이한 구경거리였는데 안타깝게도 날이 어둑해져 두루 보기 어려웠다. 밤이 되어 대혜창大惠倉에서 묵었다.

정사丁巳. 돌아서 1리 올라가니 암벽이 병풍처럼 서 있는데 높이가 몇 길은 돼 보였다. 가운데 굴 하나가 있는데 들어갈수록 넓고 깊었다. 또 약천藥泉이 있는데 세상 사람들이 전하기를 야은冶隱이 이곳에서 은거했다고 한다. 그러나 절벽에는 발을 디딜 만한 곳이 없으니 그가 어떻게 기어 올라갔는지는 알 수 없다. 서쪽 절벽 위에 폭포가 허공에 매달려 10여 길丈이나 떨어지는데, 튀는

---

* 길야은(吉冶隱): 길재(吉再, 1353~1419)를 가리킨다. 본관은 해평(海平), 자는 재보(再父), 호는 야은(冶隱) 또는 금오산인(金烏山人). 창왕 1년(1389) 37세의 나이로 문하주서(門下注書)에 임명되었는데, 그 이듬해에 벼슬을 버리고 선산(善山)으로 돌아가 홀어머니를 봉양하며 후학을 가르쳤다.

** 중류지주(中流砥柱): 지주(砥柱)는 중국 하남(河南) 삼문협(三門峽)에 있는 작은 바위섬으로, 황하(黃河) 강줄기 안에 서 있다. 황하의 세찬 물결에도 굽히지 않고 버티고 서 있는 형상으로 인해, 굳센 지조를 가진 사람을 비유하여 황하지주(黃河砥柱) 또는 중류지주(中流砥柱)라 한다.

*** 이 어제시의 내용은 길재의 절의(節義)를 후한(後漢) 때의 은사(隱士) 엄광(嚴光)의 풍절(風節)에 비유한 것 이다. 엄광과 광무제(光武帝)는 어려서부터 절친한 사이였으나 광무제가 즉위하자 엄광은 동강(桐江)에서 낚시질로 세상을 마쳤다. 길재 역시 태종과 어려서부터 함께 공부했으나 태종이 즉위한 뒤 벼슬을 주며 불 러도 응하지 않고 은거하며 생을 마쳐 전 왕조에 대한 절의를 지킨 것으로 유명하다.

물방울이 얼굴에 불어와 옷과 머리가 다 젖었다. 왼쪽 가에 또 폭포 하나가 매달려 있는데 높이는 오른쪽 것만 못하지만 물살은 두세 배나 되었다. 지팡이를 짚고 서쪽으로 가 굽이돌고 꺾어지며 10여 리 올라가니 산성山城으로 들어갔다. 성은 산꼭대기에 있는데 구정九井과 칠택七澤이 있으나 하나도 볼만한 게 없었다. 진남사鎭南寺에서 쉬었다가 다시 길을 꺾어 2, 3리 올라가니 단풍잎이 몹시 무성해 온 산을 비추며 불타오르고 있어 이 또한 성대한 구경거리였다. 바로 후망대候望臺에 도착하니, 이곳은 이산에서 가장 높은 곳이다. 남주南州의 산천이 모두 발아래 있고 낙동강 한줄기가 비껴 감싸며 수백 리를 흐르는 모습이 눈에 가득 끝없이 펼쳐졌다. 잠시 앉아 있다가 발길을 오른쪽으로 옮겨 수십 보 내려가니 갑자기 큰 암벽이 열리며 문을 이루는데 형세가 몹시도 장대하였다. 층계를 따라 내려와 벼랑을 기어올라 동쪽으로 들어가니 바위 구멍이 반이랑 되는 곳이 있어 수 칸의 암자가 매달려 있는데 그 이름이 약사전藥師殿이었다. 가파른 벼랑이 삼면으로 둘러싸고 한쪽은 낙동강 남쪽으로 터져 있으니, 눈에 들어오는 곳이 다 선경仙景이라 흐뭇한 마음에 돌아갈 줄 몰랐다. 당장 발길을 멈춰 하룻밤 묵고자 하였으나 승려가 양식이 다 떨어졌다고 하였다. 마침내 고꾸라질 듯이 남쪽으로 내려오는데 산봉우리가 둘러싸고 바위가 위태로워 온갖 고초를 겪었다. 밤이 되어 산 아래 민가에 투숙하였다.

무오戊午. 용화암龍華菴에 올라갔다. 암자는 바위굴 속에 있는데 마치 매달린 경쇠와 같았다. 푸른 벼랑이 동쪽으로부터 와서 처마에 닿아 깎아지른 듯 서 있고 앞에는 약목若木과 부상扶桑*의 들녘이 있어 시야 또한 넓게 트여 있었다. 다시 길을 꺾어 내려와 수십 리를 가 오산吳山에 도착하니 인동仁同의 경계였다. 동대東臺로 올라가 야옹冶翁, 길제의 지주중류비砥柱中流碑를 읽었다. 비의 높이

---

* 　약목(若木)과 부상(扶桑)과: 약목은 서해의 해가 지는 곳에 있다는 신목(神木)이고, 부상은 동해 바다 해 뜨는 곳에 있다는 신목(神木)이다.

는 두세 길丈 되고 자획은 서까래만 했다. 황조皇朝 사람 청천晴川 양호楊鎬의 글씨로 겸암謙庵 유운룡柳雲龍이 모각해서 세우고 그의 아우 서애西崖, 柳成龍 상공相公이 그 음기陰記를 기록했다. 후에 상랑尚娘이라는 여인이 지아비에게 소박을 당하자 부모가 그녀의 뜻을 빼앗고자 하였는데, 상랑이 산유화곡山有花曲을 부르며 동대 아래 강물에 몸을 던져 죽은 일이 있다. 이곳에 또 이런 일이 있으니 역시 우연이 아니다. 청풍루淸風樓로 들어가 청절묘淸節廟에 참배하였다. 소나무와 대나무가 우거져 선생의 송백松柏 같은 기상이 떠올랐다. 충효당忠孝堂으로 물러나와 잠시 쉬었다가 선생의 묘에 가서 절하였다. 묘는 사당 서쪽 수백 보 떨어진 곳에 있었다.

기묘己未. 새벽에 출발해 매강梅江을 향했다. 평성坪城에 들러 김상사金上舍 조영祖永을 방문하고 그의 조카 병용秉庸도 함께 갔다. 길 왼쪽에 정려闔閭 수 칸이 있는데 야은이 일찍이 마을에 거처한 뒤로 봉계촌鳳溪村에서는 항상 "충신은 두 임금을 섬기지 않고 열녀는 두 지아비를 바꾸지 않는다"는 말을 외운다. 인근에 살돈 조을생趙乙生이 집을 나가 돌아오지 않건만 그의 처 약가藥哥가 선생[길재]에게 감화를 받아 8년을 수절守節하여 후인들이 이 정려를 세워 충신과 열녀를 표창한 것이다. 편액에 '백세청풍 팔년고등百世淸風 八年孤燈'이라 쓰여 있었다. 해질 무렵 매강梅江에 도착해 매학정梅鶴亭에 올랐다. 정자는 낙동강 깎아지른 벼랑에 있는데, 푸른 물결과 밝은 모래가 아득하게 끝없이 펼쳐지고, 남쪽으로는 팔공산八公山이 보이고 북으로는 상산商山과 통하였다. 난간에 기대어 마음껏 바라보니 한바탕 통쾌함이 밀려왔다. 옛날에 고산孤山 황공黃公, 黃耆老의 유물로 이옥산李玉山, 李瑀에게 준 것이다.* 벽에 우옹尤翁, 宋時烈의 시가 있었다. 유숙留宿하였다.

---

* 옛날에 …… 준 것이다: 매학정梅鶴亭은 초서(草書) 명필 고산(孤山) 황기로(黃耆老, 1521~1575이후)가 젊은 시절부터 은거하며 글씨를 연마하던 곳이다. 그의 자식이 외동딸밖에 없어 후에 사위 이우(李瑀, 1542~1609)에게 물려주었다. 현재 구미시 고아읍 예강리에 있다.

경신庚申. 일찌감치 일어나 서원에 배알하였다. 서원은 율곡栗谷과 옥산玉山*
두 선생을 배향하고 있었다. 옥산의 후손 이상사李上舍 민재敏載가 와서 만났다.
김상사金上舍 진영晉永이 뒤이어 와 정자 위에서 술잔을 돌렸다. 다시 평성坪城으
로 돌아가 사간司諫 김석모金錫謨 씨 형제를 방문하였다.

신유辛酉. 율리栗里에 들러 야은의 후손 길문영吉文永을 방문하고 선생의 유
상遺像에 배알하기를 청하였다. 학창의鶴氅衣와 갈건葛巾의 의표儀標가 청아淸雅
하여 엄연히 완악한 이를 청렴하게 하며 나약한 이를 뜻을 세우게 하는 풍모
가 있었다.**

임술壬戌. 직지사直指寺로 가 서쪽 행랑에서 묵었다. 밤기운이 몹시 청명하고
달빛도 매우 좋아 앞 대청에 나가 앉아 외우고 있는 책 한 장을 따로 읽었다.

계해癸亥. 절을 두루 살펴보니 크고 뛰어나고 씩씩하고 아름다워 영남의 으
뜸이 되기에 족했다. 안에는 천백의 나한羅漢이 있고 세 면이 계단처럼 내려앉
아 모양이 석가산石假山과 같으니 또 하나의 기이한 형상이었다. 사흘 지나 오
산梧山으로 돌아왔다. 양구洋寇가 이미 물러났다는 소식을 들으니 또 적상산赤
裳山의 풍경이 보고 싶어졌다.

정묘丁卯. 새벽에 출발했다. 동옥東玉은 함께 가지 않고 성례聖禮가 비로소 동
행했다. 장령長嶺을 넘어 저물녘에 오봉梧峯의 객점에 투숙하니 무주茂朱 땅이
었다.

무진戊辰. 읍에 도착해 한풍루寒風樓에 올랐다. 누각은 강 위에 임했는데 제
법 경치가 있었다. 또 환수정喚睡亭에서 쉬었다. 주계영당朱溪影堂에 달려가 배알
하고 드디어 산을 오르기 시작했다. 돌 비탈길이 구불구불하고 가파르고 위험

---

*   율곡(栗谷)과 옥산(玉山): 조선의 대표적 성리학자 이이(李珥)와 황기로의 사위이자 서예가였던 이우(李瑀)
    이다. 둘은 형제간으로 이원수(李元秀)와 신사임당(申師任堂) 사이의 4남 3녀 중 셋째와 넷째로 태어났다.
**   완악한 …… 있었다:『맹자(孟子)』「만장하(萬章下)」에 "백이(伯夷)의 풍도를 들은 자는 완악한 이는 청렴해
    지고 나약한 이는 뜻을 세우게 된다[聞伯夷之風者 頑夫廉 懦夫有立志]"는 내용이 있다.

하였다. 산성 북문으로 점차 들어가니 두 기슭의 붉은 나무가 온통 비스듬한데 사방을 둘러보니 황홀하였다. 만천의 붉은 빛이 비단 병풍을 두른 듯하니, 시기야 비록 늦었다고 하지만 그 넉넉하고 고운 모습은 오히려 그림 속에 있는 것과 같았다. 바위틈을 보니 작은 나무들이 겹쳐 무성한데 원숭이가 복숭아를 따 먹으며 소갈하고 있었다. 안국사安國寺로 들어가 청하루淸霞樓에서 잠시 쉰 뒤 서쪽 행랑에서 묵었다.

기사己巳. 성례聖禮의 전대 안에 주송朱宋*의 책 여러 편이 있기에 가져와서 「유대야산기遊大冶山記」**를 읽었다. 또 주자朱子의 시 가운데 이번 유산遊山과 방불한 구절을 뽑아 머물렀던 곳마다 축軸의 제목을 달아 장차 훗날의 산중 고사로 삼기로 했다. 사고史庫로 들어가니 석실石室의 비장秘藏이 높이 들려 있고, 약간 동쪽에 선원보각璿源寶閣이 있었다. 다 구경한 뒤 승 찬원贊圓에게 길을 가르쳐 달라 하였다. 잠시 호국사護國寺에서 쉬었다. 절 앞에는 하표루霞標樓의 옛터가 있었다. 서쪽을 따라 3, 4리 올라가니 수목 사이로 멀리 푸른빛이 보이는데 끝없이 큰 바다가 은은하게 펼쳐져 있는 것 같았다. 한 층대層臺에 올랐는데 세속에서 몽선암夢仙巖이라 전하는 곳이었다. 방향을 약간 틀어 내려오는데 길이 갑자기 끊겼다. 벼랑을 기어오르고 험한 곳을 넘어 속히 안렴대按廉臺로 오르니, 덕유산德裕山과 마이산馬耳山 등 여러 산이 눈앞에 벌려 서 있는데, 산세를 바라보니 먼 곳까지 다 트여 있었다. 누대의 바위 사이로 세 개의 구멍이 터졌는데 한 개는 구멍은 매우 깊고 넓었다. 옛날 임진壬辰 연간에 절의 승려가 사책史冊을 안고서 이곳으로 피난하여 온전히 보전할 수 있었다고 한다. 깊은 골을 굽어보니 마음이 신묘해져 선자先子의 시 "이 땅은 남악의 시구에 딱 들어

---

*   주송(朱宋): 송(宋)의 주희(朱熹)와 조선조 송시열(宋時烈)을 가리킨다.

**   「유대야산기(遊大冶山記)」: 송시열(宋時烈, 1607~1689)이 속리산 화양동(華陽洞)으로 거처를 옮긴 뒤 인근에 있던 대야산(大冶山)을 유람하고 지은 글로, 1670년(현종 11) 11월 6일에 기록한 기문이 『송자대전(宋子大全)』 권 142에 실려 있다.

맞으니, 높은 곳 오를 때마다 길게 한번 읊었노라[此地只宜南嶽句 每登高處 費長吟]*라는 구절을 낭랑하게 읊조렸다. 호국사로 다시 돌아와 일행과 헤어진 뒤 남문南門을 따라 내려오는데, 바위를 붙잡고 나무에 매달리는 것이 몹시도 위험해 마치 절벽을 타고 오르는 것과 같았다. 수십 리를 끝없이 가 유두원령柳頭院嶺에 올랐다. 층층이 진 벼랑과 겹쳐진 산을 바라보니 면면이 서리 내린 숲이라 붉은 비단이 영롱하였다. 지난날 본 것에 비해 기이하고 씩씩해짐을 갑자기 깨달으니, 이에 소장공蘇長公이 말한 "여산의 진면목을 알 수 없으니, 이 몸이 이 산속에 있기 때문이네[不識廬山眞面目 只緣身在此山中]**라는 것이 빈말이 아님을 알겠다. 며칠 있다가 집에 돌아왔다. 이번 유람에 여러 명승을 두루 보았지만 특히 '금오金鳥'로 기문의 이름을 삼은 것은 큰 산 가운데 본령이기 때문이다.

원문 原文

歲丙寅仲秋. 家弟東玉. 約二三同志. 遊嶠南山水. 卜日而告之. 余讀朱先生遠遊篇. 聞而欣然. 遂以十八日. 理裝抵梧山. 外弟金聖禮 永膺. 亦同約而有故退期. 留待暇日. 往觀天摩山. 勢漫高峻. 樹木偃蹇. 藤蔓交絡. 傴僂而行. 至絶頂暫愒. 從者適進山葡萄. 啖之. 從脊而下. 回首望之. 巖石松樹. 鬱鬱蒼蒼. 若從雲中來也. 二十五日辛亥. 發行. 東玉及族叔致堅 廷洙 伴之. 行到永同邑. 拜藍田李丈疇夏. 留俟聖禮. 聖禮

---

* 이 땅은 …… 읊었노라: 송시열이 1662년(현종 3) 금강산을 유람하면서 벗 윤선거(尹宣擧, 1610~1669)의 시에 차운(次韻)하여 지은 칠언율시 「遊楓嶽次尹美村韻」의 마지막구로, 『송자대전(宋子大全)』권 4에 실려 있다. '남악의 시구'란 주자가 남악을 여행하면서 남헌(南軒) 장식(張栻)과 수창한 시구들을 말한다.
** 여산의 …… 때문이네: 소식(蘇軾)의 칠언절구 「제서림벽(題西林壁)」의 3, 4구로, 산의 참모습을 쉽게 헤아릴 수 없음을 시로 표현한 것이다.

以其伯氏病. 來書告罷. 念極無聊. 然業已發. 不可止. 癸丑. 早發. 李
友好善 寅儵. 亦隨抵寒泉書院奉審. 出坐明淑堂. 壁揭八景. 曰使君峯.
曰冷泉亭. 曰山羊壁. 曰龍淵臺. 曰月留峯. 曰花軒嶽. 曰靑鶴窟. 曰法
尊菴. 俱是先子筆也. 步出前溪. 水石淸駛可喜. 欲見先子題名處. 攀石
過崖. 脂滑徑仄. 著足甚艱. 從絕壁而上. 石面凹處. 刻諱字. 傍有黃
都正 鍍 之名. 時洋寇深入江華. 中外震動. 路上聽聞. 日益危懍. 同行
欲自此徑歸. 余强攜而行. 踰秋風嶺. 金山界也. 乙卯. 行到二老峴. 訪
曺友範五 翼永. 未逢. 留書而向金泉. 宿夕後. 範五追到. 丙辰. 蓐
食. 渡鑑湖. 踰大嶺. 從山谷而行十餘里. 抵善山界南通村. 是金烏東麓
吉冶隱遺墟也. 走登採薇亭. 前楹. 揭百世清風. 中流砥柱. 小西. 有敬
慕閣. 奉藏宸奎尚德帖. 帖是肅廟戊子御製詩. 詩曰. 歸臥烏山下. 清風
比子陵. 聖主成其美. 勸人節義興. 閣後. 有脩竹千竿. 云是御賜田. 而
先生所手植也. 感慨彷徨. 久而不能去. 俄而日已斜矣. 轉西而入. 山勢
稍迤. 溪水幷之. 泝流行行. 白石盤陁. 蒼崖壁立. 頗作奇觀. 而恨昏
黑難周矣. 夜宿大惠倉. 丁巳. 轉上一里. 石壁屏立. 高可數仞. 中有一
窟. 稍廣且深. 又有藥泉. 世傳冶隱隱於此. 然壁無著足處. 未知其何以
攀緣也. 西壁上. 有瀑懸空而下十餘丈. 飛沫吹面. 衣髮皆濕. 左邊又懸
一瀑. 高不如其右. 而水勢則倍幾三之. 挾箜而西. 縈紆盤折而上十餘里.
入山城. 城在山頂. 有九井七澤. 一無可觀. 鎭南寺鎭南寺. 又折而上三
數里. 楓葉甚盛. 照爛一山. 亦復盛賞. 乃抵候望臺. 是爲此山最高處.
南州山川. 盡在履底. 洛江一帶. 橫繞數百里. 極目無際. 坐少頃. 右趾
而降數十步. 忽見巨壁開坼作門. 勢甚壯偉. 隨層階而下. 緣崖東入. 巖
竇有半畝地. 而懸在數開菴. 名曰藥師殿. 峭壁三圍. 一江南坼. 寓目仙
景. 怡然忘返. 卽欲止宿. 而僧告粮罄. 遂顚倒南下. 峯回石危. 艱苦備

至. 夜投山下民家宿. 戊午. 上龍華菴. 菴在巖窟中. 若懸磬. 蒼壁自東
而來. 連簷削立. 前臨若木扶桑之野. 眺望亦敞豁. 復折而下. 行數十里.
到吳山. 仁同界也. 上東臺. 讀冶翁砥柱中流之碑. 碑高三數丈. 字畫如
椽. 皇朝人楊晴川鎬筆. 而柳謙庵 雲龍 摹而刻立. 其弟西崖相公. 記其
陰. 後有尙娘者. 見疎於其夫. 父母欲奪志. 尙娘唱山有花曲. 而投死臺
下水. 此地又有此事. 亦非偶然也. 入清風樓. 謁清節廟. 松竹森然. 想
見先生後凋氣像. 退忠孝堂小憩. 往拜先生墓. 墓在院西數百步矣. 己未.
曉發向梅江. 過坪城. 訪金上舍祖永. 其姪秉庸偕往. 路左有旌閭數間.
冶隱曾居閭後鳳溪村. 恒誦忠臣不事二君. 烈女不更二夫之語. 鄰居趙乙
生. 出而不還. 其妻藥哥. 感化於先生. 八年守節. 後人建此閭. 以表忠
與烈. 額曰百世清風. 八年孤燈. 日晡. 抵梅江. 登梅鶴亭. 亭在洛湄斗
絶之崖. 碧波明沙. 浩渺無際. 南睨八公. 北通商山. 憑欄極眺. 爲之一
快. 舊以孤山黃公之物. 付于李玉山. 壁有尤翁詩. 留宿. 庚申. 早起.
拜謁書院. 院享栗谷, 玉山二先生也. 玉山後孫李上舍敏載. 來見. 金上舍
晉永. 踵而至. 巡酌于亭上. 復還坪城. 訪金司諫錫謨氏兄弟. 辛酉. 過
栗里. 訪冶隱後孫吉文永. 請謁先生遺像. 鶴氅葛巾. 儀標清雅. 儼然有
廉頑立懦之風. 壬戌. 轉往直指寺. 宿西寮. 夜甚清明. 月色正好. 出坐
前楹. 各誦所誦書一章. 癸亥. 周覽寺觀. 宏傑壯麗. 足爲南中之優. 中
有千百羅漢. 三面層坐. 狀如石假山. 亦一奇也. 三日而還梧山. 聞洋寇
已退. 又欲賞赤裳楓景. 丁卯. 昧爽發. 東玉未偕. 聖禮始伴. 踰長嶺.
暮投梧峯店. 茂朱地也. 戊辰. 到邑. 登寒風樓. 樓臨江上. 頗有景致.
又憩喚睡亭. 走謁朱溪影堂. 遂上山. 磴道透迤. 峭峻危嶮. 轉入山城北
門. 兩岸紅樹. 一路歆斜. 四顧悅惚. 萬千紅紫. 如帶錦屏. 時雖云晚.
其豐潤嫩妍之狀. 猶在畫圖中. 看石罅. 小木多濃. 猴桃摘而消渴. 入安

國寺. 少憩淸霞樓. 宿西寮. 己巳. 聖禮橐中. 有朱宋書數編. 故取來讀
遊大冶山記. 又選朱詩中彷彿此遊之句. 隨處題軸. 將以作後日山中故事
也. 入史庫. 揭石室秘藏. 小東有璿源寶閣. 覽訖. 命僧贊圓指道. 暫憩
護國寺. 寺前. 有霞標樓舊墟. 從西而上三四里. 樹木之間. 遠色蒼然.
如隱隱有無邊大洋. 上一層臺. 俗傳夢仙巖. 稍轉而下. 路忽中斷. 緣崖
度險. 驟登按廉臺. 德裕馬耳諸山. 羅列眼前. 望勢極闊遠. 臺巖之間.
坼三竇而一竇頗深廣. 昔在壬辰閒. 寺僧抱史冊. 避亂于此. 得完全云.
俯臨深壑. 心神然. 朗詠先子詩此地只宜南嶽句. 每登高處費長吟之句.
回到護國寺. 別一行. 從南門而下. 扶巖攀木. 極其危險. 如從壁上. 行
行數十里. 登柳頭院嶺. 望見層壁疊嶂. 面面霜林. 玲瓏紅錦. 比向日之
觀. 頓覺奇壯. 乃知蘇長公所云. 不識廬山眞面目. 只緣身在此山中. 非
虛語也. 數日而還家. 是遊也. 徧覽諸名勝. 而特以金烏名其記者. 統于
大也.

출처: 宋秉璿, 『淵齋集』, 「遊金烏山記」

16

황악산기

黃岳山記

송병선

앞의 유금오산기와 저자 동일(저자 해제 참고).

해제 解題

「황악산기黃嶽山記」는 임신년 가을에 송병선宋秉璿: 1836~1905이 외사촌인 김성
례金聖禮, 이덕하李德夏 등과 김천의 직지사直指寺와 황악산을 유람하고 쓴 기록
이다. 김성례와 이덕하가 먼저 출발하였다는 말을 듣고 서둘러 출발하여 미륵
당彌勒堂과 가학루駕鶴樓 등을 지나다가 우연히 정순화를 만나 함께 여행하게
되었으며, 직지사는 삼국시대에 능여能如 화상이 절터를 지팡이로 곧바로 가리
켜 직지사라는 이름이 생긴 유래도 기록하였으며, 태종의 태실과 묘적암妙寂庵
등을 지나 산 정상에서 굽어본 팔공산 금오산의 경치를 서술하고, 화산을 지
나 화동畵洞에 이르니 산수의 아름다움과 더불어 대개 지명이 도교와 불교적
인 명칭이 많으나 이곳은 주공, 공자, 백어, 저익, 안연대 등등으로 유교적인 이
름들로 되어 있는 것에 기뻐하는 모습이 잘 나타나 있다.

국역 國譯

내가 교남嶠南, 영남의 산수에 일찍이 두루 유람하고자 하였으나 미처 발길이
미치지 못했다. 임신년1872년, 고종 9 늦가을에 외제外弟 김성례金聖禮와 함께 가기
로 약속을 하고 이미 출발하였는데, 친구인 공기恭基 이덕하李德夏가 소식을 듣
고 기뻐하며 영동永同의 미륵당彌勒堂으로 나를 따라왔다. 때는 가을이라 하늘
이 높고 기운이 맑았으며 들판은 휑하니 텅 비어 있었다. 지팡이를 나란히 짚
고 천천히 가다보니 황간읍黃澗邑에 도착하였다. 황학루駕鶴樓에 오르니 들녘에
임한 곳이 시원하게 열려 있었다. 모현대慕賢臺에 들렀는데 순화舜華 정창조鄭昌
朝를 만나 동행하였다. 시내를 빙 돌아 동쪽으로 천천히 걷다 보니 맑은 물과

흰 바위가 이따금 마음에 딱 드는 곳이 있었다.

괘방령掛榜嶺을 넘어 점점 황악산黃岳山으로 들어가니 단풍나무와 국화가 시절을 다투어 서로 비추며 빛을 발하고 있었다. 계곡을 거슬러 5, 6리 걸어가니 직지사直指寺에 당도하였다. 절은 크고 높은 가람으로, 중간에 화재를 겪어 겨우 열에 두셋만 남았으나 이마저도 황폐하였다. 신라 승 능여能如가 세운 것으로, 지팡이로 이곳을 콕 찍어 가리켰다 해서 이것으로 절의 이름을 지었다고 한다. 북쪽으로 수백 보 올라가니 공정대왕恭靖大王*의 태봉胎封이 있었다. 또 1리쯤 내려가니 묘적암妙寂菴으로, 안은 텅 비고 승려도 없는데 다만 금부처만 우두커니 홀로 앉아 있었다.

다시 길을 꺾어 남쪽으로 가다 서쪽으로 비스듬히 굽어 깊숙이 들어가 성도成道와 명적明寂 두 암자를 지나 곧장 능여암能如菴으로 올라가니, 자리 잡은 곳이 제법 높아 또한 그윽하고 아득한 풍취가 있었다. 걸어서 동대東臺로 나와 멀리 트여 있는 곳을 바라보니 팔공산八公山과 금오산金烏山이 늘어서 있는 모습이 눈 안에 들어왔다. 앉아서 밥을 해먹고 왼쪽으로 1리 걸어 내려오니 견불암見佛菴이라는 암자가 있는데 밝고 깨끗해 사랑스러웠다. 또 7, 8리 걸어가니 두 산이 서로 의지하며 서 있는데 시내와 골짝이 깊게 끊겨 있고 수목은 하늘을 가리고 있었다. 물이 졸졸 흐르다 돌을 만나면 폭포가 되어 아래로 떨어져 못을 이루는데, 이를 들여다보면 빛은 바로 푸른색으로 그 바닥을 다 헤아릴 수 없으니, 세상 사람들은 이를 용확龍鑊이라고 부른다.

내원암內院菴에 도착하니 안쪽 산은 단풍잎이 몹시 무성하여 난만히 비추고 있는 모습이 좋은 구경거리였다. 잠시 쉬다가 다시 길을 북쪽으로 꺾으니 운수암雲水菴에 당도했다. 사방의 산이 점차 어두워지자 따르는 이들이 발길을 재촉하였다. 직지사로 돌아오니 서쪽 행랑에서 친구 조범오曹範五가 와서 기다리고

---

* 공정대왕(恭靖大王): 태조의 둘째 아들로 조선의 제2대 임금인 정종(定宗, 재위: 1399~1400)의 묘호이다.

있었다. 그도 동행하기로 약속하였는데 집에 일이 생기는 바람에 하루만 묵고 서둘러 돌아갔다.

화산령華山嶺을 넘어 10여 리 가니 인가人家가 보이는데 산을 등지고 물을 굽어보며 뽕나무로 사립문을 하고 있는 모습이 은은하게 그림과 같았다. 고을에 주공周公·공자孔子·백어伯魚*·저익沮溺**이란 이름이 있고, 물과 돌도 맑고 빼어나 구경할 만하였다. 이에 주자朱子의 무이구곡武夷九曲이 생각나 「무이도가武夷櫂歌」와 「무이잡영武夷雜詠」 등의 시를 낭랑하게 읊조렸다. 물길을 따라가다 보니 안연대顏淵臺가 나왔는데, 앞에 펼쳐진 흰 조약돌에 맑은 물이 부딪치며 흐르고 있었다. 누대 아래 빙 둘러앉아 잔을 띄워 술을 마셨다. 또 수리數里를 가며 귀반歸盤***을 읊조리고 배회하며 시를 읊으니 아득히 기수沂水에서 목욕하고 무우舞雩에서 바람을 쐬고 싶은 흥취가 일었다.**** 듣자 하니 도동道洞의 모성암慕聖巖도 천석泉石의 볼거리가 많다고 한다. 아, 금강산金剛山과 지리산智異山 등의 여러 산은 옛날에 유람하며 들렀던 곳인데, 봉우리의 이름이 이교異敎에서 나온 것이 많아 도리어 경물에 누가 되었다. 이제 이곳에 와서 소요부邵堯夫의 '도가 바로 여기에 있다'고 한 탄식을 적어두어***** 훗날 이곳에 와서 유람하는 자의 논의를 기다린다.

---

*   백어(伯魚): 공자의 맏아들 리(鯉)를 가리키며 백어는 공리의 자이다.
**   저익(沮溺): 공자와 동 시대에 살았던 은자(隱者)인 장저(長沮)와 걸닉(桀溺)을 가리킨다.
***   귀반(歸盤): 한유(韓愈)가 반곡(盤谷)에 은거하러 들어가는 이원(李愿)을 전송하며 지어준 「송이원귀반곡서(送李愿歸盤谷序)」가 전한다.
****   기수(沂水)에서 …… 일었다: 『논어(論語)』「선진(先進)」에 공자가 제자들에게 장차 포부를 묻자 그중에 증점(曾點)은 "늦봄에 봄옷이 다 만들어지면 그것을 입고 여러 사람들과 함께 기수(沂水)에서 목욕하고 무우(舞雩)에서 바람 쐰 뒤에 노래하면서 돌아오겠다"라고 답하여 공자의 칭찬을 받은 내용이 있다.
*****   소요부(邵堯夫)의 …… 탄식을: 소요부(邵堯夫)는 자가 요부(堯夫)인 송나라 소옹(邵雍)을 가리킨다. 소옹이 "고인들은 천년이 지난 옛날을 거슬러 올라가 벗을 맺었는데 나는 아직도 사방을 다녀본 적이 없다"고 탄식하고, 여러 나라를 두루 돌아다닌 뒤 한참 만에 돌아와서는 "도가 바로 여기에 있다[道在是矣]"고 하였다고 한다. 여기서는 이교가 아닌 유교를 통해서 사물의 이치를 깨달아야 함을 강조하는 뜻으로 쓰였다.

余於嶠南山水. 嘗欲遍遊而未及焉. 歲壬申暮秋. 約外弟金聖禮同往. 旣
發. 李友恭基 德夏 聞而忻然追余于永同彌勒堂. 時秋高氣淸. 原野寥
曠. 聯筇徐行. 到黃澗邑. 登駕鶴樓. 臨野爽豁. 過慕賢臺. 遇鄭舜華
昌朝 偕行. 循溪東趂. 淸流素石. 往往有會心處. 逾掛榜嶺. 轉入黃岳
山. 楓菊爭時. 相映發輝. 㳂溪行五六里. 抵直指寺. 寺古大伽藍. 中經
燬爐. 只存十二三. 而亦荒落矣. 新羅僧能如所創. 而以杖點指. 故寺以
名焉. 北上數百步. 有恭靖大王胎封. 又下里許. 爲妙寂菴. 室空無僧.
惟金佛巍然獨坐. 還折而南. 迤西深入. 歷成道, 明寂二菴. 直上能如
菴. 占地頗高. 亦有幽夐之趣. 步出東臺. 眺望闊遠. 八公, 金烏. 羅列
眼界. 坐一炊. 左趾下一里. 有菴曰見佛. 明淨可愛. 又行七八里. 兩山
夾持. 澗谷深絶. 樹木蔽天. 水流潺湲. 遇石爲瀑. 墜之成潭. 窺之色正
碧. 不可窮其底. 俗稱龍鑊云. 到內院菴. 內山楓葉甚盛. 照爛供玩. 少
憩. 復路北折. 抵雲水菴. 四山漸暝. 從者促行. 還直指西寮. 曹友範五
來待. 亦同約而家有故. 一宿徑歸. 踰華山嶺. 行十餘里. 見人家. 背山
臨水. 桑柘柴荊. 隱然如畫. 洞有周公孔子伯魚沮溺之名. 而水石亦淸絶
可賞. 乃作晦父武夷想. 朗詠, 櫂歌雜詠等詩. 隨流而行. 得顔淵臺. 前
鋪白礫. 淸流激瀉. 環坐臺下. 爲流觴之飮. 又前數里. 爲詠歸盤. 徘徊
嘯咏. 悠然有浴沂風雩之興. 聞道洞慕聖巖. 亦多泉石之觀. 噫. 金剛智
異諸山. 昔所遊歷. 而峯名多出異敎. 反爲景物之累. 今焉來此. 有邵堯
夫道在是之歎. 聊爲記. 以竢後日來遊者之論.

출전: 宋秉璿, 『淵齋集』, 「黃岳山記」

17

수도산기

修道山記

송병선

앞의 유금오산기, 황악산기와 저자 동일(저자 해제 참고).

해제 解題

「수도산기修道山記」는 송병선宋秉璿: 1836~1905이 김천의 수도산을 유람하고 산수의 아름다움을 기록한 것이다. 황악산에서 내려와 방초정芳草亭을 방문하여 정자주인과 담소를 나누며 시판들을 살펴보고 자신의 백부가 쓴 시도 걸려 있어 기뻐한다. 쌍계사, 백련암, 수도암, 신선대를 돌아 남쪽으로 시내를 따라 내려오니 구담臼潭에서 흐르는 폭포의 높이가 십여 장이며 물색이 담연하고 단풍나무가 둘러 있어 마치 고대의 은사들이 은거한 곳임을 암시하며, 선담船潭 옆의 무흘산방武屹山房은 예전에 한강 정 선생의 강도처인데 왼쪽에는 서운암棲雲庵의 옛터가 있고 회나무 두 그루는 역시 선생이 심었으며, 마치 이 계곡은 선생을 기다렸다가 모습을 드러내었으니 예전에 무이산이 주자를 만나 무이구곡이 유명해진 것과 같음을 강조하고 석항령石項嶺을 넘어 가야산으로 들어가는 내용이다.

국역 國譯

황악산黃岳山을 출발하여 수도산修道山을 향해 가다 방초정芳草亭으로 이인경李寅擎을 방문하였다. 정자에는 심옹心翁과 백부伯父의 시판詩板이 있었다. 주인이 술자리를 벌여 밤늦도록 이야기하면서 나를 끌어당기며 머물게 하였지만 내가 듣지 않자, 그의 아들 가옥佳玉 이현기李鉉琪에게 명하여 따라가게 하였다. 고고현鼓鼓峴을 넘어 계곡을 따라가니 기이한 바위가 물줄기를 압도하고 있는데, 깎아지른 듯 가팔라 수십 길仞은 되었다. 모양이 마치 사람이 팔짱을 끼고 서 있는 것 같으니 이른바 입암立巖이었다. 여기서부터 푸른 벼랑과 비단 절벽이 들어가는 곳을 따라 번갈아 나와 마치 비단 병풍을 펼쳐놓은 듯하였다. 계곡물이 굽이돌며 휘었다 꺾였다 머물다 다시 흐르고, 바위틈의 붉은 나무는 수면에 거꾸로 비쳐 기이한 볼거리를 더하였다.

수십 리를 가니 백천교百川橋가 나타났다. 흰 바위가 편평하게 펼쳐진 곳에 물이 쏟아져 내려 못을 이루었는데, 지경이 매우 넓게 트여 있어 그윽하고 깊은 맛은 드물었다. 시내를 떠나 서쪽으로 쌍계사雙溪寺로 들어가니, 사방이 한데 모여 따로 떨어진 하나의 깊숙한 지역이었다. 불전과 승방은 무너지고 부서져 볼만한 게 없었다. 오른쪽에는 백련암白蓮菴이 있는데 그 소쇄함이 사랑스러웠다. 잠시 앉았다가 다시 길을 꺾어 내려오니 벗 백승伯昇 정회영鄭晦永이 길 왼쪽에 나와 맞이하기에 함께 청암사靑巖寺로 올라갔다. 골 입구에 당도하자 암벽이 기이하고 가파르며 샘물은 맑고 푸르렀다. 회당화상晦堂和尙의 비문을 읽고서 절에 들어가니, 방장실方丈室이 환하고 깨끗하며 스님도 고결해보였다.

또 소나무 숲 사이를 따라 3, 4리 가다가 곧장 돌 비탈길을 올랐다. 봉우리를 넘고 벼랑을 에워싸며 나아가니, 백운白雲 이규보李奎報의 시에 "앞산만 지나면 절이려니 했더니, 앞산을 지나자 또 앞산이네[纔却前山意有寺 前山過了又前山]"*라고 한 것과 똑같은 경지가 완연하게 실제로 펼쳐졌다. 저물녘에 수도암修道菴에 도착했다. 암자는 산허리에 있는데 편안하게 자리 잡고 있으면서도 기이한 절경이라 모두가 명찰名刹이었다. 몹시 피곤해 잠을 자려는데 홀연히 창가에 하얀 달빛이 비치기에 얼른 앞 대청마루로 나가 술잔을 끌어다 자작하며 주자朱子의 시문 여러 편을 암송하였다.

다시 잠을 자고 새벽에 일어나니 동남쪽의 여러 봉우리들이 구름 사이로 출몰하며 변화하는 모습이 또한 기이하였다. 밥을 먹은 뒤 백승伯昇과 함께 절 뒤

---

* 이규보의 시는 「관정사를 찾아(尋觀靜寺)」라는 제목의 칠언절구로, "나는 새의 그림자 맑은 못 속에 떨어지고, 돌아가는 말 울음소리 숲 사이에 시끄럽네. 앞산만 넘어서면 절이려니 했더니, 앞산을 넘어서자 또 앞산이네[飛禽影落澄潭底 歸馬聲喧綠樹間 過却前山疑有寺 前山過了又前山]"라는 내용이다.

편을 따라 5, 6리 올라가다 헤매어 길을 잃었다. 바위를 타고 등나무를 붙들며 곱사등이마냥 몸을 숙이며 나아가니 작은 봉우리 하나를 만났다. 그 꼭대기에 앉아 일행을 기다려도 오지 않기에 마침내 험한 돌 비탈길을 넘으니 갑자기 깎아지른 절벽이 눈앞에 나타났다. 기어오르고 매달리며 위태로운 곳을 넘고 또 수백 보 올라가 드디어 절벽 꼭대기에 당도하니, 여섯 봉우리가 층층이 서 있는데 바위 전체가 한 몸을 이루고 있어 서로의 거리가 잘해봐야 과녁 하나 지날 정도였다. 남쪽은 상봉上峯이고 북쪽은 신선대神仙臺로, 누대 꼭대기에 엎어져 있는 바위는 모습이 꼭 거북이 엎드려 있는 것 같았다. 아래를 굽어보니 천봉만학千峯萬壑이 가파르고 깊숙하며 높았다 낮아지는 모습이 마치 바다 속 큰 파도가 오르락내리락하는 것 같았다. 홀연히 흰 안개가 날아오르며 만이랑 은빛 파도를 이루는데, 삼켰다가 토해내고 일어났다가 소멸하여 잠깐 사이에 천 가지로 변화하니, 이런 경지의 큰 볼거리는 실로 평생에 드물게 있는 것이었다. 절구 한 수를 나지막이 읊조리며 내려와 그 승경에 대해 한껏 얘기하니 성례聖禮가 벌떡 일어나 공기恭基와 함께 달려 올라갔고, 나도 오른쪽으로 돌아 정각암正覺菴으로 들어갔다. 정각암은 수도암과 떨어진 게 백보도 안 되는데 그윽하고 고요하기는 더 나았다. 건물 뒤편에 큰 바위가 있는데 우람한 덩치로 누르려 하는 것 같았다. 구멍에서 맑은 샘이 나오기에 두 손으로 떠서 목을 축이고 다시 수도암으로 돌아오니, 서태일徐泰一 군이 호리병을 차고 올라와 나와 일행을 위로했다. 해가 기울 때쯤 성례聖禮가 신선대를 보고 돌아왔다.

방향을 틀어 남쪽으로 내려가 계곡을 따라 몇 리 가니 구담臼潭이 나타났다. 허공에 걸린 폭포가 곧장 10여 길丈을 떨어지는데 물색이 맑아 푸르고 깨끗했다. 주위를 단풍나무가 무성하게 에워싸고 있으니 그 은은함은 마치 고인高人과 일사逸士가 산림에 자취를 감추고 있는 듯하였다. 또 1리를 나아가니 칠성담七星潭이고 수리數里를 내려오니 바로 와룡암臥龍巖이었다. 널브러져 있는 돌이 깨끗하고 하얀데 맑은 물줄기가 꾸불꾸불 용의 모습을 하며 흘러내려 작은 폭포를 이루었다. 흰색 무늬는 마치 가루를 뿌리는 듯하여 금강산 만폭동萬瀑洞의 선담船潭과 방불하였다. 곁에 너른 바위가 있는데 수십 명이 앉을 만하였다. 그 밑으로 두 바위가 마주 서서 문을 이루고 있는데, 깊은 곳에 조용히 자리 잡고 있어 이번 산행에 처음으로 발견되었다. 정주석鄭冑錫 어른과 백승伯昇 대인이 술을 갖고 와 냇가에 앉아 조금 마신 뒤 일어났다.

3, 4리를 가 무흘산방武屹山房에 도착했는데, 이곳은 한강寒岡, 鄭逑 1543~1620이 도를 강론하던 곳이다. 왼쪽에 서운암棲雲菴 옛터가 있고 두 그루의 노송이 길고 무성하게 하늘 높이 치솟아 있는데, 이 또한 선생이 직접 심으신 것이라고 한다. 대개 이 골짝의 물과 돌이 빛을 감추고 광채를 숨겨 정 선생이 아름다운 기운을 드날리고 퍼뜨려주기를 기다렸으니, 거의 무이산武夷山이 회옹晦翁에 대한 것과 같다.* 그러므로 이곳을 무흘구곡武屹九曲이라 이름 지은 것이다. 봉비암鳳飛巖에서 구담臼潭까지는 40리인데 선생께서 이곳을 오가며 바람 쐬며 읊조리신 것을 백세 뒤에서도 그 신운神韻을 족히 상상할 수 있을 것만 같았다. 상전이 벽해 되듯 변화가 연속되어 땅이 거칠어지고 물이 마를 것이라는 생각이 나로 하여금 감회가 일게 해 한참 동안 서성거렸다. 석항령石項嶺을 넘어 점차 가야산伽倻山으로 들어갔다.

원문 原文

發黃岳. 將向修道. 歷訪李寅擎于芳草亭. 亭有心翁及伯父詩板. 主人置

---

* 무이산이 …… 같다: 주희(朱熹)가 무이산(武夷山)에 정사(精舍)를 짓고 강학하였으며, 무이산 계곡을 구곡
   (九曲)으로 나누어 학문의 수행과정을 담은 「무이구곡가(武夷九曲歌)」를 지은 것으로도 유명하다.

酒夜話. 挽余留. 不聽命. 其子鉉琪佳玉. 隨往踰鼓鼓峴. 緣溪而行. 有奇巖壓流. 削峭數十仞. 形如人拱立. 所謂立巖者也. 自此蒼崖錦壁. 隨入迭出. 若展綵屏. 溪水縈廻. 曲折停瀉. 而巖罅紅樹. 倒映水底. 以助奇觀. 行數十里. 得百川橋. 白石平布. 水瀉爲潭. 境頗寬敞. 而幽邃之味鮮矣. 舍谿. 西入雙溪寺. 四圍回合. 別一奧區. 佛殿僧寮. 頹廢無可觀. 右有白蓮菴. 愛其蕭灑. 坐少久. 復折而下. 鄭友伯昇晦永. 出迎路左. 偕上青巖寺. 抵洞口. 巖壁奇峭. 泉流澄碧. 讀晦堂碑. 入寺. 丈室明淨. 僧亦高潔. 又從松林間三四里. 直上磴道. 越峯遶崖而走. 李白雲 奎報 詩. 纔却前山意有寺. 前山過了又前山者. 宛然實境也. 迫曛. 至修道菴. 菴在山腰. 安穩奇絶. 儘名藍也. 倦甚欲寐. 忽見牕牖. 月色生白. 亟出前檻. 引觴自酌. 誦朱文數篇. 還睡曉起. 東南諸峯. 出沒雲際. 變態幻形. 亦奇矣. 飯後與伯昇. 先從寺後上五六里. 迷失路. 捫巖扶藤. 傴僂而進. 得一小峯. 坐其巓. 待一行不至. 遂越險磴路. 忽見斷峭壁當前. 隮攀度危. 又上數百步. 乃抵絶頂. 六峯層立. 全石爲軆. 相去可强一帳. 南爲上峯. 北爲神仙臺. 臺頭覆巖. 形類龜伏. 俯視. 千峯萬壑. 嶙峋高下. 若海濤起伏. 忽白霧飛騰. 萬頃銀波. 吞吐興滅. 頃刻千變. 此境大觀. 實平生罕有者也. 沉吟一絶而下. 盛說其勝. 聖禮憤然而起. 與恭基走上. 余亦右轉而入正覺菴. 菴去修道不百步. 而幽靜過之. 屋後大巖. 磅礴欲壓. 竇出淸泉. 掬而沃渴. 復還修道. 徐君泰一. 佩壺上來. 勞余一行. 日昃. 聖禮見神仙臺而歸. 轉而南下. 循溪行幾里. 得白潭. 懸瀑直下十餘丈. 水色湛然綠淨. 楓樹盛遶. 隱隱如高人逸士. 藏跡山林. 又前一里. 爲七星潭. 下數里乃臥龍巖也. 鋪石潔白. 淸流蜿蜿作龍形. 下爲小瀑. 白紋如潑粉. 彷彿若萬瀑之船潭. 傍有廣石. 可坐數十人. 其下兩巖. 對立成門. 幽暢窈窕. 爲今行所創目. 鄭丈胄錫 伯昇

大人 攜酒來. 坐溪畔. 小酌而起. 行三四里. 到武屹山房. 是寒岡講道
處也. 左有棲雲菴舊址. 雙檜攸菀干霄. 亦先生手栽云. 蓋此洞水石. 藏
光匿輝. 以待鄭先生揚休播美. 殆同武夷之於晦翁. 故名曰武屹九曲. 自
鳳飛巖. 至臼潭. 爲四十里. 而先生往來風詠. 百世之下. 可以想見其神
韻也. 滄桑澒洞. 地荒水廢. 令人興感. 彷徨久之. 踰石項嶺. 轉入伽倻
山.

출전: 宋秉璿, 『淵齋集』, 「修道山記」

18

유금오산기

遊金烏山記

허훈

허훈(許薰): 생몰은 1836~1907년이다. 조선 말기의 학자로, 자는 순가(舜歌)이며 호는 방산(舫山)이다. 본관은 김
해(金海)로, 부친은 증참찬 허조(許祚)이다. 경북 선산군 임은(林隱, 지금의 구미시 임은동)에서 출생했다. 의병(義
兵) 군수(軍帥)인 허위(許蔿)가 아우인데, 허위의 손자들은 모스크바에 허진(許眞), 타시켄트에 허선산(許善山) 등
이 거주하고 있다. 29세 때 허전(許傳)의 문하에 나아가 집지했으며, 유주목(柳疇睦)에게도 수학했다. 제자의 예
를 올리고 수학했다. 허전은 이익(李瀷)-안정복(安鼎福)-황덕길(黃德吉)로 이어진 성호학파의 실학을 계승한 학
자이며, 허훈은 허전의 학통을 이었다. 허훈의 성리설에 관한 생각을 짐작할 수 있는 글은 「심설(心說)」과 「사칠관
견(四七管見)」이며, 실학과 유관한 것은 「염설(鹽說)」·「포설(砲說)」·「차설(車說)」·「패수설(浿水說)」·「해조설(海
潮說)」 등이 있다. 그는 「사칠관견」과 「심설」에서 이이(李珥)의 성리설이 이황(李滉)의 견해와 다른 문제들을 비판
하였고, 이황의 학문적 정통성을 재천명했다. 만년에는 청송군 진보면 비봉산 아래에 간운재(看雲齋)를 짓고 살았
다. 72세에 도산서원과 병산서원의 원장으로 추대되어 제향을 끝내고 돌아오는 길에 병을 얻어 8월 23일에 별세
했다. 825수의 방대한 시를 남겼으며, 예학에도 밝았다. 저술로 「방산집(舫山集)」 등이 있다.

해제 解題

「유금오산기遊金烏山記」는 방산舫山 허훈許薰: 1836~1907이 정묘년1867 정월부터 6월까지 지천정사芝泉精舍에 거처하며 9월에는 금오산을 유람하고 기록한 것이다. 학문을 하는 것은 산을 오르는 것과 마찬가지로 한 걸음 한 걸음 나아가야지 절대로 엽등해서는 안 되며 처음에 오를 때는 힘들지만 정상에 올라 내려다보면 삼라만상을 다 관찰할 수 있음을 강조하였다. 정상에 올라 멀리 청량봉을 바라보며 퇴계선생의 강학소를 회상하며 늦게 태어나 가르침을 받을 수 없음을 한탄하기도 하였고, 산 정상에서 채미정과 야은선생의 유허비, 여헌선생의 사당 등을 내려다보며 자신의 학문이나 인품이 선유들을 따를 수 있도록 마음을 가다듬고 있다.

국역 國譯

지천정사芝泉精舍는 봉명산鳳鳴山의 북쪽에 자리하고 있는데, 앞쪽으로 금오산金烏山 이남의 여러 골짜기를 마주 바라보고 있다. 매번 창문을 열고 바라보면, 돌로 쌓은 오랜 성가퀴가 구름 가에서 은은히 보이고 훤칠한 소나무가 깎아지른 듯한 낭떠러지에 울창하게 솟아 우러러볼 수는 있어도 가까이할 수는 없다. 그 가운데로 맑은 시내가 굽이치며 쏟아져 정사 앞에 이르렀다가 동남쪽으로 흘러가 낙강洛江으로 들어간다.

나의 정사는 정묘년1867 정월에 공사를 시작해서 6월에 이르러 겨우 마쳤다. 그리하여 곧이어 가족을 데리고 와서 우거했다. 이해의 중앙절에 날씨가 맑고 상쾌하여 하늘을 가린 구름이 한 점도 없고 바람도 불지 않아 높은 곳에 오를 만하며 먼 곳을 조망할 만했다. 이에 옷을 떨치고 일어나 출발했는데, 어른 아이 네댓 명이 따라왔다.

비로소 산에 들어가니, 골짜기가 그윽했으며 쏟아지는 폭포와 맑은 못이 있었다. 가파른 산길을 올려다본 후 천천히 느린 걸음으로 걸으며 쉬지 않는 것을 공부로 삼았다. 이 몸이 점점 높아져 원근의 여러 봉우리들이 이미 눈 아래에 떨어져 있는 것을 휘익 돌아보았다. 우리가 학문을 하는 것도 이와 유사하리라. 처음에는 힘들어서 발꿈치를 붙이고 있기가 매우 어렵지만 한결같은 뜻으로 앞을 향해 나아가고 물러나지 않는다면, 끝내 반드시 도달하는 곳이 있을 것이다. 예전에는 아득히 높아 바라기 어렵던 곳이 내가 지금 몸소 밟고 있는 경지가 될 터이니, 어찌 장쾌하지 않겠는가. 그러나 가까운 것을 버려두고 고원한 것으로 뛰어올라 순서대로 점차 나아갈 수 없다면 망령된 짓이리라.

시간이 정오가 되지 않아 남문南門의 옛터로 들어갔다. 그 위에 포루砲樓가 있었는데, 무너진 지가 백 년은 된 듯했다. 조금 걸어가니, 10여 인가가 연못가 고목들 사이로 살짝 보였다. 대개 태평한 날들이 오래되자 외적의 방어가 해이해져 이 같은 지경에 이른 것이다. 진남사鎭南寺로 올라가 잠시 쉬면서 예전에 내가 이곳에서 독서하던 일을 생각했다. 근래에 와서 건물이 더욱 좁고 누추해졌으며, 나도 또한 학문이 진보하지 못하고 명성을 이루지 못했다. 그런 까닭으로 한참 동안이나 탄식했다.

길을 바꾸어 절의 뒤쪽으로 난 오솔길을 따라 나갔다. 바위 두 개가 우뚝 솟아 있는데 높이가 50~60길 정도 되어 보였다. 비록 넓이를 배로 늘리더라도 겨우 한 사람을 수용할 만했다. 돌로 만든 잔도가 서로 연결되어 있는데, 끊어진 곳은 엉성한 외나무다리로 메워놓았다. 그 속으로 들어가니, 석벽의 꼭대기는 '엄广'자처럼 생겼으며 중간은 '요凹'자 모양이었다. 네 칸짜리 선실禪室을 붙여놓았는데, 계단 앞에서 조금만 나가면 천 길이나 되는 깊은 낭떠러지여서 두려워 내려다볼 수 없었으니, 이곳이 이른바 '약사암藥師菴'이었다.

어떤 노승이 합장을 하며 앞으로 나아와 "늘 구름과 남기嵐氣가 산을 덮어 조망하기가 좋지 않은데, 마침 비가 내렸다가 금방 개여 신선이 노니는 곳의 진면목이 전부 드러났습니다. 공께서 참으로 기이한 인연이 있다는 것을 알겠습니다"라고 말했다. 내가 웃으면서 "형악衡嶽에 구름이 열리자 등주登州에서 해시海市가 보였다는 이야기*가 있으니, 옛날에 혹 이런 일이 있었다고 합니다. 다만 내가 어떤 사람이기에 이런 일을 이룰 수 있겠습니까?"라고 대꾸했다. 노승이 다시 나아와서 말하길 "소승의 나이가 지금 일흔 셋인데, 우리나라의 이름난 사찰을 거의 다 구경했습니다. 기이하고 빼어나기로는 북한산北漢山의 망월사望月寺 및 금강산金剛山의 보덕사普德寺가 이 암자와 더불어 갑을甲乙을 다툴 수 있습니다. 공께서는 한 편의 시를 아끼지 마시고 산문山門의 보배로 남겨둘 수 있도록 지어주시길 원합니다"라고 했다. 내가 두 편의 절구시를 지어 주고서 마침내 후망대堠望臺로 올라갔다.

모든 사방 수 백리 밖의 아스라한 봉우리와 까마득한 골짜기가 드러나 보이지 않는 곳이 없었다. 우뚝우뚝 솟은 모양이 옥돌 비녀와 옥 죽순 같았으며, 비단 병풍과 비단 띠가 총총히 솟아 첩첩으로 빽빽한 듯했다. 낙수洛水가 남쪽을 경유하고 감천甘川이 북쪽을 두르고 있어 맥락이 서로 관통하는 듯했다. 때때로 아득히 넓은 교외의 들판에 황금빛 물결과 푸르른 초목이 어우러진 모습은 비단 위에 함께 수를 놓은 듯했다. 후망대 아래의 단풍잎이 붉게 물들기 시작해서 선홍빛이 사랑스러웠다. 회옹晦翁**이 지은 남악시南嶽詩 여러 편을 낭랑히 외웠다.

---

* 송대 학자 심괄(沈括)이 저술한 일종의 박물지(博物誌)인 『몽계필담(夢溪筆談)』에, "등주(登州)는 사면이 바다에 임하여 봄과 여름철에는 저 멀리 하늘가에 성시누대(城市樓臺)의 모습을 볼 수 있다. 이 고장 사람들은 이것을 해시(海市)라고 부른다"라고 기록되어 있다. '해시'는 신기루를 가리키는 말로 이해할 수 있다.

** 회옹(晦翁): 중국 남송 때 학자 주희(朱熹, 1130~1200)를 가리킨다.

얼마 후 서쪽에서 문득 바람이 일어나고 산의 해가 뉘엿뉘엿 저물었다. 눈을 들어 바라보니, 한 오라기 어슴푸레 푸른 것이 동북쪽 노을 지는 아스라한 가운데 가물가물 보일 듯 말 듯 한 것이 바로 청량봉淸凉峯*이 아니겠는가. 퇴도退陶 이자李子**께서 이곳에서 도학道學을 밝혀 전현前賢을 계승하고 후배에게 열어주셨으니, 진실로 우리나라 역사상 전에 없던 대현大賢이시다. 내가 늦게 태어나 문하에 나아가 수학할 수 없는 것을 안타깝게 여기니, 다만 높은 산 큰 길 같은 그분의 덕행을 사모하는 마음이 간절할 따름이다.

첩첩의 높은 봉우리들이 남쪽 가에 횡으로 솟아 있는 것은 무흘산武屹山의 전체적인 모습이었다. 우뚝이 높고 거대한 모습은 정鄭 선생의 단엄한 기상과 닮았다.*** 동쪽으로는 강가의 깎아지른 언덕에 세 길 되는 큰 돌이 영원히 우뚝 서 있는데, 곧 길吉 선생****의 비석이다. 강 건너편에 단청한 누각이 숲 끝으로 높이 솟구쳐 있는 것은 장張 선생*****의 사당이다. 북쪽으로는 멀리 영봉迎鳳마을을 바라보니 단계丹溪******의 우뚝한 절개가 어제의 일인 듯했다. 냉수冷峀를 가리키니 청산靑山의 대학大學이 여전히 남아 있는 것 같았다.

생각이 머무르는 곳마다 사모하는 마음이 일어나 한두 곳에 그쳐서는 충분하지 않았으니, 어찌 하찮은 경물景物에 끌려다니기만 하랴. 하물며 금오산은 예나 지금이나 길 선생께서 돌아와 은거하신 곳으로 일컬어지며 남기신 발자취가 아직도 마멸되지 않았다. 이 산을 유람하는 자들은 먼저 대나무 심긴 밭에 자리한 채미정採薇亭*******을 찾아야 할 것이니, 깎아지른 절벽과 울창한 숲에서

---

*   청량봉(淸凉峯): 청량산(淸凉山)을 가리킨다.
**   퇴도(退陶) 이자(李子): 퇴계(退溪) 이황(李滉, 1501~1570)을 가리킨다.
***   정(鄭) 선생: 정구(鄭逑, 1543~1620)를 가리킨다.
****   길(吉) 선생: 길재(吉再, 1353~1419)를 가리킨다.
***** 장(張) 선생: 장현광(張顯光, 1554~1637)을 가리킨다.
****** 단계(丹溪): 하위지(河緯地, 1412~1456)의 호이다. 그는 단종을 위해 사절(死節)한 사육신 가운데 한 사람이다.
******* 채미정(採薇亭): 경북 구미시 남통동에 있는 정자로, 고려 말 학자인 길재(吉再)의 충절과 학문을 추모하기 위해 1768년에 창건했다.

단연 엄숙함이 마음과 눈 사이에서 일어나 늠름히 서 계신 곳을 알 수 있었다. 이에 성城의 서쪽으로 나가 산으로 오르는 오솔길을 걸어서 가장 높은 봉우리에 올라갔으니, 지천정사가 자리한 곳에서 앞쪽으로 마주 보이는 봉우리이다. 우뚝하고 빼어나기 때문에 자소봉紫霄峰이라는 이름이 붙여졌다고 한다. 다시 서쪽으로 방향을 꺾어서 걸어가자, 길이 더욱 험하고 골짜기는 훨씬 깊었다. 계촌溪村을 굽어보니, 저녁연기가 모락모락 피어오르고 있었다. 산을 내려와 지천정사로 돌아오니, 밤이 벌써 깊어가고 있었다.

원문 原文

芝泉精舍. 在鳳鳴山之北. 前對金烏. 以南之諸辇. 每推囱見. 石築古壋. 隱約雲際. 長松陡壁. 蒼然竦立. 可仰不可狎. 中有淸溪縈瀉. 到精舍前. 東南流入于洛江. 余精舍始於丁卯正月. 至六月功纔訖. 則便挈家而寓焉. 是歲之重陽. 天氣爽朗. 無點雲翳. 又無風. 可以登高. 可以望遠. 於是振衣而出. 冠童四五人隨. 始入山. 洞府幽敻. 有飛瀑澄潭. 仰視山迳峻崿. 仍徐行緩步. 以不息爲工. 此身漸高. 回看遠近羣巒. 已落眼底. 吾人爲學. 亦類是矣. 始雖辛苦. 著跟甚艱. 然一意向前. 有進無退. 則終必有所到地. 前日之卓然難企者. 爲吾今日身履之境. 豈不快哉. 然遺其近而躐其高. 不能循序漸進則妄也. 日未午. 從南門舊址入. 有礙樓在其上. 頹圮且百年. 少行. 見十餘人家. 隱映於池上古木間. 蓋昇平日久. 關防劫殘. 至於如此也. 上鎭南寺. 少憩. 仍念余昔年讀書於此. 今來屋宇益以隘陋. 余亦學不進而名不成. 爲之嗟咄者良久. 轉出寺後小迳. 兩巖撑起. 高可五六十丈. 縱倍之廣. 僅容一人. 石棧相連. 斷處補

以略彴. 入其中. 石壁頂广而腹凹. 傅禪室四架. 堦前數笏外. 卽千仞深塹. 懍不可臨. 此所謂藥師菴也. 有一老僧. 叉手而前曰. 常時雲嵐蔽山. 病於眺望. 適雨新晴. 仙區眞面. 一切呈露. 知公儻有奇緣. 余笑曰. 衡嶽開雲. 登州海市. 古或有此事. 顧余何人. 能致是乎. 僧復進而言曰. 僧年今七十三. 域內名藍. 幾乎遍賞. 怪奇秀絶. 惟北漢之望月. 金剛之普德. 與此菴相甲乙. 願公毋惜一詩. 留作山門之寶. 余吟成二絶句以贈. 遂上堠望臺. 凡四方數百里之外. 遙峯遠岫. 無不呈露. 簇簇如瑤簪玉笋. 錦屏羅帶. 叢束而稠疊焉. 洛水經其南. 甘川繞其北. 如脉絡而相貫焉. 往往郊原廣漠. 黃雲綠蕪. 如繡綵交織焉. 臺下楓葉初酣. 鮮紅可愛. 朗誦晦翁南嶽詩數篇. 俄而西風乍起. 山日高舂. 擧自展眺. 一髮賒靑. 隱隱有無於東北煙靄杳冥之間者. 非淸凉峯耶. 退陶李子講道於此. 紹前啓後. 實爲東方未始有之大賢. 恨余生晚. 不得摳衣而請業. 則徒切高山景行之思也. 重巒疊嶂. 橫起於南邊者. 非武屹全面耶. 巋巋鉅標. 有似乎鄭先生之端嚴氣像也. 其東則江上斷岸三丈大石. 屹立窮宙者. 乃吉先生碑也. 隔江而嶙峋畫閣高出林端者. 卽張先生祠也. 其北則望迎鳳而丹溪之卓節如昨. 指冷峀而靑山之大學尙存. 寓想起慕. 不止一二而足. 豈但爲區區景物役者哉. 況烏山之見稱今昔. 以吉先生之歸隱. 而遺躅不磨也. 遊是山者. 先尋種竹田採薇亭. 則峭壁蒼蒼. 已稜稜. 從心目間起. 凜然知所立矣. 乃出城西. 行山上樵逕. 上最高峯. 卽精舍之所. 前對亭亭秀特. 故名紫霄云. 復西折而行. 路益險. 谷益邃. 俯視溪村. 夕煙冉冉生. 下山還精舍. 夜已一鼓.

출전: 許薰, 『舫山全集』, 「遊金烏山記」

19

유주왕산록

遊周王山錄

류응목

류응목(柳膺睦): 생몰은 1841~1921년이다. 조선 말기의 학자로, 자는 수경(受卿) 호는 학산(鶴山)이다. 본관은 풍산(豊山)으로, 부친은 첨지중추부사(僉知中樞府事) 유정조(柳政祚)이며, 모친은 청주정씨(淸州鄭氏)로 정내운(鄭來雲)의 딸이다. 1864년 동당시(東堂試)에 합격하고, 다시 1879년 진사시에 합격했다. 1894년 동학란이 일어나자 의병의 선봉으로 많은 공을 세웠다. 이듬해 명성황후 시해사건이 일어나고 국권침탈의 변을 당하자, 여러 고을에 창의를 외치는 격문을 돌려 왜적의 응징에 선봉으로 나서 공을 세우기도 했다. 예학과 성리학에 정통하였으며, 천문역법에도 조예가 깊었다. 저술로 『학산집』 등이 있다.

해제 解題

「유주왕산록遊周王山錄」은 류응목柳膺睦: 1841~1921이 임인년 8월에 심회산沈檜山과 주왕산을 유람하기 위해 출발하였으나 심회산은 집안일로 청운역靑雲驛에서 되돌아가고 혼자 유람하고 기록한 것이다. 당나라 정원연간에 주왕이 반란을 일으켰으나 실패하여 그의 아들과 이곳으로 피난하였으며, 대전사大典寺의 유래 등을 지리지를 인용하여 기술하고, 학소대鶴巢臺와 청학동靑鶴洞을 유람한 뒤 백련암에서 유숙하고 다음 날 정상에 올라 사방을 조망하고 느낀 소감을 기술하였다. 가을이 깊지 않아 단풍이 많지는 않으나 담황색의 단풍잎이 영롱하며 서리 맞은 잎이 꽃보다 아름다우며 주왕산 전체가 바위이며 첩첩이 쌓인 바위들의 형상이 기괴한 것이 소금강이라는 이유를 몰랐었으나 금강산의 일만 이천 봉과 같이 모두 바위로 모자를 썼기 때문이라고 기록하고 있다.

국역 國譯

『주방지周房誌』*에 다음과 같은 기록이 있다.

"당나라 정원연간貞元年間, 785~805에 주의周顗**의 8세손 주도周鍍가 스스로 주

---

* 『주방지(周房誌)』: 서원모(徐元模, 1787~1858)가 1833년에 편찬한 『주왕산지(周王山志)』를 가리키는 듯하다. 주왕산은 주왕(周王)이 이 산에 피난하였으므로 그 사실을 들어 이름 하였다고 한다. 이전에는 암석이 병풍과 같다고 해서 석병산(石屛山)이라 이름 했으며, 주방산(周房山)·대둔산(大遯山)이라고도 불렀다.

** 주의(周顗): 동진(東晉) 때 이부상서(吏部尙書)를 지낸 명신(名臣)으로, 자는 백인(伯仁)이며, 안성(安城) 사람이다. 왕돈(王敦)이 반란을 일으켜 주의(周顗)를 사로잡았는데, 이의 생살 여부를 왕도(王導)에게 물었으나 왕도가 묵묵부답하였으므로 결국 주의를 죽였다. 이보다 앞서 왕도가 왕돈이 반란한 것 때문에 죽게 되었을 때 주의에게 청탁하였으나 주의는 들은 체도 안 했지만 내실은 임금에게 글을 올려 왕도의 구출에 극력 힘썼다. 그 때문에 왕도가 풀려났으나 이 사실을 모르는 왕도는 늘 주의에게 유감을 품고 있었으므로 이

천왕周天王이라 일컬으며 금료金遼를 근거지로 삼아 반란을 일으켰다. 장안長安을 함락시키려 했는데, 그의 아들 도군道君, 즉 대전大典이 울면서 만류했지만 듣지 않았다. 그날 밤 못에 사는 용이 세 번이나 울었으나 오히려 깨닫지 못했다. 일이 결국 발각되어 황제가 곽자의郭子儀*에게 군사를 일으켜 체포하게 했는데, 기운을 바라보니 이미 동쪽으로 달아난 상태였다. 고려왕에 책명을 내려 사로잡으라고 했지만 잡지 못했다. 당나라 장수 마일성馬一聲, 마이성馬二聲, 마삼성馬三聲, 마사상馬四聲 형제 네 사람이 기운을 따라 추적해 왔는데, 이 산에 이르러 그쳤다. 그가 석굴 속에 숨어 있다는 것을 알고는 철 밧줄로 철 삼태기를 엮어 마삼성이 밧줄을 잡고 그 위에 서 있고 마사성이 밧줄을 타고 내려가 끌어내어 포박하고서 데려갔다. 그 후 도군은 머리를 깎고 승려가 되었다고 한다."

청부읍靑鳧邑**의 동쪽 30리에 산이 있으니, '주왕산周王山'이다. 지지地誌에서는 '주방산周房山'이라 했다. 하나의 산에 두 가지 명칭이 있는데, '주周'자를 첫 글자로 삼은 것은 동일하다. 세상에 전하는 말에 의하면, 주왕周王이 당나라 정원 연간에 반란을 일으키려 하다가 일이 발각되어 동쪽으로 달아나 이 산에 머물렀다. 그리하여 이름이 붙여진 것이다.

때에 한 마디도 하지 않은 것이다. 그 뒤 중서(中書)의 서류를 조사하다가 주의가 자기를 위해 올린 글을 발견하고는 "내가 백인(伯仁)을 죽이지는 않았지만 백인은 나 때문에 죽은 것이다"라고 하면서 슬퍼했다고 한다.

* 곽자의(郭子儀): 당나라의 명장이다. 현종 때 삭방절도사(朔方節度使)로서 안록산(安祿山)·사사명(史思明)의 난을 평정한 뒤 그 공으로 분양왕(汾陽王)에 봉해지고 벼슬이 중서령(中書令)에 이르렀다. 장수와 복을 누리고 자손이 번창하였으므로, 역사상 가장 팔자 좋은 사람의 대명사가 되었다.

** 청부읍(靑鳧邑): 청송(靑松)의 옛 이름이다. 청송은 본래 고구려의 청기현(靑己縣)으로 신라 때 적선(積善)으로 고쳐 야성군(野城郡)의 영현(領縣)으로 하였다. 고려 초에는 부이(鳧伊)라고 했으며, 또 운봉(雲鳳)이라고 고쳤다. 성종은 청부라고 고쳐서 예주(禮州)의 속현으로 했다. 조선에서는 태조 3년에 진보현에 합쳤고, 세종이 즉위하던 해에 소헌왕후의 본향이라고 하여 승격시켜 청보군(靑寶郡)으로 하였다가, 뒤에 진보를 뗄 때 현감을 두고 송생현(松生縣)을 가져다 붙였다. 그리하여 지금의 이름인 청송으로 고쳤다. 세조 때 도호부로 승격시켰다.

대개 이 산이 영남에서 특별히 이름이 났는데, 곧잘 관동關東의 금강산金剛山과 서로 갑을甲乙을 다투곤 한다. 이 지역을 지나가는 자라면 누군들 장쾌하게 한번 올라가 유람하여 숙원을 풀고 싶지 않겠는가마는 이 몸이 세속의 먼 지구덩이에 빠져 있어 벗어날 수 있는 인연이 없었다. 이것을 안타깝게 여긴 것이 오래되었다.

임인년1902 8월 29일병진. 침랑寢郎 심회산沈檜山 옹이 함께 유람하자는 약속을 실천하여 이사伊泗의 우거하는 집으로 왔을 때 내 마음은 매우 기뻤다. 즉시 소매를 나란히 하고서 길을 떠나 청운역靑雲驛에 당도하여 유숙했다.

다음 날정사. 회산옹이 사정이 생겨 지름길로 먼저 집에 돌아갔다. 작별할 적에 내가 웃으며 "신령한 구역과 참된 경지는 유람하는 사람이 쉽게 올라가는 곳이 아니라는 것을 조금 깨닫게 됩니다"라고 말했다. 마침내 …… 곳에 불룩한 모양의 바위가 있었는데, 비스듬히 도끼로 깎아 배를 붙이고 모로 걸어갔으니, 이름만 산길을 오르는 것이었다. 멀리 학소대鶴巢臺를 바라보고 내룡추內龍湫를 손가락으로 가리킨 후, 청학동靑鶴洞으로부터 돌아왔다. 청학동의 동천洞天은 탁 트여 있고 세속의 더러움이 이르지 않는데, 신령스러운 청학은 없었다. 만약 있었다면 반드시 와서 이곳에 노닐었을 것이다. 해가 이미 어둑어둑해져 오래 머물기가 어려워 다시 길을 찾아가서 백련암白蓮庵으로 돌아와 묵었다. 이날은 무오일이니, 곧 9월 초하룻날이었다.

아침식사를 한 후에 높은 곳에 올라 시야가 닿는 데에까지 주위의 풍경을 두루 구경했다. 이때에 가을 기운이 깊지 않아 단풍이 옅게 물들어 있었다. 옅은 홍색과 묽은 황색이 언뜻언뜻 뒤섞여 빛나니, 서리 맞은 잎이 꽃보다 아름답다는 구절이 참으로 헛된 말이 아니었다.

어스름 녘에 집으로 돌아왔다. 돌아와서도 오히려 가득 찬 느낌이었다. 얕은 데로부터 깊은 곳으로 들어간 것을 헤아려본다면 모두 11층이며, 아껴지고 감추어져 있던 세상 밖의 신령하고 진귀한 곳이 모두 나의 시보따리 속에 든 작품으로 들어왔으니, 하늘이 나에게 맑은 구경을 빌려준 것이 많다고 하지 않겠는가.

대체로 주왕산 전체를 둘러싸고 있는 것은 바위이다. 우뚝우뚝한 여러 봉우리들이 기괴한 모양으로 환상적인 자태를 드러내어 어떤 것은 홀笏처럼 생겼고 어떤 것은 모자같이 보이며 또 어떤 것은 상투 모양이었으니, 그 얼마나 많은 형상을 드러내고 있는지 알지 못한다. 금강산의 일만 이천 봉우리들이 모두 바위를 덮어쓰고 있는 것과 또한 유사하니, 소금강小金剛이라는 명칭이 아마도 이런 까닭으로 붙여졌을 것이다.

원문 原文

周房誌唐貞元間周顗八世孫周鍍自稱周天王以金遼反欲陷長安其子道君卽大典泣諫不聽其夜潭龍三泣而猶不悟事竟發覺帝使郭子儀發兵捕之望氣己東逃矣冊命麗王擒之不得唐將馬一二三四聲兄弟四人隨氣跟追則至此山而止知其匿在石窟中以鐵索□下鐵籠三聲持索立其上四聲椌索綠以下曳出縛致而去其後道君剃髮馬憎云

靑鳧邑之東三十里有山曰周王地誌謂周房是一山二稱而冒周則均也世傳周王唐貞元間欲反事覺東逃止此山故名馬蓋其爲山特著於嶠南直與關東之金剛相甲乙行過是邦者孰不欲一快登覽以賞宿願而顧此身墮在塵臼擺脫無緣庸是爲加恨者久矣歲壬寅之八月二十九日丙辰沈寢郞檜山翁踐約而至伊泗之寓舍余甚甚喜卽聯袂而行抵靑雲驛宿焉翌日丁巳檜山翁因事徑還臨別余笑曰儘覺靈

區眞境有非遊人之容易上來者也遂

處有腹巖欹斜斧鑿以附腹仄行而名登山迢遙望鶴巢臺指點内龍湫還自靑鶴洞
洞天寥廓緇塵不到靈禽無之則已有則必來遊於此間矣但日已向曛難可久留復
尋去路出旋宿白蓮庵其日戌午卽九月初吉也朝飯後登高周覽以窮眼界于斯時
也秋意未深丹楓尙淺微紅淡黃隱映交輝霜葉勝花之句信非虛語也迫乎薄暮
而歸歸猶充然第其由淺入深凡十有一層而物外靈眞慳秘盡入於吾奚褒題品之
中天之假我以淸賞不其多乎大抵環周王一山皆石也矗矗羣巒奇怪現幻若笏若
帽若魋

髻者不知其幾多獻狀而與金剛之萬二千峯皆冒石亦類焉小金剛之稱殆以是爾

출전: 柳應睦, 『遊周王山錄』, 「鶴山集」

20

영가기행

永嘉紀行

김상수

김상수(金相壽): 생몰은 1875~1955년이다. 근대의 유학자로, 자는 회숙(晦叔)이며, 호는 초려(草廬)이다. 본관은 상산(商山)으로, 부친은 김세원(金世源)이며 모친은 영산신씨(靈山辛氏)로 신지백(辛志伯)의 딸이다. 경남 창원(昌原) 출신이다. 제갈공명을 사모하여 초려(草廬)로 호를 삼았다. 당시 강학을 열어 사제의 관계를 형성하는 일이 다반사였는데, 그는 사서육경(四書六經)이 있고 정자(程子)와 주자(朱子)가 이미 해석을 완비했으므로 별도의 스승이 있을 이유가 없다고 생각했다. 그래서 먼 곳 사람들은 물론이고, 백형 물와(勿窩) 김상욱(金相頊)과 가까이 살던 눌재(訥齋) 김병린(金柄璘) 같은 이도 마음으로만 존경할 뿐 나아가 배우지는 않았다. 그는 성현(聖賢)이 지은 책으로부터 음양(陰陽)·복서(卜筮)·성력(星曆)·상수(象數)·제자백가(諸子百家) 등에 이르기까지 섭렵하지 않은 것이 없었는데, 특히 평생토록 몰두한 것은 『주역(周易)』이었다. 또한 부모를 섬기고 형을 대할 때 이치에 맞게 행동하는 것이야말로 진실한 학문이라고 생각하여 실천주의적인 학문을 추구했다. 저술로 『초려집(草廬集)』 등이 있다.

해제 解題

　「영가기행永嘉紀行」 병오丙午는 김상수金相壽가 병오년 4월 22일 진영에서 출발하여 경산, 대구, 군위, 구미, 안동 등을 여행하고 5월 5일 집으로 돌아오기까지의 14일간을 기록한 것이다. 여행의 목적은 귀산龜山의 척암拓庵 김도화金道和: 1825~1912에게 모정慕亭의 기문을 청하기 위해서였다. 김도화의 집을 방문하여 기문을 청한 후 고산서원과 임천서원, 도산서원 등을 두루 들러서 선대 유림들의 문집을 읽기도 하고 퇴계 이황의 묘소를 배알하고 여러 문중의 종손들을 만나기도 하며, 수곡이나 천전 등을 들리면 유숙하고 가라는 권유를 뿌리칠 수 없을 것 같아 멀리서 바라보기만 하고 우회하여 지나갔고, 서산정사, 석문정 등 선유들이 강학하던 곳이나 머물렀던 곳은 빠짐없이 방문하였으며 돌아올 때에 기문紀文을 받아왔다. 하루 동안의 이동거리와 묵은 장소 등도 기록하였다.

국역 國譯

　4월 22일. 오후에 출발해서 진영역進永驛에 이르러 기차를 타고 삼랑진三浪津에 도착하였다. 이곳은 경부선의 환승지이다. 서울발 기차를 타고 밀양密陽에 이르렀다. 유천楡川을 지나 청도淸道에 도착했다. 산을 뚫어 만든 성현省峴의 터널로 들어갔는데, 양쪽 벽의 상하가 모두 깎은 돌로써 축조되어 있었다. 비록 나는 듯이 달려갔지만 오히려 느릿느릿 간다는 아쉬움이 있었다. 이와 같이 10여 리의 거리를 가서 경산慶山을 통과하고 대구大邱에 도착하여 여관에 투숙했다.

23일. 아침을 먹은 후에 대구부大邱府 안의 성곽과 누정을 두루 구경했다. 참으로 영남에서 제일 큰 도시다웠다. 드디어 서야문西冶門으로 나가 금오강金烏江을 건넜다. 금오강의 수심이 얕아 도포를 걷어 올리고서 건너갔다. 여행의 고달픔이 없지는 않았다. 하지만 팔공산八公山 등의 여러 산이 곳곳에 손으로 가리킬 수 있는 데에 있었으므로, 푸른 벼랑과 흰 구름이 또한 기쁨을 주기에 충분했다. 시를 지어 기록했다.

천천히 걸어가 칠곡군漆谷郡에 이르렀다. 칠곡군 내에는 달리 볼만한 것이 없었다. 단지 가남루架南樓 하나를 세워놓은 것이 있었는데, 겨를이 없어 올라가 보지 못했다. 머리를 들어 동쪽 하늘을 바라보니, 한 줄기 푸르른 산이 허공에 높이 솟아 있었다. 묻지 않아도 가산架山이라는 것을 알았는데, 바라볼 수는 있어도 오르지는 못했다. 심회를 읊은 율시 한 수가 있다. 유목정柳木亭에서 묵었다. 이날 25리를 갔다. 밤중에 비가 올 듯한 기미가 있었다.

24일. 아침에 출발해 덕명원德明院에 도착했다. 식사를 한 후에 다부원多富院에 이르러 잠시 쉬었다. 다부원의 번화가는 옛날에는 어떠했는지 알지 못하지만, 지금은 매우 쓸쓸했다. 길가에서 몇 걸음 떨어진 곳에 비석 한 기가 우뚝 서 있었다. 비석의 전면에 '장심곡선생묘도비張深谷先生墓道碑'*라고 적혀 있었다. 주산主山과 안산案山은 용과 호랑이가 둘러싸서 읍을 올리는 형국이었다. 이로 인해 갑론을박하느라 여정의 피로를 잊어버렸다. 신주막新酒幕에 도착했는데,

---

* 장심곡선생묘도비(張深谷先生墓道碑): 장제원(張悌元, 1556~1621)의 묘도비를 가리키는 듯하다. 그는 조선 중기의 학자로, 자는 중순(仲順), 호는 심곡(深谷)이다. 본관은 인동으로, 부친은 생원 장순(張峋)이며, 모친은 성산이씨(星山李氏)로 진사 이태연(李泰然)의 딸이다. 정구(鄭逑)·장현광(張顯光)의 문하에서 수학하였다. 1592년 임진왜란이 일어나자 의병장 김해(金垓)의 막하에 들어가 인동의 정제장(整齊將)이 되어 창의조약 10개 조목을 작성하고 향병을 인솔하여 안동·의성 등지에서 왜적과 분전했다. 그 뒤 인동의 백성들이 기근에 시달리자 진휼어사(賑恤御使)에게 글을 올려 구호양곡 100여 섬을 얻어 백성을 도왔다. 어사의 천거로 도진관(都賑官)이 되어 토지의 구획을 정리하고 백성들로 하여금 농사에 힘쓰게 하는 등 전쟁 속에서 흉년 구제 사업에 많은 업적을 남겼다. 이어 선산부(善山府)의 교수(敎授)로 추천되었으나 사양하고 나아가지 않았다. 만년에는 선산의 심산궁곡으로 이사하여 정사를 짓고 자연을 즐기면서 경전을 깊이 연구했다. 사후에 사복시정(司僕寺正)에 증직되고, 선산의 봉림서원(鳳林書院)에 봉향되었다. 저술로 『심곡집』 등이 있다.

그곳은 얼마 전에 화재를 겪어 너무나도 스산했다.

다시 길을 가서 효령시孝嶺市에 이르러 점심을 먹었다. 시市의 이름을 '효孝'라고 붙인 것도 감동할 만한 일이었다. 시를 지어 뜻을 담았다. 빙천冰川을 건너고 나서 좌우를 둘러보니 산도 곱고 물도 아름다웠다. 세상의 전하는 말에 의하면, "효령 아래 빙천 가는 옥녀玉女가 거문고를 연주하고 선동仙童이 춤을 추면서 남쪽으로 와 소금 장사를 하는 곳이다"라고 한다. 물을 따라 수십 리를 가 군위읍軍威邑에 도착해 여관을 정하고 묵었다. 이날 75리를 갔다.

25일. 아침에 출발해서 도리원桃李院에 이르렀다. 도리원은 화려한 곳이었다. 거기에서 아침밥을 먹은 후 길을 나섰다. 안평창安平倉에서 점심을 먹었는데, 가게주인이 연로하고 문자를 꽤나 알고 있었다. 그와 더불어 이야기하는 동안 깨달아 알게 된 것이 많았다. 작은 고개를 넘어 깊은 골짜기로 들어갔다.

수십 리를 가서 구미시龜尾市를 지나 대천大川을 건넜다. 대천 가에 큰 촌락이 있었는데, 산천과 초목이 정채精彩로와 손에 잡힐 듯했다. 가만히 마음속으로 기이하게 여기며 천변에서 낚시하는 노인에게 물었더니, 이곳이 바로 소호리蘇湖里였다. 귀산龜山으로 들어가 척암拓庵 김장金丈*에게 절을 올리고 나와 협청夾廳에서 잠시 쉬었다.

다시 앞으로 나아가 무릎을 꿇고 모정慕亭의 기문을 지어주시길 청했다. 김장은 연로하고 병이 들었다는 이유로 사양하셨지만, 간절하게 강청해서 이에 허락

---

* 척암(拓庵) 김장(金丈): 김도화(金道和, 1825~1912)를 가리킨다. 조선 말기의 학자로, 자는 달민(達民)이며 호는 척암이다. 본관은 의성(義城)으로, 부친은 김약수(金若洙)이며, 모친은 진양정씨(晉陽鄭氏)이다. 유치명(柳致明)의 문하에서 수학했다. 1893년 유일(遺逸)로 천거되어 의금부도사에 임명되었다. 1895년 12월 을미사변과 단발령에 항거하여 안동군내 유림대표로 거의통문(擧義通文)을 발표했다. 1896년 안동에 입성한 의병진의 의병장에 추대되었다. 그해 12월 3일에 안동의 의병 수백 명이 모여 안동관찰부를 점령하고 무기를 빼앗자 관찰사 김석중(金奭中)이 도망했다. 이로 인해 안동의 의병이 기세를 크게 떨쳤다. 1897년 태봉전투에 참전하였으며, 그 뒤 노환으로 은거하면서도 을사조약과 경술국치를 맞아 항의문과 규탄문을 통해 일제에 항거했다. 1983년 건국포장이 추서되었다. 저술로 『척암집』 등이 있다.

을 받았다. 물러나와 경맹景孟*과 함께 담화를 나누었다. 이날 60리를 갔다.

26일. 출발하려는 즈음 천전川前에 사는 여러 명의 김씨 노인을 만나 동행하게 되었다. 고산서원高山書院**을 방문하니, 소호리에 사는 이장李丈 세 분이 마침 대청에 계셨다. 안부 인사를 드린 후, 고산서원의 건물을 돌아보았다. 붉은 벼랑과 푸른 절벽이 천 길 높이로 우뚝 서 있었으며 녹수의 강물과 맑은 못물이 일대를 두르고 있었다. 서쪽 담장 밖에 몇 칸짜리 작은 건물 한 채가 있었는데, 문 위의 처마에 '고산정사高山精舍'라 쓰여 있었다. 이 정사가 바로 선생께서 살아계실 때 터를 잡아 지으신 것이다. 동쪽 협루夾樓로 나가 옷깃을 풀고 바람을 쐬면서 시를 지어 서로 창화했다. 점심을 먹은 후, 물길을 따라 동쪽으로 가서 임천臨川에 이르렀다. 임천서원臨川書院에 들어가니, 금계金溪에 사는 김정락金珽洛이 마침 자리에 있었다. 그의 강권으로 인해 하룻밤 유숙하게 되었다.

서원은 구舊 임천에서 옮겨온 지가 얼마 되지 않았는데, 건물의 웅장함이 고산서원보다 배나 더했다. 멀리 강변을 바라보니, 5리쯤 되는 거리에 있는 층암절벽의 송죽 우거진 사이에 정자가 날개를 펼친 듯 서 있었다. 곧 학봉鶴峯 선생께서 거처하신 석문정石門亭***이라는 사실을 물어보아 알게 되었다. 올라가 둘

---

* 경맹(景孟): 김헌주(金獻周, 1866~1936)를 가리킨다. 일제 강점기 때 활동한 유학자로, 자는 경맹이며, 호는 기암(箕庵)이다. 본관은 의성(義城)으로, 구와(龜窩) 김굉(金㙆)의 후손이자 김도화(金道和)의 손자이다. 부친 김진휘(金縉輝)의 2남 중 장남으로 태어났다. 어려서부터 영특하고 품행이 단정하여 조부로부터 많은 사랑을 받으며 자랐다. 장성해서는 유필영(柳必永)의 문하에서 수학하며 경전(經典) 공부에 힘썼다. 교유한 인물로 장석영(張錫英)·이상용(李相龍)·조세환(曺世煥)·권상규(權相圭) 등이 있다. 동생 김만주(金萬周)와 함께 문명(文名)으로 이름이 높았다. 저술로 『기암집』 등이 있다.

** 고산서원(高山書院): 경북 안동시 남후면 광음리에 있는 서원으로, 조선 후기 유학자인 대산(大山) 이상정(李象靖, 1710~1781)의 학문과 덕행을 추모하기 위해 세워졌다. 이상정의 본관은 한산(韓山)으로, 자는 경문(景文), 호는 대산, 시호는 문경(文敬)이다. 14세 때 외조부인 밀암(密庵) 이재(李栽, 1657~1730)에게 나아가 배웠다. 1735년 문과에 급제한 후, 연원찰방·휘릉별검·승문원정자·성균관전적·예조정랑·연일현감·사헌부감찰·강령현감·사간원정언·병조좌랑 및 승문원참지 등의 관직에 제수되었다. 그런데 벼슬에 나아갔다가 곧 돌아오거나 애초에 병을 일컬어 사양한 경우가 대부분이므로, 실제 재직한 기간은 얼마 되지 않았다. 그는 벼슬보다 고향에서 학문과 강학을 하는 데에 온 힘을 기울였으며, 퇴계학의 정맥을 계승한 인물로 평가되었다. 저술로 『대산집』을 비롯한 『제양록(制養錄)』·『경재잠집설(敬齋箴集說)』 등이 있다.

*** 석문정(石門亭): 경북 안동시 풍산읍 막곡리에 있는 정자로, 학봉(鶴峯) 김성일(金誠一, 1538~1593)이 1588년에 지은 건물이다. 김성일은 이곳 청성산 중턱에 석문정을 짓고 칠백 리 낙동강 맑은 물과 자연 경관을

220

러보지는 못했다. 조석으로 두 번이나 풍성하고 정갈한 식사 대접을 받았다. 이날 30리를 갔다. 시를 지어 그 정황을 서술했다.

27일. 금계로 들어갔다. 주인 용환龍煥이 극진하게 대접했다. 『서산문집西山文集』*을 받들어 읽었다. 오후에 김범초金範初 어른을 방문하고, 서산 선생의 묘소를 참배했다. 묘소는 집 서쪽 작은 언덕의 기슭에 자리하고 있었으니, 곧 서산정사西山精舍의 뒤편이다. 감개한 마음을 가눌 수 없어 시를 통해 심회를 읊었다.

28일. 출발하려 하는데 주인이 억지로 만류하여 길을 나서지 못했다. 그때 김여함金汝涵 어른이 『학봉집鶴峯集』을 받들고 서울로 올라갔으니, 조정에서 선현의 문집을 구하라는 명이 있었기 때문이다.

29일. 출발해서 예안읍禮安邑에 도착해 점심을 먹었다. 예안읍에는 바야흐로 선유사宣諭使가 경내에 들어오고 있었으므로, 도로에 사람을 물리치고 장막을 크게 설치해놓았으며, 고을 수령이 길가에 나와 기다리고 있었다. 당시 석하石荷 안종덕安鍾悳 공이 청송부사靑松府使로서 선유사를 겸직했었다. 생각으로는 안부를 여쭙고 싶었지만 기다리며 지체할 수 없었고 또 포의布衣로서 공문公門을 찾아가 뵙는다는 혐의가 있었으므로, 즉시 몸을 일으켜 도산陶山을 향했다. 도산서원陶山書院의 문으로 들어가 서원을 지키는 수노首奴를 불렀다. 대청에

벗 삼아 성리학 연구와 제자 양성에 노력했다. 김성일은 조선 중기의 문신으로, 자는 사순(士純), 호는 학봉(鶴峯), 시호는 문충(文忠)이다. 본관은 의성(義城)으로, 부친은 김진(金璡)이다. 퇴계(退溪) 이황(李滉, 1501~1570)의 문하에서 수학했으며, 1568년 문과에 급제하여 경상도 관찰사 등을 역임했다. 저술로 『학봉집』 등이 있다.

* 『서산문집(西山文集)』: 김흥락(金興洛, 1827~1899)의 문집을 가리킨다. 김흥락은 한말의 유학자로, 자는 계맹(繼孟)이며 호는 서산(西山)이다. 본관은 의성(義城)으로, 김성일(金誠一)의 주손(胄孫)이다. 부친은 능주목사(綾州牧使) 김진화(金鎭華)이며, 모친은 이원상(李元祥)의 딸이다. 1845년 정재(定齋) 유치명(柳致明)의 문하에서 수학하면서 이황-이상정-유치명으로 이어지는 영남학파의 주요한 학통을 계승하게 되었다. 1867년 어사 박선수(朴瑄壽)가 유일(遺逸)로 천거하여 인릉참봉(仁陵參奉)에 임명되었고, 얼마 뒤 사용원주부(司饔院主簿)·경상도도사에 임명되었으나 모두 나아가지 않았다. 1878년 집 서쪽 복병산(伏屛山)의 아래에 서산재(西山齋)를 지었다. 1894년 7월에는 승정원우부승지에 올랐다. 이해 8월 영해부사로 임명되었으나 사직소를 올렸다. 한말 영남 출신의 대학자인 이돈우(李敦禹)·권연하(權璉夏) 등과 교유했으며, 학자·의병·독립운동가 등 수많은 제자를 양성했다. 사후에 소계서당(邵溪書堂)에 제향되었다.

올라가 잠시 쉰 후, 사당으로 들어가 배알하였다. -사당의 이름은 상덕사尚德祠이다- 수노가 재복齋服을 건네주고 앞장서서 인도했다. 사당 아래에 전교당典教堂이 있고 전교당 아래가 동재東齋와 서재西齋이다. 정문 밖에 광명실光明室이 있는데, 목판을 보관하는 누각이다. 농운정사隴雲精舍 서편의 가장 깊숙한 곳에 도산서당陶山書堂이 있었는데, 암서헌巖棲軒의 시렁 위에는 혼천의渾天儀와 평소 사용하시던 궤안 및 지팡이가 놓여 있었다. 낙동강 한 줄기가 황지潢池로부터 발원해서 이곳에 이르러 모여들어 맑고 차가우며, 어디로부터 와서 어디로 가는지 보이지 않고 문득 둥그런 못을 이루어 마치 한 접樑의 맑은 거울처럼 전면에 펼쳐져 있었다. 서원의 문 밖에는 송림이 우거진 가운데 산에서 내려온 시냇물이 작은 물줄기를 이루고 있어 돌다리를 그 위에 놓았다. 산과 물이 그윽하고 깊으며 맑고 깨끗하니, 참으로 세상 밖 별천지였다. 시 한 수를 짓고 서원 문을 나와 강물을 따라 올라갔다.

하계下溪에 이르러 양산梁山 수령-성명은 이만도李晚燾이다-의 댁을 방문했으나, 당시 이 어른이 영양榮陽의 재산梓山에 들어가 칩거해 계셨으므로 인사를 올리지 못했다. 이날 60리를 갔다.

30일. 이광초李廣初 -이름은 중업中業이다-*와 함께 퇴계 선생의 묘소로 올라가 참배를 올렸다. 묘도墓道의 석물은 근래에 바꿔 세운 것인데, 그다지 장중

---

* 이중업(李中業): 생몰은 1863~1921년이다. 한말의 유학자이자 독립운동가로, 자는 광초이며, 호는 기암(起巖)이다. 본관은 진성(眞城)으로, 이황(李滉)의 12세손이다. 아버지는 자헌대부(資憲大夫) 이만도(李晚燾)인데, 경술국치 후에 단식(斷食)으로 순국하였다. 어머니는 안동권씨(安東權氏)로 권승하(權承夏)의 딸이다. 처음에는 숙부로부터 가학을 익혔으며, 후에는 김흥락(金興洛)에게서 수학했다. 1919년 고종황제 장례에 참석하여 3·1만세 운동을 보고는 크게 느낀 바가 있어 고향에 내려와 유림들을 규합하여 파리만국회담에 참가할 일을 도모하고, 곽종석(郭鍾錫)과 함께 파리장서를 작성하여 서명운동을 일으켰다. 이후 집을 떠나 전국을 돌아다니며 당시의 시대 상황과 세계의 정세를 탐문하고 유림들의 애국 충정심을 불러일으켰으며, 애국지사를 방문하여 광복운동을 의논하였다. 결국 병이 나서 1920년에는 고양(高陽)의 산사(山寺)에 기거했는데, 자식들이 귀가하기를 간절히 청했으나 "애국지사들이 해외에서 추위와 굶주림 속에서 광복을 위해 고생하고 있는데 집에 편히 있을 수 없다"고 말하며 거절하였다. 저술로 『기암유고』를 비롯한 『대학정의(大學精義)』·『양전합선(兩全合選)』 등이 있다.

222

하지도 아름답지도 않았다. 묘소로부터 걸어가 종택에 이르렀다. 대문의 처마에 '퇴계선생구택退溪先生舊宅'이라 쓰여 있었고, 대청 처마에는 '추월한수정秋月寒水亭', '산남궐리山南闕里', '해동고정海東考亭' 등이 적혀 있었다. 다시 묘당에 배알했다. 묘당 동쪽에 선생께서 기거하시던 서실이 있었는데, 이제까지 개조한 적이 없었다고 한다.

내가 "여기서부터 청량산淸凉山까지의 거리는 몇 리 정도 됩니까? 한번 유람해 보기를 원합니다"라고 묻자, 이광초가 말하길 "이 산 아래에서 의병義兵과 일병日兵이 바야흐로 분전하고 있어 갈 수가 없습니다. 게다가 뜨거운 날씨에는 또한 올라가기가 힘듭니다"라고 했다. 그래서 수곡水谷으로 방향을 바꾸어 동교촌東郊村을 지나며 점심을 먹고 저물 무렵 류진사柳進士 집으로 들어갔다. 류진사도 또한 먼 길을 온 것에 대해 고마운 마음을 말하며 와서 보았는데, 매우 정성스레 대접했다. 이날 60리를 갔다.

5월 1일. 고별할 적에 주인이 억지로 만류했지만, 끝내 거듭 사양하고서 길을 나섰다. 노림魯林에 이르러 권씨權氏 성을 가진 이의 집을 방문하여 유숙했다. 이날 60리를 갔으니, 천전川前과 강상江上에서 산수를 즐기며 가느라 지름길로 갈 수 없었기 때문이다. 대평大坪 - 류씨柳氏의 세거지이다 - 과 천전川前 - 김씨金氏의 세거지이다 - 을 찾아가 볼 수는 없었지만, 멀리서 바라보니 높은 대문과 걸출한 누각이 즐비하게 늘어서 있었다.

초 2일. 아침 일찍 출발해서 다시 귀산에 들어가 절을 올리고 모정의 기문을 받았다. 소호리를 지나면서 대산大山 고택을 방문했다. 집주인 이치항李穉恒이 출타 중이어서 만나지 못했다. 도리원에 이르러 유숙했다. 이날 70리를 갔다.

초 3일. 덕명원에 묵었다.

초 4일. 정오에 대구로 들어가 다시 유숙했다. 이틀 동안 도합 120리를 갔다.

초 5일. 기차를 타고 진영에 도착했다. 점심을 먹고 집으로 돌아왔다. 전후

로 소요된 날짜는 14일이다. 걸어서 왕복한 거리는 550리이며 차로 간 거리는
360리이므로, 도합 930리이다.

원문 原文

四月二十二日午后發行至進永驛乘車抵三浪津此則京釜車交換地也乘京車至
密陽過楡川抵淸道入省峴窟鑿山通道兩壁上下皆築以削石也雖馳而飛者猶有
遲遲之恨似是十餘里之遠過慶山至大邱投宿旅館

二十三日朝后周覽府中城郭樓觀眞嶺南第一大都會也遂出西冶門渡金烏江江
水淺流卽蹇裳涉之雖不無行旅之若然八公諸山歷歷在指點中蒼崖白雲亦足怡
悅有詩爲記徐徐行至漆谷郡郡中別無可觀只有架南一樓而未暇登上翹首東天
一扶蒼山高出半空不問可知爲架山而可望不可登也有詠懷一律宿柳木亭是日
行二十五里也夜間似有雨意

二十四日朝發抵德明院供飯至多富院少休院中繁華雖未知往昔之如何然今甚
寂寥路傍數步許有一碑屹立碑面書張溪谷先生墓道碑而主案龍虎環抱拱揖
因以甲乙之論忘却路憊至新酒幕幕中新經失火頗甚蕭條復至孝嶺市午饁市名
以孝亦可感也以詩寓意渡冰川之上有玉女彈琴仙童舞袖南來醋商之地云云隨
水行數十里到軍威邑定館寄宿是日行七十五里也

二十五日朝發至桃李院院中華麗因供朝飯取路安平昌午饁店主年老而頗識文
字與之語多有領諒者越小峴入溪谷行數十里過龜尾市渡大川川上有一大村山

224

川草木猶有精彩之可掬者心竊異之問諸川邊釣叟則乃蘇湖里也入龜山拜拓庵金丈出來廳少休叟前危坐請慕亭記金丈以老病辭謝强懇乃許退與景孟談話是日行六十里也

二十六日臨發逢川前金氏數老因爲同行訪高山書院蘇湖李丈三人適在堂中寒暄畢周覽院宇丹崖翠壁屹立千仞綠江淸潭橫流一帶西垣外有小堂數間楣書倉高山精舍卽先生當日粧占之所也出東來樓披衿灑風有詩唱和午餉后隨水東行至臨川入院中金溪金珵洛適在因强畱一宿院在舊臨川移建未久堂宇雄壯倍於高山望見江干五里許層巖絶壁松竹鬱密中有亭翼然問知乃鶴峯先生所居石門亭也未及登覽朝夕二供豐潔是日行三十里有詩紀述

二十七日入金溪主人龍煥待之甚款奉閱西山文集午后訪金範初丈拜西山先生墓墓在家西小麓而卽西山精舍后也不勝感歎有詩述懷

二十八日欲發主人强止不果時金汝涵丈奉鶴峯集上京盖以朝令之求先賢文集故也

二十九日發行到禮安邑午餉邑中方以宣諭使入境故辟除道路大設供帳主倅出候于路次時石荷安公(鍾廙)以靑松府使兼宣諭也意欲問候而不可遲待又有布衣謁公門之嫌卽起身向陶山入院門招守院首奴升堂少休入祠拜謁(尙德祠)首奴供齊眼前導祠下典敎堂下東西齋正門外有光明室藏板閣隴雲精舍西便最幽處有陶山書堂巖棲軒架上有渾天儀反平日几杖洛東一江自潢池發源至此渟滀淸泠不見其來去便成一圓潭如一槷明鏡之鋪前院門外松林隱密山澗小流以石橋架之山與水幽深而明朗眞世外別境也述詩一首出院門隨江而上抵下溪訪

梁山令(李晩燾)宅時此丈避地于榮陽之梓山未克拜候是日行六十里也

三十日與李廣初(中梁)上退溪先生墓瞻拜墓道石物近前改竪而不甚壯麗也自墓所至宗宅大門楣書曰退溪先生舊宅堂楣書秋月寒水亭山南闕里海東考亭又謁廟廟東有先生所居書室而尚不改造云余問曰此去淸凉山幾何里願得一遊廣初曰

此山下義兵若日兵方紛擾未可往也且炎熱之時亦難登陟云故旋向水谷過東郊村午饁乘暮入柳進士家進士亦謝遠來相甚爲款待是日行六十里也

五月一日告別主人强止然遂辭辭發行至魯林訪權姓人家寄宿是日行六十里也只因川前江上耽玩衣石不能徑行故也過大坪(柳氏世居)川前(金氏世居)雖不及尋訪然望之高門傑閣皆櫛比焉

初二日早發復入龜山拜受亭記歷蘇湖里訪大山古宅宅主釋恒出他未遇至桃李院留宿是日行七十里也

初三日宿德明院初四日午入大邱復留宿雨日行合一百二十里也

初五日乘車至進永午饁還家前后費日凡十四往還道里凡五百五十里而車行者三百六十里合九百三十里也

出전: 金相壽, 『草廬集』, 「永嘉紀行」

21

화곡산유기

禾谷山遊記

권복인

권복인(權復仁): 조선 말기의 문신 · 학자이며 본관은 안동이다. 제작시기를 알 수 없는 시문집인 「천유고(天游稿)」
는 필사본 5책으로 구성되어 있으며, 간행을 위하여 쓰인 초고(草稿)인 듯하다. 시는 대체로 자연시와 서사시(敍
事詩)인데, 관서지방과 중국일대를 배경으로 한 것이 많다. 기(記) 중 「서산기(西山記)」·「유서산기(遊西山記)」·
「소문연수기(蘇門烟樹記)」등은 1822년(순조 22) 중국에 사신으로 갔을 때 북경(北京) 부근의 산천과 기후, 풍토 및
역대의 고적과 문물을 두루 살피고 소회와 감상을 기록한 글들로 구성되어 있다.

해제 解題

「화곡산유기禾谷山遊記」는 권복인이 1802년 3월 춘중 등 5인과 함께 화산을 오르며 그 정취를 담고 있다. 유람을 비유하여 세상사 옅은 지식으로 겉만 보고 판단하는 잘못을 경계하고 있다.

국역 國譯

개수介水가 남쪽 용호龍湖의 사이로 흐르다 탁 트인 자그마한 곳이 화곡禾谷이다. 골짝 입구는 두 산봉우리가 대치하고 있는데 마치 문궐門闕이 있는 것 같다. 골짝의 물이 서쪽으로 흘러 시내를 이루는데 2, 3리 흘러 강에 이르러 멈춘다. 계곡 남북으로 촌가 10여 채가 있는데 별처럼 뿔뿔이 흩어져 바둑알 놓인 듯하다. 골짝 입구로부터 바위와 나무그늘을 바라보면 무성하게 가려져 있어 사람이 살고 있는지 깨닫지 못한다. 이곳을 지나는 자는 거칠고 좁은 지역을 힐끗 보고는 돌아보지 않으며, 이곳에 거하는 자조차도 스스로 작음을 초라하게 여겨 소유한 바가 없다고 여긴다.

내가 이곳에 타관살이 한 지 3년이 되었을 때 동인同人 춘중春仲이 날짜를 잡아 인절미와 막걸리와 취사도구를 챙겨 함께 가기로 약속하였다. 골짝 입구 왼쪽 봉우리로 올라 오른쪽 봉우리에 이르러 멈추는 여정으로 마치 고리와 패옥같이 빙 도는 산행이었다. 그 길을 어림짐작해보니 30리 될 만큼 멀었다. 때는 오랜 비가 걷힌 가을이라 천기가 맑고 신선하였으며, 솔바람은 뼛속까지 스며들고 꽃향기는 코끝을 맴돌았다.

올라가 쉬며 풀밭에 앉아 술병을 기울인 봉우리는 덕둔봉德屯峰이고, 내려와 모여서 채소를 따고 꽃지짐을 해먹은 골짝의 이름은 낭곡郞谷이다. 물가에 다다라 나무에 의지해 밥해 먹은 곳은 이현泥峴이고, 다시 올라가 원근을 바라본 곳은 장령場嶺이다. 모든 봉우리의 이름은 서너 개이고 골짝의 이름은 십여 개로 굳이 다 열거하지는 않는다.

높은 곳과 큰 강은 이른 곳마다 마치 한 필의 누인 명주처럼 북에서 와서 남에 이르러 멈췄다. 용문龍門은 각·항角亢*의 자리를 차지하고 있었다. 꿈틀거리는 구름 사이로 삼각산三角山이 저녁 안개에 가려 마치 푸른 부용芙蓉이 안개 핀 물가에 처음 나오는 것 같았다. 근처 5, 6리 안에 있는 동산, 숲, 논두렁, 시내, 뫼, 섬이 모두 제향祭享에 드는 물건이니 어찌 훌륭하지 않겠는가.

내가 춘중春仲을 돌아보며 말하기를, "모든 산수의 체세와 의취는 사람을 보는 것과 다를 바 없네. 그의 폐부를 환히 본 뒤에 버리든 취하든 해야지 어찌 그 겉만 대번 보고서 거칠고 누추하게 여겨 돌아보지 않는단 말인가. 예전처럼 나와 그대가 여러 사람의 견해와 똑같다면 어찌 오늘의 즐거움이 있었겠는가. 비단 유람만 그럴 뿐만이 아니니, 청컨대 옅은 지식으로 겉만 보고 판단하는 잘못에 대한 경계로 삼고자 하네" 하였다. 함께 유람한 이는 춘중의 종제宗弟 인백寅伯과 인백의 두 아우 및 창원昌原 유원보兪元甫와 광산光山 김배언金拜言이다. 임술년1802, 순조 2 고세월姑洗月, 3월 곡우穀雨 전 1일에 화산花山 권權은 기록한다.

원문 原文

介水南龍湖之間呀然而小者曰禾谷亡口両峰對峙若門闕焉谷之水西流而爲溪
二三里及江而止溪南北有村十數家星散而棋置從谷口望岩樾翳然不覺有人居
也過是者睨其荒隘而不顧居焉者猶欲然自小以爲無所有也余僑于玆比三稔而
同人春仲甫幾日約伴携餈醪炊具升自谷口之左峰至右峰而止若環而玦焉計其
程爲一舍而遂于時宿雨秋收天氣澄鮮松風沁骨花香撤鼻陟而憩藉草傾壷峰曰
德屯降而集擷蔬煮花谷名曰郎臨流依樹而炊曰泥峴復登而眺望遠近曰場嶺凡
以峰

名者三四以谷名者十數不必盡擧也每至高處大江如一疋練從北来至南而止龍
門據角凡之位蜿蜒雲氣間三角爲夕靄所掩如碧芙蓉初出烟水中近而五六十里
內園林阡陌溪巒洲鳥擧爲吾樽俎間物豈不偉哉余顧謂春仲甫曰凡山水之體勢
意趣與觀人無異洞見其肺腑而後當爲去取豈可驟覩其外以爲荒且陋而不顧也
哉向吾與子亦如衆人之見寧有今日之樂乎非獨游覧然也請興爲淺知貌失之戒
焉同游者春仲之宗弟寅伯寅伯之両季及昌原俞元甫光山金拜言也壬戌姑洗月
穀雨　前一日花山權　記

출전: 權復仁, 『天游集』, 「禾谷山遊記」

22

유개내산기

遊介乃山記

변진탁

변진탁(邊鎭鐸): 생몰은 알 수 없으며 조선말기의 학자이다. 본관은 원주이며 1968년 그의 현손인 석균(石均)이 『구은유고(廐隱遺稿)』 편집, 간행하였으며, 이동식(李東軾)의 서문과 후손 호종(鎬宗)의 발문이 있다. 구은유고 권 1에 시·만사 121수, 애사 2편, 잡저 2편, 잠 1편, 권 2에 서(序) 3편, 기 4편, 지(識) 3편, 상량문 1편, 제문 25편, 부록으로 유사·행장·묘갈명·묘지명 각 1편으로 구성되어 있다. 시의 「관해백운(觀海百韻)」은 바다를 구경하면서 1백 개의 운을 붙여 노정과 경관을 읊은 것으로, 거센 파도와 험한 물결에 대한 묘사가 뛰어나다. 낚시터의 경관과 태공망(太公望)·엄광(嚴光) 등이 때를 기다렸다는 고사를 읊으면서, 공명에는 천운이 있음을 서술하였다. 잡저의 「제정초설(除庭草說)」은 뜰에 잡초를 뽑아버리고 지란(芝蘭)을 심어 도연명(陶淵明)의 일취(逸趣)를 본받겠다는 것으로, 풀은 사욕에, 지란은 도심(道心)에 비유한 은사(隱士)의 충심을 엿볼 수 있다.

해제 解題

「유개내산기遊介乃山記」는 귀은龜隱 변진탁邊振鐸이 개내산 곧 지금의 비파산琵
琶山을 유람하고 기록한 것이다. 오래전부터 개내산에 신선이 바둑을 두던 곳
과 천도복숭아가 열려 있다는 말을 듣고 한번 유람하고 싶었으나 거처하는 곳
과 한나절 거리인데도 뜻을 이루지 못하다가 이웃의 김자산金子山과 함께 여행
하기로 약속하고 다음 날 동생과 출발하여 같이 갈 것을 권하였으나 마침 자
산은 집안일로 함께하지 못하고 동생과 출발하여 산 아래의 보림암寶林庵에서
유숙하고 다음 날 등산을 마치고 다시 보림암에서 유숙한 다음 집으로 돌아
오는 내용이다. 늦은 봄에 등산하였으나 멀리 태백산에는 아직 눈이 다 녹지
않은 경치와 청량산, 학가산 등이 멀리 바라다 보이는 경치를 서술하였으며,
명승고적이 없어서 문인들의 기문이 없음을 한탄하였으나 자신이 등반하여 보
니 그렇지 않다고 기술하고 있다.

국역 國譯

지금의 비파산琵琶山이니, 『영가지永嘉誌』에 나온다.

나는 어릴 적부터 동쪽 골짜기에 개내산介乃山이라는 명승이 있으며 그 속에
장군 암석무더기[將軍磧], 신선 바둑판[仙人碁], 선도 복숭아[蟠桃] 등의 기
이한 것들이 있다는 말을 듣고서 한번 가서 보고 싶었다. 임신년 봄에 거천巨
川 골짜기에서 우거했는데, 개내산과 한나절 정도 소요되는 거리에 있었다. 그
러나 사정 때문에 다른 곳으로 옮겨 가 찾아가지 못했다.

금년 봄이 저물 무렵, 철쭉이 온 산을 뒤덮고 복사꽃과 살구꽃이 눈부시게 피었을 때 불쑥 산을 유람하고 싶은 흥취가 일어났다. 김자산金子山에 말하길, "제가 개내산을 유람하고 싶은데, 형께서는 기꺼이 따라오시렵니까?"라고 하자, 김자산이 "좋소"라고 응답했다. 그달 21일임자에 일정을 잡았다.

집안 동생인 이강爾綱을 데리고 선당仙堂을 지나 시내를 사이에 두고 김자산을 불렀다. 그런데 김자산은 사정이 있어 갈 수 없다고 말했다. 내가 조롱하기를 "형은 세속의 누에서 벗어나지 못했으니, 어찌 신선이 될 인연이 있겠습니까?"라고 했다.

마침내 여사공余士恭의 집에서 점심을 먹은 후, 그의 형제와 함께 소매를 나란히 하고서 신선이 사는 곳[仙涯]으로 갔다. 지나간 곳이 모두 첩첩의 산이요, 궁벽한 골짜기였으므로 달리 눈을 트이게 하는 곳이 없었다. 종종 시골사람의 촌집이 있었는데, 또한 매우 누추했다. 저물녘이 되어 보림암寶林庵에서 묵었다. 보림암은 개내산 아래 서쪽 언저리에 자리하고 있다. 그 높이를 헤아려보니, 3분의 1 정도에 위치하고 있으며 사찰은 20여 칸이었다. 이제 막 중수해서 매우 정결했으며, 승려는 열 명쯤 되었다. 영양英陽에 사는 박씨 성의 사람이 불공을 드리기 위해 왔었다. 밤이 깊도록 승려들이 모두 일어나 청소를 하고 등을 켜서 종경鐘磬을 치고 범어를 외워 시끄럽게 해서 귀를 어수선하게 했다.

아침에 이르러 먹구름이 문득 퍼지더니 찬비가 내리기 시작했다. 동행한 이가 말하길 "오늘 비가 내리는군요. 개내산의 유람이 봉래蓬萊의 궁궐처럼 가기 힘든 곳이 되었습니다"라고 했다. 그래서 내가 "산신령이 우리들의 산행을 알기 때문에 위해서 먼지를 씻어 더욱 안색을 좋게 한 것이라네"라고 응수했다. 오래지 않아 비가 그쳐 과연 미풍이 천천히 불어오고 햇빛이 구름 사이로 새어 나왔다.

드디어 승려를 불러 길을 인도하게 하고 지팡이를 짚고 오르기 시작했다. 구불구불 7~8리쯤 올라가자 횡령橫嶺이 있어 잠시 쉬었다. 횡령은 개내산에서 협곡을 지나는 곳이다. 여기로부터 오르는 길은 산기슭이 험준하게 솟아 있어 우뚝하고 가팔랐다. 최정상은 암석 무더기였는데, 암석은 모두 들쭉날쭉한 바위들이었으며 지세가 높고 급했다. 쟁반처럼 평평한 것도 있고 칼끝같이 뾰족한 것도 있으며 혹 거꾸로 뒤집어진 듯한 모습도 있었는데, 촘촘하게 땅에 박혀 있었다. 그 위에 이끼가 뒤덮고 있어 미끄러워 발을 댈 수가 없었다. 신선 바둑판과 선도 복숭아를 찾고 싶었지만, 모두 헛된 거짓말이었다. 망치로 바위를 평평하게 깨뜨려 자리 하나를 펼 수 있는 곳이 여러 군데 있으며 북쪽 가까이에 대여섯 그루의 늙은 측백나무가 흩어져 서 있을 뿐, 그 밖에 기이하거나 즐길 만한 풍경은 없었다. 다만 지세가 높고 우뚝하여 시야가 탁 트여 있었으므로, 훨훨 세상을 버리고 신선이 되어 날아가려는 기상이 있었다.

마침내 가장 높은 지대에 올라 동쪽으로 바다를 바라보니, 한 줄기 푸른 구름이 아득히 먼 곳에까지 두르고 있어 하늘 끝을 볼 수 없었다. 북쪽으로 바라보건대, 월암月巖이 허공에 우뚝이 서서 하늘기둥처럼 받치고 있었다. 태백산太白山이 정북 쪽에 있는데, 간혹 늦은 봄에도 눈꽃이 흩날린다고 하니, 그곳이 얼마나 높고 추운지를 알 수 있다. 서남쪽에는 청량산清凉山·학가산鶴駕山·풍락산豊樂山·도솔산兜率山 등의 여러 산이 눈 아래에 펼쳐져 소라껍질처럼 점점이 우뚝 솟아 옹긋봉긋 모여 있었으며, 천리가 한눈에 들어왔다. 그 외의 여러 봉우리들은 방향을 분변할 수 없었고 아스라이 구름 속에서 언뜻언뜻 내보였다. 이른바 '다만 안력이 미치는 곳까지 경계를 삼으리니, 어찌 인간세상 만호후萬戶侯의 영토에 그칠 뿐이랴[直將眼力爲疆界 何啻人間萬戶侯]'*라는 시구가 바로 이런 상황이리라.

아, 이 산이 세상에 이름난 까닭은 신선 바둑판과 선도 복숭아의 기이함 때

---

* "다만 안력이 …… 그칠 뿐이랴": 소식(蘇軾)이 지은 「단동년구덕흥유씨취원누시(單同年求德興俞氏聚遠樓詩)」에서 인용한 시구이다.

문이다. 그런데 위치가 궁벽한 곳에 있으므로 이름난 사람과 현달한 선비가 한번 발걸음을 내어 찾아와서 사실을 바탕으로 논평한 글을 지어 세상에 전한 적이 없었다. 다만 승려나 나그네가 허무맹랑한 이야기를 지어내어 진짜 그렇다고 말하고 세상에 기이한 것을 좋아하는 무리가 그 말에 동조해서 떠들어대어 결국 참된 자취[信迹]로 만들어버렸다. 그리하여 이 산이 천만 년 동안 사실 무근한 명성을 잘못 입게 되었으니, 전해지는 말의 황당함이 대체로 이와 같다. 이 산이 가진 높고 우뚝한 참된 모습이 헛된 명성으로 왜곡되었으니, 또한 어찌 이 산의 불행이 아니겠는가.

그러나 산이 해와 달로부터 와서 이리저리 물결치다가 여기에 이르러 우뚝이 솟아 하늘에 닿아 있으니, 그 구불구불 빙빙 돌며 높고 우뚝이 쌓이고 모인 것이 반드시 빼어나고 특별한 사람을 탄생시켜 세상에 이름이 나게 하리라 생각한다. 그렇지 않다면 수은水銀·단사丹砂·석미石美·종유鍾乳·상서로운 새·동량棟梁의 명촌 등이 곳곳에 반드시 있을 것이다. 지금은 사람으로 나지 않았고 사물로 만들어지지 않았지만, 조물주의 인연을 알 수 없으니 어찌 몸만 수고로울 뿐 정신을 쓰는 바가 없겠는가. 혹 이른바 '초나라에는 인재는 적고 돌만 많다'는 것이겠는가. 그렇다면 산의 불행은 그 지세가 궁벽하기 때문이다. 이런 까닭으로 보는 사람은 그다지 기이한 것이 없다고 여겨 묻어버리고 듣는 사람은 진짜 신이한 것이 있다고 여겨 말을 퍼뜨리니, 이 두 가지는 모두 잘못된 것이다.

아, 세상에 창려자昌黎子*가 없으니 누가 무릉도원의 황당한 이야기를 분변할 것이며, 세상에 류종원柳宗元**이 없으니 누가 서산西山의 승경을 밝힐 수 있으

*   "다만 안력이 …… 그칠 뿐이라": 소식(蘇軾)이 지은 「단동년구덕흥유씨취원누시(單同年求德興俞氏聚遠樓詩)」에서 인용한 시구이다.

**   창려자(昌黎子): 중국 당나라의 문인이자 사상가인 한유(韓愈, 768~824)를 가리킨다. 자는 퇴지(退之)이며, 선대가 창려(昌黎)에 살았으므로 한창려라고도 불리었다. 사후에 문(文)이라는 시호를 받아 한문공(韓文公)이라 일컫기도 한다. 사상적으로 도가와 불가를 배척하고 유가의 정통성을 적극 옹호하고 선양했다. 유종원(柳宗元)과 함께 고문(古文) 운동을 주도하여 산문의 새로운 경지를 개척하였으며, 당송팔대가(唐宋八大家)의 한 사람으로 꼽힌다. 저술로 『창려선생집(昌黎先生集)』 등이 있다.

랴.* 그 또한 운수가 존재하는 것일까. 마침내 세 번 탄식을 하고서 일어나 산을 내려와 보림암에 도착하니, 벌써 정오를 알리는 종소리가 울렸다. 이날 다시 담월澹月에서 묵고 집으로 돌아왔으니, 실로 갑술년 모춘절暮春節 갑인일이었다.

원문 原文

余少聞東峽有介乃之勝中有將軍磧仙人碁蟠桃結子之異欲一目焉歲壬申春僑居于巨川峽距山爲半日程而因事遷就未果矣令年春暮躑躅滿山桃杏爛開翛然發遊山之興謂金兄子山曰僕欲遊介乃山兄肯從之乎子山曰諾以其月二十一日壬子作行携族弟爾綱過仙堂隔溪呼子山子山以事辭余嘲曰兄俗累未脫安有仙綠遂午點于余士恭

家與余昆季聯袂而往仙涯所徑皆亂山窮峽別無開眼處往往有野人村庄而亦甚朴陋抵暮宿寶林庵庵在山下西畔測其高可三之一梵宇二十餘間而始重修頗淨潔緇徒十許人有英陽居朴姓者爲供佛而來夜半僧盡起灑掃張燈擊鍾磬誦梵音喧聒亂耳比朝陰雲乍布凍雨霏霏同伴曰今日雨作矣介乃山之遊如蓬萊宮闕矣余曰山靈以吾輩將有行故爲之洗塵埃而更好顔矣不久雨將止矣果微風徐來日光穿漏遂呼僧先道扶策而上透迤七八里許有橫嶺小憩嶺卽山之過峽處也自此而上

---

*   유종원(柳宗元): 유종원(773~819)의 자는 자후(子厚)이며, 장안(長安) 출생이다. 유하동(柳河東)·유유주(柳柳州)라고도 불리었다. 고문의 대가로서 한유와 병칭되었으나, 사상적 입장에서는 서로 대립적이었다. 한유가 전통주의인데 반하여, 유종원은 유교·도교·불교를 참작하고 신비주의를 배격하여 자유주의와 합리주의의 입장을 취했다. 우언(寓言) 형식을 취한 풍자문(諷刺文)과 산수(山水)를 묘사한 산문에도 능했다. 저술로 『유하동집(柳河東集)』 등이 있다.

巖麓崒然起立突一凡炭業最上爲石磧磧皆亂石嵂岈有平似盤匜者有利如釰鋒者或顚倒齒齒鑿鑿而苔蘚滿被滑不可足欲尋仙人碁蟠桃樹則皆誣矣只有椎碎石平可鋪一度者數處近北有老栢五六株參差而立他無奇瑰可翫之景但地勢高迥眼界開濶飄飄有遺世羽化底氣像遂上最高層東望大海如一大靑雲橫亘迷茫不見天際北望月巖特立半空如天柱撑支而太白正當其北時當晚春雪花紛飛可知其地處之高寒也西南則如淸凉鶴駕豐樂兠率諸山皆在眼底點點如螺鬟攢聚叢積千

里一目其外群峯不卞方向而縹緲於雲烟有無之間所謂直將眼力爲境界何啻人間萬戶侯者也噫茲山之名於世以仙碁蟠桃之異而地在窮僻無聞人達士足跡一到据實論撰以傳於世只是緇流行客之鑿揣附會以爲眞然而世間一種好奇之軰和而唱之遂成信迹俾茲山枉被千萬年無實之名盖傳聞之說其荒唐類如此茲山磅礴眞實之狀枉被虛名者亦豈非茲山之不幸也耶然山自日月而來轉換屈曲至此而崒立衝霄則其蜿轉扶輿磅礴而鬱積者意必生魁奇絶特之人以名於世不然則水

銀丹砂石美鍾乳瑞世之毛羽棟樑之名材在所必有而今乃不爲人不爲物抑不知造物者之綠何以勞而無所用神乎倘所謂埜之少人而多石者耶然則山之不幸以其地勢之窮僻也是以見之者以爲無其奇而埋沒之聞之者以爲眞有異而傳道之是二者皆過矣鳴乎世無昌黎子孰辨桃源之荒唐世無柳宗元孰闡西山之勝槩也抌其亦有數存焉耶遂噫嘻三歎而起下山而到寺則己午鍾矣是日又宿澹月而歸實甲戌之暮春節甲寅也

출전: 邊鎭鐸, 『龜隱集』, 「遊介乃山記」

23

유사불산기

遊四佛山記

석천정

해제 解題

「유사불산기遊四佛山記」는 석천정釋天頲이 상주시 상양현에 있는 사불산, 일명 공덕산功德山의 위치와 형세, 연혁, 사찰, 암자 등을 기록한 것이다. 이 산의 위치와 주변의 산들을 기록하고, 신라 진평왕 5년 때 바위 사면四面에 부처님의 모습을 조각하여 사불암四佛岩이라 칭하고 인하여 사불산四佛山이라고 한다는 설명과 사불암 아래에는 대승사大乘寺가 있으며, 의상법사義湘法師가 거처한 암자와 냉천정冷泉亭의 내력도 소개하였고, 묘적암, 윤필암 내력과 탱화 등 불교관련 기록들이 대부분이며, 대승사 벽에 사불산의 십영十詠 시가 기록되어 있다고 하였으나 여기에는 기록하지 않았다.

국역 國譯

상주尚州 산양현山陽縣 북쪽에 산이 있는데 제법 높다. 중첩된 봉우리가 동쪽으로 죽령竹嶺에 이어지고 남쪽으로는 화장산華藏山을 끌어당기고 있으니, 이곳을 사불산四佛山이라 하며 혹은 공덕산功德山이라고도 한다. 『신라고기新羅古記』를 살펴보면 진평왕眞平王 건원建元* 5년, 즉 수隋나라 개황開皇 8년 갑술588에 갑자기 4면에 사방불四方佛이 새겨져 있고 사방 1길丈쯤 되는 바위 하나가 오색 구름에 싸여 있다가 하늘로부터 날아와서 다른 봉우리에 안착하였다. 왕이 이 소식을 듣고 매우 기이하게 여겨 그 산에 행차하여 이를 증험하고 공경하여 마지않았다. 이에 그 옆에 절을 짓고 대승사大乘寺라 하고 『법화경法華經』을 강독

---

* 서산(西山)의 승경을 밝힐 수 있으랴: 유종원이 지은 「시득서산연유기(始得西山宴遊記)」를 염두에 두고 말한 듯하다.

하게 하고 비구 망명亡名*으로 하여금 절을 주관하게 하니, 망명이 이에 날마다 부지런히 향불을 올리고 존상尊像에 정례頂禮**를 드리며 입만 열면 불경을 외워 맹렬히 수련하기를 몇 년간 한결같이 하였다. 열반에 들자 제자들이 암석 사이에 장사 지냈는데 나중에 무덤 위에 연꽃이 피어올랐다. 이로부터 사방의 사람들이 잡목을 헤치고 찾아와 존상에 예를 표하고, 신령스러운 자취를 찾는 사람들이 개미나 벌떼처럼 왕래하였다.

산의 곤방坤方에 옛 절이 있는데 미면사米麵寺라 하고, 일명 백련사白蓮社라고도 한다. 대개 의상법사義湘法師가 발길을 머물러 강론하고 익힐 때에 용녀龍女가 늘 시중을 들었다고 한다. 뜰 안의 좌우에 우물이 있었는데 한 곳에서는 쌀이 나오고 한 곳에서는 국수가 나와 날마다 이와 같았다고 한다. 아무도 많은 대중에게 공양을 해도 오히려 모자라지 않자, 의상법사가 이로부터 다시 탁발托鉢하거나 경작하지 않았다고 한다. 따라서 이런 이름이 생겨났고, 지금도 둘 다 그대로 있다. 또한 의상법사의 설법대說法臺와 종립椶笠과 석장錫杖이 남아 있다.

고종高宗 28년 신축년1241에 소경少卿 최자崔滋, 1188~1260가 상주 목사尙州牧使로 와서 그 기이한 이야기를 듣고 한번 찾아가보니, 옛 전각에는 원효元曉와 의상義湘 두 성인의 진영眞影이 세월이 오래되어 먼지가 낀 채로 있었고, 이른바 의상법사의 삿갓과 지팡이도 별 탈 없이 그대로 있었다. 문 밖으로 50보쯤에 일주석一株石을 세웠는데 높이가 3척 정도로, 서로 전하기를 금호석禁虎石이라 하였다. 금호석으로부터 20보쯤에 차가운 샘물이 바위틈에서 졸졸 흘러나오는데, 아무리 쇠를 녹이고 돌을 달구는 가뭄에도 한결같고 장마철에도 다름이 없었다. 소나무와 가래나무가 푸르고 무성하게 서 있는 아래로 3층의 돌계단이 있고, 위에는 30명이 앉을 만한 너른 바위가 있으니 이를 냉천정冷泉亭이라

---

*   '건원(建元)': '건복(建福)'의 오기로 보인다.

**   망명(亡名): 법명미상(法名未詳)이란 의미일 수 있으나 그 자체 법명(法名)일 수도 있다.

하였다.*

이 말을 인하여 백련사_{白蓮社}의 유래를 물으니 절에 있는 사람들이 서로 전하는 말에 원효_{元曉} 성인이 이곳에 거처하면서 법화경을 강론하자 흰 연꽃이 땅속에서 나와, 이로 인하여 이름을 백련_{白蓮}이라 했다고 한다. 그러나 전하는 기록이 없는 것으로 볼 때 아마도 훗날의 호사가들이 스스로 꾸며낸 말로 이름을 붙인 것 같은데 확실하지는 않다. 그러나 바깥문에는 여전히 '백련사'라고 현판이 붙어 있다. 필법_{筆法}이 질박하고 예스러워 요즘 유행하는 글씨체가 아니다.

『문순공집_{文順公集}』을 살펴보면 부_賦가 있는데 「보광당두통사고적_{普光堂頭通師古笛}」의 서문에 "통사_{通師}가 스스로 말하기를 '이 피리를 공덕산_{功德山} 백련사_{白蓮社}의 승 좌상_{承座上}에게서 얻었다'고 하였다"** 한다. 그렇다면 '백련'이란 이름은 명종_{明宗}과 신종_{神宗} 2대에 걸쳐 이미 널리 퍼져 있었다. 다만 그 시초를 알지 못하니 원효 성인으로 인하여 감응한 것이 맞는지는 정확하지 않다.

최공_{崔公}, 최자_{崔滋}이 마음속으로 기이하게 여기고 법조_{法曹} 왕공_{王公}에게 명하여 공사를 감독하게 하여 새롭게 중건하니, 불우_{佛宇} · 조당_{祖堂} · 승료_{僧寮} · 객실_{客室}에서 허백루_{虛白樓}에 이르기까지 무려 60여 칸이었다. 또한 냉천정 아래에 누교_{樓橋}를 만들어 신청루_{神淸樓}라 하였는데, 수고롭게 산을 유람하는 손님들을 맞이하기 위해 만든 것이다. 홀가분하게 처음 동구에 들어서면 싱그러운 소나무와 늙은 잣나무가 보여 온 골이 절로 향기롭다. 설법당_{說法堂}에 이르니 성스러운 자취가 엄연한데 무더기 돌들이 차례로 줄지어 선 것이 마치 관속_{官屬}이 정렬하고 있는 것 같아, 나도 모르는 사이에 온몸의 털이 쭈뼛 섰다. 신청루_{神淸樓}에 이르니 바위의 샘물이 차디차 사람의 가슴을 시원하게 하여 자연 한 점 세

---

* 정례(頂禮): 불전에서 이마를 땅에 대고 가장 공경하는 뜻으로 하는 절.
** 고종(高宗) 28년 …… 하였다고 한다: 이 부분은 『동국여지승람(東國輿地勝覽)』 중 상주목(尙州牧)에 대해 설명한 부분과 내용이 일치한다.

속의 누도 없었다. 상상해보건대 봉래산 불사약不死藥이 있는 정원이라 하더라도 아마 이보다 나을 수는 없을 것이니, 비록 신선이 되어 붉은 봉황을 타지 못한다 하더라도 또한 지행선地行仙*이라 할 수 있지 않겠는가.

3년이 걸려 준공을 하고 '공덕산 백련사'라는 이름을 그대로 조계산인曹溪山人 탁연卓然에게 부탁하여 글씨를 써서 걸게 하였다. 또 탁연을 시켜 도장당道場堂·조사전祖師殿·허백루虛白樓·신청루神淸樓 등의 편액을 써서 걸게 하였다. 만덕산萬德山 백련사는 호남에 있고 공덕산 백련사는 강동江東에 있으므로, 동백련東白蓮과 남백련南白蓮으로 불러 이를 구별하였다.

계묘년1243 가을에 최자가 임금에게 아뢰어 산승천책 자신을 말함으로 하여금 절의 맹주를 맡도록 했다. 갑진년1244 8월에 내가 비로소 이곳에 도착하여 두세 명의 도반과 더불어 지팡이를 잡고 짚신을 끌고서 사불암四佛巖에 가서 배례하고 인하여 대승사大乘寺를 찾았다. 옛 건물과 회랑에는 오직 한 명의 늙은 승려가 한 명의 사미沙彌를 데리고 거처하고 있는데, 옛날부터 간직해온 다수의 신라 시기 경전이 어지럽게 나뒹굴고 있었다. 내가 낱낱이 살피고 대조하여 잔글씨로 쓰인 『화엄경華嚴經』 3본 및 『기신장소起信章疏』와 남산南山의 『정심계관淨心誡觀』을 얻었다. 가져와 깊이 탐구할 자료로 삼고자 하였는데, 거의 힘들여 연구할 필요가 없을 정도로 정리되어 있었고, 그 나머지 잡부雜部와 경서經書 역시 제대로 보완되고 가지런히 교정되어 있어 흡사 법을 아는 사람이 있어서 강연講演을 이어왔던 것 같았다. 노승에게 물으니, "내가 일찍이 이 절에 머리 깎고 들어온 지 지금 이미 60여 년인데, 그동안 계속해서 불법을 지닌 고승이 교법教法을 널리 펴 오다가 근래에 오랑캐 말발굽몽고군이 관문을 침범하는 바람에 중단되었습니다" 하였다. 나는 이 말을 듣고는, "아, 진평왕 때에 창건하여 지

---

* 서문의 내용은 이규보(李奎報)의 『동국이상국집(東國李相國集)』 권 8의 고율시(古律詩) 「제통사고적(題通師古笛)」에 실린 서문의 내용이다.

금에 이르기까지 600년이 되었는데, 종을 치고 북을 울려 독경 소리가 끊이지 않았으니, 어찌 왕의 원력願力이 몹시 깊었기 때문이 아니었겠는가. 더구나 사불四佛의 깊은 가호로 땅을 골라 안착하게 해 주었고, 또 창건주지는 법화경을 정성껏 독송하였으니, 신비하고 기이한 일이 엄연히 도道로써 사귀는 곳에 감응하여 그렇게 만든 것이구나" 하였다. 마침 묘봉암妙峰庵과 사불암四佛庵의 두 주지가 찾아와서 송이버섯·잣·머루·가래·밤 등으로 누대 위에 다과를 차려 놓았다. 또 산양현山陽縣의 늙은 거사로 성이 신씨申氏이고 이름이 민서敏恕라는 이가 와서 참석하여 말하기를, "늙은이가 스님을 뵙고자 백련사에 이르렀는데 마침 산을 유람하고 계신다기에 수레를 타고 곧장 이리로 왔습니다" 하였다. 인하여 즐겁게 웃으면서 오랫동안 이야기를 나누었다. 거사가 인하여 말하기를, "상주는 옛날의 사벌국沙伐國으로 속군屬郡이 비록 많았으나, 오직 이 고을 만이 시내와 산이 맑고 뛰어났습니다. 비록 두 번이나 병화를 겪어 남은 것이 없을 정도로 쓸쓸하게 되었지만, 예로부터 하늘이 기이한 계획을 품을 때는 세상에 이인異人을 내려 보냈습니다. 옛날 태조께서 거의擧義하시자 삼한 공신三韓功臣 대광大匡 신염달申厭達이 난리를 평정하고 큰 공을 세워 기린전麒麟殿 위에 영정이 걸렸었습니다. 스님과 이 늙은이는 모두 그의 11세 후손입니다. 더구나 사불암이 남긴 음덕으로 사문沙門에 적籍을 두고 있는 이들이 대부분 운인韻人입니다. 이를테면 조계曹溪의 원진국사圓眞國師와 화엄華嚴의 승통僧統 관현貫玄과 유가瑜伽의 승통僧統 융모融玎는 모두 신염달의 10세 후손입니다. 다행히 지금 스님께서 고향에 머물러 계시고, 동백련사東白蓮社의 비조鼻祖가 되어 항상 법화 도량에 우뚝 서 계시니, 대승사의 남은 향기가 천고의 세월 동안 서려 있다가 지금에야 비로소 발양된 것이 아니겠습니까. 어찌하여 이 사적을 기록하여 후인이 보도록 하지 않으십니까" 하였다. 옛일을 돌아보고 오늘을 슬퍼하는 마음을 그만둘 수 없어 120자의 시를 지어 벽 위에 쓰기를 다음과 같이 하였다.

하늘은 세존의 교화를 돕고	天扶世尊化
땅의 도움으로 승려가 더욱 높아져	地靈僧更高
옛날의 사불상이	維昔四佛像
이 산 꼭대기에 자리했네	住此山之椒

스님이 향불을 부지런히 올리며	有僧勤香火
조석으로 먼지를 쓸어버리고	晨夕湔塵勞
항상 묘연경을 지니고 외우니	常持妙蓮經
부처의 음성이 해조음이 되어 퍼졌네	圓音傾海潮

번뇌의 업을 씻으니	比及成淨業
떠나가는 걸음 유유자적하고	臨行自逍遙
한번 열반에 들으니	一從泥洹後
애욕의 강에는 법교가 없다네	愛河無法橋

연꽃이 무덤 위에 피어나니	蓮花生塚上
신령스런 서기가 어찌 그리 밝은지	靈瑞何昭昭
육백 년이 지난 지금도	邇來六百載
전해지는 이야기 나무꾼도 안다오	相傳及蒭蕘

내 비록 늦게 태어났지만	予雖生固晚
즐겁게 이 산을 찾으니	喜向玆山僑
맑은 바람은 옛날과 다름없어	淸風猶髣髴
한 터럭도 차이가 없다오	不隔一絲毫

하물며 본래 이 땅에 태어나   況本生此地

십대 동안 왕의 조정에 올랐음에랴   十世登王朝

귀하던 뭇 퉁소소리 멈추니   所貴衆籟息

단지 곡조의 여운만 보이네   但見之調力

글을 마치자 날은 이미 저물고 솔바람이 골과 바위에 가득하였다. 달빛 어린 마루에 단정히 앉으니 부들방석 위로 뼈까지 시려왔다. 밤늦게까지 잠을 이루지 못하다가 새벽녘에야 비로소 눈을 조금 붙였다.

다음 날 거사와 함께 천천히 걸어 백련사로 돌아와 허백루虛白樓에 올라 조용히 쉬고 있는데, 노거사가 말하기를, "이미 대승사 벽에 기록을 남겼거늘 어찌 이어서 누상樓上의 10영詠에 화답하지 않으십니까. 더구나 이 10영은 모두 성적聖迹의 요처로 상외象外에 현묘한 불법을 펼친 것으로, 시인이 좋은 시어를 다듬는 노력은 답습하지 않았습니다. 오랜 시간 단련을 해야만 도달할 수 있는 경지이니, 비록 졸속으로 하여 다듬는 것을 일삼지 않더라도 시사詩史에 해가 되지는 않을 것입니다" 하였다. 내가 거듭 그 요청을 사양하다가 곧 10영에 화답하기를 다음과 같이 하였다.

비로자나는 태허 가운데 가득한데   毘盧遍滿大虛中

사불은 어찌 한 봉우리에 나타나셨는가 四佛如何現一峰

모름지기 법신의 변화무쌍함을 알아야 須信法身能大小

티끌마다 나타나는 부처의 모습을 볼 수 있다네 塵塵頓現紫金容

　-이는 사불암시四佛岩詩의 차운次韻이다.

분방한 기운이 엄습하게 버려두지 말지니 莫委逸氣逼人寒

돌이켜 생각하면 미치광이로 공허한 말만 해댔지 緬想倡狂造謎言

단청을 가져다 외형을 구하지 말지니　　　　　　莫把丹靑求外影
맑은 바람은 여전히 불어오고 있다오　　　　　　淸風自有至今存
－이는 양성당兩聖堂의 차운이다.

대수의 행동거지는 주체할 수 없나니　　　　　　大手行止未能收
이승과 저승을 마음대로 노닐었네　　　　　　　此界他方任意遊
옛일은 오직 종려나무 삿갓에 남아 있는데　　　　舊事唯餘椶笠在
남은 털이 다 빠져 야차*의 머리가 되었네　　　　殘毛已盡夜叉頭
－이는 종립椶笠의 차운이다.

한 손에 쥐고 일찍이 세상을 거둬들였으니　　　　掌握曾收世界來
봉래의 노님이 어찌 바다 동쪽 모퉁이에서 그치리오　遊蓬豈局海東隅
쇠 지팡이의 기력이 삼매를 이루었으니　　　　　鐵君氣力成三昧
오늘은 마치 당우**의 옛날이 돌아온 것 같네　　　今日如唐昔日迴
－이는 금책金策의 차운이다.

용녀가 불경을 듣고 강석에서 모시니　　　　　　龍女聞經侍講庭
아침마다 묘한 공양이 절로 나오네　　　　　　　朝朝妙供自然生
만일 지금 법화경을 재연한다면　　　　　　　　如今再演純圓旨
쌀과 국수가 어느 때에 두 샘에서 나오려나　　　　米麵何時出二泓
－이는 미면정米麵井의 차운이다.

---

*　　지행선(地行仙): 불가(佛家)의 『능엄경(楞嚴經)』에 나오는 신선 이름으로, 장수하면서 한가하게 사는 노인을
　　　지칭하는 말로 쓰인다.
**　　야차(夜叉): 불법(佛法)을 수호하는 여덟 신장(神將) 중의 하나를 가리킨다.

원효대사가 당년에 묘법연화경을 강설하자　　　　　曉聖當年演妙經

홀연히 평지에서 흰 연꽃이 피었네　　　　　　　　忽然平地白蓮生

연화경의 상서로움은 어느 때 다할런고　　　　　　蓮經此瑞何時盡

그대가 다시 온다면 작약이라 부르리라　　　　　　假設還君芍藥名

　-이는 대련약代蓮藥의 차운이다. 대개 옛날 백련白蓮이 피었던 곳인데 지금
은 다시 백작약白芍藥이 핀다.

사방은 텅 비어 끝 간 데 없고　　　　　　　　　四方虛白沒邊垠

밝은 달 맑은 바람은 세상의 봄이 아니구나　　　　明月淸風不世春

종일토록 난간에 기대 편안히 즐기노라니　　　　　終日倚軒甘燕坐

멍하니 옛 사람을 잊어버렸네　　　　　　　　　嗒然旀失昔時人

　-이는 허백루虛白樓의 차운이다.

소나무와 가래나무는 짙푸르게 우뚝 서 있고　　　松楸翠密立亭亭

유월의 폭포는 유난히 차갑구나　　　　　　　　六月飛泉分外冷

세상의 온갖 티끌이 그대에게 닥칠지라도　　　　多少紅塵火馳客

번뇌의 열기를 돌려서 한순간에 깨달으시길　　　願迴煩熱一時惺

　-이는 냉천정冷泉亭의 차운이다.

끄덕이던 돌무더기 여전히 늘어서 있고　　　　　點頭群石尙纍纍

늘어선 중생들은 지금도 흩어지지 않은 듯하네　　列衆如今未散時

시방세계의 모든 설법을 믿고 듣는다면　　　　　若信十方齊說聽

부처님 말씀이 잠시인들 없어지랴　　　　　　　法音何有刹那虧

　-이는 설법대說法臺의 차운이다.

원래 호랑이의 성질이 무던한데	元來虎性自平平
그대는 까닭 없이 두려움에 떨겠는가	是汝無端怖畏生
문 앞의 삼척의 돌을 바라보라	請見門前三尺石
오히려 무심하게 호랑이를 가로막고 있다오	無心尙禁大虫行

－이는 금호석시禁虎石詩의 차운이다.

이에 노 거사가 재배하고 사례하기를, "일깨워주심에 힘입어 가타伽陀*를 얻어 보게 되었으니 감탄을 그칠 수 없습니다" 하였다.

다음 날 거사가 3~4명과 더불어 이마를 조아리며 앞으로 나오며 말하기를, "어제 다행히 스님을 모시고 성스러운 자취를 찾아 방문하였으니 얼마나 기이한 일인지 모르겠습니다. 또 원공遠公**께서는 비록 상지上智의 성인이시지만 백련사를 결사結社하여 염불삼매에 힘쓰시고 불적佛迹을 친히 느끼셨으니, 이는 전혀 손을 쓸 수 있는 경지가 아닙니다. 『여산기廬山記』나 『유산기遊山記』 등과 같은 것은 이미 성필聖筆로서 한 점 꾸민 말이 없습니다. 그러므로 단지 세상 거짓을 바로잡고 도를 얻는 암관巖館에 불과하고 동봉董奉이 병을 치료한 행림杏林에 그칠 뿐입니다.*** 지금 이 사불산은 비록 해동海東에 치우쳐 있고 또 지리산智異山·능가산楞伽山·오대산五臺山·난골산難骨山과 같이 하늘을 떠받치고 해를 머무르게 하는 웅장한 산세는 아닙니다. 단지 여러 봉우리 사이에 끼어 있고 지척으로 도달할 수 있는 곳이지만 성인들의 자취가 이처럼 많이 널려 있으니, 이 어찌 인간 세상에 신묘함을 갖추어 사토莎土를 열어젖힌 화장華藏 세

---

* 당우(唐虞): 당은 요(堯) 임금을 우는 순(舜) 임금을 가리키며, 성인이 다스리는 태평성대를 요순시대 또는 당우시대라고 한다.

** 가타(伽陀): 부처의 공덕을 찬미하거나 그 교리를 밝힌 게송(偈頌)을 말한다.

*** 원공(遠公): 동진(東晉)의 고승 혜원(慧遠)을 가리킨다. 여산(廬山) 동림사(東林寺)에서 백련사(白蓮社)를 결성한 뒤 산문(山門)을 나서지 않고 승속(僧俗)들과 수행에 전념하였다. 여기서는 진정국사 천책을 원공에 비유한 것이다.

계가 아니겠습니까. 이미 몸소 유람하고 눈으로 보기를 실컷 하였으니, 이를 남김없이 기록하여 아직 듣지 못한 이들에게 알려지기를 원합니다" 하였다. 이에 기록한다.

原典

『經國大典』
『大典會通』
『朝鮮王朝實錄』
『韓國歷代山水遊記聚編』 6, 7

도서

권문해 저, 남명학연구소 경상한문학연구회 역주,『대동운부군옥』, 민속원, 2009.

大韓漢辭典編纂室 編,『敎學 大韓漢辭典』, ㈜교학사, 2006.

배재수·김선경·이기봉·주린원,『조선후기 산림정책사』, 임업연구원, 2002.

재단법인 민족문화추진회,『국역 신증동국여지승람』, 재단법인 민족문화추진회, 1971.

제도연구실,『韓國林政史』, 제도연구실, 2000.

한국민족문화대백과사전 편찬부,『한국민족 문화대백과사전』, 한국정신문화연구원, 1992.

朴璟碩·裵在洙·崔德壽·李哲榮 編著,『朝鮮時代 山林史料集』, 林業研究院, 1997.

논문

姜英心, 「日帝下의「朝鮮林野調査事業」에 관한 研究」, 이화여자대학교 대학원 사학과 석사학위논문, 1982.

권태원, 「朝鮮王朝時代 宗山形成에 관한 考察」, 단국대학교 대학원 사학과 석사학위논문, 1975.

金景淑, 「조선후기 山訟과 사회갈등 연구」, 서울대학교 대학원 사학과 박사학위논문, 2002.

김선경, 「조선후기 山訟과 山林 所有權의 실태」, 『동방학지』 77 · 78 · 79합집, 연세대학교 국학연구원, 1993.

_____, 「朝鮮時期의 山林制度-조선국가의 山林政策과 인민지배」, 『國史館論叢』 56, 國史編纂委員會, 1994.

_____, 「조선후기 山林川澤 私占에 관한 연구」, 경희대학교 대학원 사학과 박사학위논문, 1999.

_____, 「17~18세기 양반층의 산림천택(山林川澤) 사점과 운영」, 『역사연구』 7, 역사학연구소, 2000a.

_____, 「17~18세기 산림천택(山林川澤) 절수에 관한 정책의 추이와 성격」, 『조선시대사학보』 15, 조선시대사학회, 2000b.

朴鍾彩, 「朝鮮後期 禁松契 研究」, 중앙대학교 대학원 사학과 박사학위논문, 2000.

배재수, 「조선후기 봉산(封山)의 위치 및 기능에 관한 연구 - 만기요람(萬機要覽)과 동여도(東輿圖)를 중심으로」,『산림경제연구』3, 한국산림경제학회, 1995.

_____, 「日帝下 慣習的인 山林利用權의 解體過程」,『韓國林學會誌』87, 한국임학회, 1998.

李景植, 「朝鮮時代의 火田農業과 收稅問題」,『韓國文化』10, 서울대학교 한국문화연구소, 1989.

李萬雨, 「李朝時代의 林地制度 關한 硏究」,『韓國林學會誌』22, 韓國林學會 1974.

최덕수 · 박경석 · 이욱, 「조선후기 봉산제(封山制) 성립에 대한 연구」,『산림경제연구』5, 한국산림경제학회, 1997.

국역 데이터베이스

국역 경국대전

http://libproxy.andong.ac.kr/3bbc32d/_Lib_Proxy_Url/www.koreaa2z.com/

국역 대전회통

http://libproxy.andong.ac.kr/3bbc32d/_Lib_Proxy_Url/www.koreaa2z.com/go_db.cgi?dbid=hlaw

국역 조선왕조실록

http://sillok.history.go.kr/main/main.jsp

국립수목원 편

총괄/기획/원문발췌

이해주 · 김희채 · 이현채 · 황근연 · 김재현(국립수목원)

권경동(경상북도산림과학박물관 학예연구사)

정민호(청량산박물관 학예연구사)

번역

유지복(한국학중앙연구원 장서각 전임연구원)

전병철(경상대학교 경남문화연구원 연구교수)